드물고
남루한,
헤프고
고귀한

드물고
남루한,
헤프고
고귀한

미학의 전장,
정치의 지도

최정우
지음

문학동네

고귀한 사랑과 드문 존경을 담아,
내 미학의 근원, 어머니와 아버지께,
내 사랑의 윤리, 수정에게.

그리고,
미래의 정치를 품은 현재의 모든 불가능한 독자들과 함께.

― 鑑魂 최정우, 合掌하여 올림.

표지 사진 사용을 흔쾌히 허락해준 필생의 동지 오진령 작가에게,
그리고 9장 '나는 국회의사당을 폭파했다'를 위한 작품을
친히 제작해준 지음의 인연 정진용 작가에게,
또한 소중한 저자 사진을 찍어준 아끼는 제자 Maëva Gerrand에게,
나의 깊고 깊은 감사의 마음을 전한다

"Sed omnia præclara tam difficilia quam rara sunt."
Baruch Spinoza, *Ethica*, propositio XLII, scholium.

"On n'est jamais excusable d'être méchant,
mais il y a quelque mérite à savoir qu'on l'est ;
et le plus irréparable des vices est de faire le mal par bêtise."
Charles Baudelaire, "La fausse monnaie", *Le Spleen de Paris*.

"Die Meinung, möchte man sagen, *entwickelt sich*.
Aber auch darin liegt ein Fehler."
Ludwig Wittgenstein, *Philosophische Untersuchungen*, § 639.

"Sauf, à la rigueur si, au sommet,
la philosophie est négation de la philosophie,
si la philosophie se rit de la philosophie."
Georges Bataille, "La sainteté, l'érotisme et la solitude", *L'Érotisme*.

"Oui, *je le sais*, nous ne sommes que de vaines formes de la matière,
—mais bien sublimes pour avoir inventé Dieu et notre âme."
Stéphane Mallarmé, *Correspondance*.

"그러나 모든 고귀한 것은 어렵고도 드물다."
바뤼흐 스피노자 『에티카』

"우리가 악하다는 것은 결코 변명의 여지가 없는 일이지만,
우리가 그렇게 악하다는 사실을 아는 것에는 어떤 장점이 있다.
모든 악행들 중에서 가장 고칠 수 없는 것은 어리석음으로 악을 행하는 것이다."
샤를 보들레르 『파리의 우울』

"사람들은 견해가 **발전하는** 것이라고 말할지도 모른다.
그러나 거기에도 오류는 있다."
루트비히 비트겐슈타인 『철학적 탐구』

"엄밀히, 그 절정에서,
철학이 철학 자신의 부정인 경우,
즉 철학이 철학 자신을 비웃는 경우가 아니라면."
조르주 바타유 『에로티슴』

"그렇다, **나는 알고 있다**, 우리가 물질의 헛된 형식에 불과하다는 것을,
그러나 또한 신神과 우리의 영혼을 창안했을 만큼 고귀한 형식이라는 것을."
스테판 말라르메 『서신집』

도판 저작권

일러두기

이 책에 수록된 사진과 그림은 저작권이 살아 있는 경우 대부분 사용 허락을
받았습니다. 다만 저작권자와 연락이 닿지 않은 일부 자료는 확인되는 대로 즉시
저작권자에게 사용 허락을 받으려 합니다. 프랜시스 베이컨, 파블로 피카소 등
현대 미술가들 작품의 저작권 표시는 위와 같이 따로 수록했습니다.

서곡 / 열림

Ouverture

어떤 의미에서,
'우리' 시대 미학-정치의
지도 제작법을 위한 글쓰기

0

나의 글쓰기는, 어떤 의미에서, 세월호 사건 이후에 정지되었
다. 나는 그렇게 말해야 한다. 그리고 그 이후의 시간들은, 이
첫 문장이 포함하고 있는 세 단어의 의미와 무의미를 되돌아보
고 그를 통해 어렵사리 앞으로 나아가려는 ─ 그러나 정작 앞과
뒤가 어디인지도 전혀 모를 캄캄한 암흑 속의 ─ 그 모든 시도
들을 위한 알리바이였다. 나는 그렇게 말할 수밖에 없고, 또한
그렇게 말해야 한다.

　　여기서 세 단어란, 그리고 그와 연결된 세 종류의 물음
이란, 곧 다음과 같다. 첫째, "글쓰기", 곧 글쓰기의 의미와 무
의미는 무엇인가, 더 정확히는, 그 이전과 그 이후가 결코 같을
수 없을 어떤 비가역적 사건이 도래했을 때, 하나의 단순한 설
명이나 해석의 언어가 되기를 거부하는, 스스로 하나의 진정한

비판이자 진단이 되기를 원하는 글쓰기란, 과연 어떤 것이 되어야 하며 또한 어떤 것이 될 수 있는가, 이 당위와 가능의 물음이 그 시간을 지배했다. 둘째, "의미", 곧 "어떤 의미에서"라고 말하면서 오히려 바로 그 의미로 인해 지워진 무의미들, 그리고 거꾸로 바로 저 모든 의미들을 오히려 가능하게 할 일종의 근본 조건으로서 이 무의미의 정체와 이 허무의 기원은 과연 무엇인가, 다시 말해, 글쓰기가 (불)가능하기 위해서는 어떤 (무)의미의 조건들이 우연적이고도 필연적으로 필요한 것일까, 이 자격과 조건의 물음이 그 시간을 가로막았다. 그리고 셋째, "정지", 곧 글쓰기와 그것이 지닐 (무)의미란 과연 '정지'될 수 있는 성격의 것인가, 그것이 만약 정지되었다면, 그리고 그것이 흔히 작가들의 어떤 체념이나 중단을 상징하며 회자되곤 하는 소위 '절필'이 아닌 이상, 그 정지의 사회적, 정치적, 문화적, 심리적 작동기제를 나는 과연 스스로 어떻게 설명하고 받아들여야 할까, 다시 말해, 글쓰기가 정지된다는 사태는 무엇을 말하는가, 곧 그 멈춤은 무엇을 시작하게 하는가, 그리고 바로 그러한 글쓰기의 정지에 대해서 쓰는 글이란 과연 그 자체로 어떤 사태인가, 더 보편적으로 말해, 글쓰기와 그 (무)의미는 어디에서 정지되고 언제 다시 시작되는가, 이 단절과 지속의 물음이 그 시간을 이어붙였다.

그리고 바로 이 세 단어와 세 가지 물음(들)은, 또다른 하나의 단어, 그러므로 네번째 단어, 곧 또다른 네번째 물음이자 한 사건의 고유명인 "세월호"라는 단어를 둘러싸고, 따로 펼쳐져 있는 동시에 또한 서로 이웃하고 있다. 그러므로 세월호 사건이 일어난 직후 나로서는 상상조차 할 수 없었던 실로 엄청나게 빠른 속도로 여러 비판과 진단과 추모의 글들을 생산할 수 있었던 작가들에 대한 나의 개인적인 감정은 크게 두 가지, 부러움과 의아함이었다. 첫째, 무엇보다, 부러웠다, 한 치 앞도 볼 수 없는 캄캄한 암흑 속에서 글쓰기의 나침반을 잃어버리고 방황에 처한 듯했던 나에게, 그들의 기민하고 기동적인 글쓰기의 반응 속도는 어떤 선망의 대상이 될 수밖에 없었다. 그러나 그에 비해 나의 글쓰기는 상당히 긴 시간 동안 침묵에 들수밖에 없었다. 다시 말하자면, 또다시 '어떤 의미에서' 나는 이침묵의 조건에 대해 사유하고 그 침묵에 대한 글쓰기의 도래를 기다릴 수밖에 없었다. 뮤즈는 침묵했고, 뮤즈는 오히려 바로 그 침묵을 쓰기를 종용하고 있었다. 나는 그렇게 말할 수밖에 없다. 둘째, 그럼에도, 의아했다, 모든 것이 와르르 무너져내리는 듯한 어떤 절대적 절망의 풍경 속에서, 그 모든 낙하하는 파편들을 피하고, 그것에 깔려죽거나 뭉개지지 않고, 정신을 잃지 않고 똑바르게 써내려가는 그 모든 글들 앞에서, 나는 그것들이 어떻게 그렇게 가능한 것인지에 대해 의문을 품으면서, 그러나 그 의문을 입 밖으로는 거의 내지 못하고, 오히려 이러한 신속한 속도의 말들이 지닌 애도의 가능성과 그 말들 앞에서 전혀 아무 말도 할 수 없는 침묵이라는 불가능성 사이의 관계에 대한 물음에 몰두하고 그 안으로 침잠하고 있었다. 나는 그렇게 말해야 하고, 또 그렇게 말할 수밖에 없다.

1

그렇다면 바로 이러한 사태에서, 사유와 철학이란 무엇인가, 그리고 그에 앞서는/따르는 글쓰기란 또한 무엇인가, 물론 당연하게도 모든 사상적 글쓰기는, 그 필요와 조건과 종류에 따라 각자의 속도와 형태와 지향을 달리한다. 그러나 내가 생각하는 사유와 철학이란, 그러한 시간의 속도와 어딘가 어긋나 있고, 그 즉각적인 형태의 동시간적인 결에서 어딘가로 비켜나 있으며, 바로 여기 현재의 지향과는 다소 다른—벤야민(Benjamin)의 용법을 따라—"지금-시간(Jetztzeit)"의 변증법적 지향을 갖는 활동을 의미하는 것이다. 그리하여 사유와 철학은, 니체(Nietzsche)가 의미한바 언제나 "반시대적(unzeitgemäß) 고찰"이 될 수밖에 없었고, 바르부르크(Warburg)와 디디위베르만(Didi-Huberman)이 언급한바 언제나 "시대착오적(anachronique)" 잔존의 역사가 될 수밖에 없었으며, 셰익스피어(Shakespeare)와 들뢰즈(Deleuze)가 간파한바 언제나 "탈구된(out of joint)" 시간의 형식이 될 수밖에 없었다. 하지만 이는 단순히 저 19세기의 한 고색창연한 올빼미의 날갯짓 아래로 숨어들어 '제시간'에 당도하지 못하고 항상 지각만을 일삼는 사상의 어떤 '게으름'이나 '느긋함'을 찬양하거나 변호하고자 함이 전혀 아니다. 당연하게도, 사유에는 숨고르기가 필요하다(그러나 이 '당연함'이란, 우리를 차분하게 가라앉히는 숨쉬기에 대한 것이라기보다는, 차라리 끝없이 지속될 수밖에 없는 어떤 숨가쁜 헐떡임을 위한 것이다). 그리고 어쩌면 필연적이게도, 철학에는 한 발자국 떨어져 있음이 필요하다(그러나 이러한 '필연'이란, 제3자의 위치에서 관망하는 무관심이나 소위 객관성을 가장한 비겁함이 지닌 필연성이 아니라, 차라리 한 발은 바로 그 질척거리는 어둠 속에 그대로 항상 딛고 있으면서 동시에 다른 곳에 내디딘 발로 그렇게 위태롭게 흔들리면서도 바로 그 기우뚱한 (불)균형을 계속해서 잡아가는 어떤 차이의 반복, 바로 그 순환의 구조 바깥을 바라보는 일을 멈추지 않는 어떤 '악순환'의 성격을 가리키는 말이다). 그 모든 부러움의 감정과 의아함의 의식을 넘어, 세상의 시간이라는 속도와 사유의 시간이라는 찰나의 교차점에서, 나는 이 책을 묶어낸다, "드물고 남루한, 헤프고 고귀한"이라는 그 자체로 역설적이고 서로 모순적인 형용사들의 나열이 만들어낸 하나의 제목과 함께. 스피노자의 말을 따라, 모든 탁월한/고귀한 것은 어려운 것임과 동시에 드문 것이겠지만, 드물고 고귀함이란 오히려 헤프고 남루한 것 안에서만 발견되는 일종의 성스러움이라는 의미에서, 그리고 바로 이러한 의미에서만, 우리는 바로 그 드묾과 고귀함의 탁월함에 대해서 말할 수 있을 것이다. 그래서, 아마도 이러한 비유가 가능하다면, 나는 이 책을, 그 모든 것들을 통과하고 돌아와 읊조리는 나만의 '율리시즈 이야기'라고 말하고 싶다, 오직 남루함 속에서만 발견될 수 있는 어떤 탁월한 드묾, 그리고 오직 헤픈 보편성 안에서만 발명할 수 있는 어떤 탁월한 고귀함, 이 책은 그것에 대한 이야기들이다. 여전히 세이렌의 울음소리 가득한 혼란스러운 선상에 묶여 있는 느낌이지만, 나는 이렇게 돌아와서 쓴다, 내가 돌아온 곳이 비록

'고향'같이 푸근한 곳은 아닐지라도, 오히려 반대로 언제나 불안하게 요동치는 어떤 장소 아닌 장소, 항상 낯설기만 한 어떤 이질성(hétérogénéité)의 처소라 할지라도, 나는 그렇게 쓰면서 이미 돌아와 있고, 그렇게 쓰면서 다시 항해한다, 다시 그렇게 바다로 떠나고, 다시 그렇게 난파한다.

그러나 우리 모두에게와 마찬가지로 나에게도, 이 말을, 이 비유를, 글로 쓰는 것은 너무나 괴로운 일이다. 지금껏 일견 너무도 당연하게 여겨져왔던 이러한 여정과 항해의 비유, 돛을 달고 물결을 헤치며 나아가는 배의 은유와 출렁이는 파도와 풍랑을 머금은 바다의 상징, 이 모든 것들은 이제 그저 스쳐지나칠 수 있는 상투어(cliché)가 더이상 되지 못한다. 이 상투성을 더이상 상투적인 것이 되지 못하게 만든 사건은 무엇인가. 이 모든 말을, 비유를, 이렇게 쓰는 일은, 어쩌면 이 사건의 고통스러운 알리바이와 깊이 관계되어 있는 것인지도 모른다. 천안함과 세월호, 이 두 배의 이름과 그에 얽힌 사건의 이미지들은 무엇보다 이 책이 다루고 있는 '유일한 철학적 대상'이라고 말할 수 있으며, 이는 또한 우리의 '미학'과도 직결되어 있는 문제이다. 왜 그러한가. 무엇보다도 앞서 이제 더이상 이 두 이름은 단순한 배들의 이름이 되지 못한다. 그렇다면 이 이름 아닌 이름들 앞에서 '우리'는 이렇게 물어야 한다. 왜 어떤 특정한 정치는 '천안함'의 이름을 필요로 하는가, 그것도 왜 '우리'의 이름으로 그렇게 필요로 하는가, 혹은, 그 반대로, 또 어떤 정치는 어째서 '세월호'라는 이름을 지워버리고 없애버리려고 그렇게 애써야만 하는가, 그 안에서 휘발되고 실종되고 있는 또다른 '우리'의 이름은 무엇인가. 이 모든 정치(들)은 어떠한 감성의 지도 위에서 작동하며, 어떠한 미학의 경계들 위에서 무엇을 증식시키고 또 무엇을 삭제하는가. 그리하여 다시 되돌아와 반복하여 묻자면, 그렇게 물으면서 동시에 저 모든 물음들에 대한 하나의 대답으로서의 또다른 물음을 되묻자면, 왜 이 '사건'은 다른 것이 아니라 하나의 '철학적' 대상이 될 수밖에 없는가. 그리고 왜 그 철학과 정치가 하필 '미학'이 되는 것인가. 또한 그것은 어째서 다른 주체와 구별되는 하나의/여럿의 '우리'라는 이름의 미학이 되는가. 바로 이것이 내가 이 책을 통해 확고하게 입증하고 불안하게 증거하며 굳건하게 선언하고 흔들리듯 의심하면서 던질 하나의/여럿의 물음(들)이다.

물론 이 두 배의 이름으로 대표되고 재현되는 사건과 원인과 책임의 소재 등은 아직도 (여전히!) 정확하고도 확정적인 결론을 갖지 못한 상태에 놓여 있다. 이러한 상태의 지속과 과정과 그 해결은 일단은 엄정한 사실의 영역일 수밖에 없는데, 무엇보다 오직 정확한 사실들만의 논리적 조합을 통해서만 우리는 이 사건들의 '진실'에 가닿을 수 있으리라 생각하기 때문이다. 그러나 그전에, 이러한 '진실'은 결코 사실들의 재구성이라는 문제로만 끝나지는 않는다. 천안함이냐, 세월호냐. 이것은 우리에게 마치 하나의 정치적 선택처럼 여겨지게 된 것은 아닌가, 모든 '우리'들은 먼저 이렇게 물어야 한다. 말하자면 천안함으로 재현되는 서사를 선택할 것인가, 아니면 세월호로 상징되는 서사를 선택할 것인가, 이는 마치 어떤 정치적인 입장을 갖는가 하는 보다 근본적인 선택에 대한 일종의 알레고리적 시험지 역할을 하게 되어버린 것. 그러나 또한 이러한 선택이 단지 좁은 의미에서의 '정치'에만 머무는 것은 아니다. 이러한 선택지의 구분 혹은 이러한 이분법은 그 자체로 '우리'라는 (하나의 이름으로 부를 수 있을 것처럼 보이지만, 각자가 지칭하는 집단이 전혀 다른) 이름으로 호명된 주체들이 사회 안에서 나누고 있고 또 그 스스로가 나누어져 있는 어떤 감성의 지도를, 그 미학의 분배/구획 방식을 보여주는 하나의 대표적인 지표이자 핵심적인 징후가 된다.

그러므로 여기서 우리는 소위 '동서고금'을 막론하고 인간의 전통적 가치들을 나눠왔던 저 유서 깊은 삼분법, 곧 진(眞)-선(善)-미(美)의 서로 대등하면서도 위계적인 체제에 대해 가장 근본적인 의문을 표해야 하는 시점에 와 있는 것인지도 모른다. '진실' 혹은 '진리'의 문제는, 첫째, 그 자체로 고정불변한 사실들의 단순한 집합이 아니며, 둘째, 무엇이 '선'이고 무엇이 '악'인가 하는 정치적이고 윤리적인 문제와 언제나 결부되어 있으며, 궁극적으로, 이 모든 것의 최종심급으로서 '미'가 가장 마지막의 깊은 밑바닥에서 이 모든 것들을 가능케 하고 있는 것, 곧 우리의 시대와 사회가 어떤 보이지 않는 경계들을 통해 나누고 있는 감성의 형식과 미학의 지도가 우리의 정치와 윤리라는 선악의 문제를 구성하며 심지어 무엇이 진실인가 하는 진리의 문제까지도 규정하고 있는 것이다. 이 책은 그러한 동시대적 사태를 살펴보기 위한 하나의 시도이다. 또는 말을 바꿔 이렇게도 이야기할 수 있다. 정치와 미학, 선과 미, 윤리와 감성의 영역은 그 자체로 서로 다르게 분리된 것이 아니

라 그 모두가 함께 하나의 지평, 하나의 분할 방식을 공유하면
서 그렇게 하나의 지도 위에서 구성된 영역이며 ― 나는 이러한
영역, 이러한 사태를 (단순한 정치적 미학이나 기존 분과학문
중 하나인 예술사회학 등을 가리키는 협의의 '정치-미학'이 아
니라) 미학과 정치가 하나의 통합된 이데올로기적 장을 이룬다
는 의미에서 '미학-정치'라고 부르고자 한다 ― 바로 그러한 미
학-정치(미, 즉 감성의 나눔이 구성하는 선, 즉 정치와 윤리)가
우리의 '진실'과 '진리'라는 사실의 영역을 또한 구성하는 것이
다. 그러므로 그 어느 시대보다도 '팩트'를 강조하며 그것이 자
신의 논리적 근거의 상상계를 이루어주는 듯 보이는 우리의 시
대에, 그러한 '팩트' 자체가 기반하고 의존하고 있는 일종의 최
종심급인 미학-정치의 구조와 경계를 밝히고 그 국경들의 지
도를 작성하며 그 경계선들의 지평 위에서 일어나는 사태와 현
상을 진단하고 비판하는 것, 이것이 우리 사회와 우리 시대가
직면하고 있는 하나의 보편적 사태이자 그 철학적 요청이라고
나는 생각한다. 그렇다면, 현상학적으로 말해, 우리의 모든 보
편적 의식이 지향해야 할 곳은 어쩌면 바로 이러한 사태 그 자
체가 될 것이며, 우리 시대의 미학-정치가 펼쳐져 있는 지도를
작성하는 일은 무엇보다 바로 그 사태 자체가 어떻게 작동하고
있는지를 관찰하고 분석하며 기술하는 것으로부터 시작될 것
이다. 그런데 이러한 일은 어떻게 (불)가능해지는가.

2

이 물음에 대한 대답을 또다른 물음들로 가로지르는 어떤 우회로를 따라가보자. 카를 마르크스(Karl Marx)의 「루이 보나파르트의 브뤼메르 18일(Der achtzehnte Brumaire des Louis Bonaparte)」은 1852년에 집필/발표되었다. 지금으로부터 거의 170년 전의 일이다. 마르크스는 이 유명한 글에서 마치 그저 스쳐지나가는 듯 이렇게 읊조렸던 바 있다. "사회는 지배자의 범위가 좁아질 때마다, 더 배타적인 이해가 더 광범위한 이해에 맞서 유지될 때마다 구원된다. 동시에 가장 단순한 부르주아적 재정 개혁, 가장 흔한 자유주의, 가장 형식적인 공화주의, 가장 천박한 민주주의에 대한 그 어떤 요구도 '사회에 대한 암살 기도'라고 처벌받고 '사회주의'라고 낙인찍힌다."* 그의 이 말을 그 자체로 차용해서 다시 한번 변용하자면, 이 가장 흔한 진단, 이 가장 형식적인 비판, 이 가장 범박하고 기본적인 정세 파악은, 그로부터 무려 170년 가까이 지난 지금에도 여전히 유효한 것은 물론이고 오히려 시간이 지날수록 더욱 시의적절한 것으로 굳어지는 느낌이 있다. 시의적절하지 못했던 것, 곧 시대착오적(unzeitgemäß/intempestif)이었던 것이 거꾸로 현재에 더욱 시의적절한 것이 되는 역설의 예는 비단 이뿐만은 아닐 것이나, 처음에는 비극으로 다음에는 소극으로 그렇게 두 번 반복되는 역사의 사건들을 한국이라는 시공간 속에서 다시금 되새길 때, 그 '역설적 시의적절함'은 소위 '촛불 혁명'이 만들어 놓은 전대미문의 자리에서 마치 '구관이 명관'이라는 상투어를

* 「루이 보나파르트의 브뤼메르 18일」, 『칼 맑스-프리드리히 엥겔스 저작 선집』 2권, 박종철출판사, 1992, 297쪽.

남발하듯 다시금 독처럼 퍼진다. (지나면서 새삼 묻자면, 그렇
게 밝혀진 '촛불'들은 과연 하나의 '혁명'이라는 이름으로 불릴
수 있는 것이었나?) 이 독은, 이 독에 의한 병증은, 그만큼 참으
로 뿌리가 깊다. 일견 촛불이 들불로 번져 해방의 터를 마련한
것처럼 보였던 바로 그 자리에서, 한편으론 그 불과는 아무런
상관도 없었고 그 불에 의해 모두 태워져야 했던 자들이 이제
는 저마다 스스로 황제임을 주장하며 오히려 화전민이 된 시민
들을 다시금 절벽으로 몰아세웠고, 또 한편으론 그 '촛불'이 분
명 하나의 '혁명'이었다고 끝끝내 믿는 이들이 이제는 그들 스
스로가 또다른 홍위병이자 파시스트가 되어 그들 자신이 대변
한다고 철석같이 믿고 있는 어떤 '진보'의 가치를 다름 아닌 바
로 그 촛불로 불태워버리고 있었다. (나는 그렇게 저 현재의 문
제를 이 과거의 시제로 말하고 있[었]다.) 바로 이 지점에서 마
르크스가 위의 글에서 인용했던 저 유명한 이솝 우화의 문장들
로 돌아가보자.

　　　여기가 로두스다. 여기서 뛰어라.
　　　(Hic Rhodus, hic saltus.)

　　　이 문장을 듣고 읽자마자, 내게는 울컥하는 무언가가
있[었]다. 그것을 어떻게 설명해볼 수 있을까. 이 문장이 지금
껏 유명하고 아직까지도 계속해서 인구에 회자되는 것은 물
론 이 문장들이 속해 있는 이솝 우화 자체 때문은 아니다. 헤겔
(Hegel)이 그의 『법철학 강요(Grundlinien der Philosophie des

Rechts)』서문(Vorrede)에서 그 자신의 다소 '창의적'인 독일어 번역("Hier ist die Rose, hier tanze", 곧 "여기 장미가 있다, 여기서 춤춰라"라는 문장)과 함께 원문을 희랍어와 라틴어로 인용하면서 시대와 국가와 철학에 대한 결정적인 문장들을 펼쳤으며, 이에 뒤이어서 마르크스가 그 자신의 대표적인 글 중 하나인 위의「루이 보나파르트의 브뤼메르 18일」에서 바로 그 헤겔의 인용을 (라틴어 문장과 헤겔의 [아마도 착각 때문이었을] 저 예의 '창의적' 번역을 함께 적절히 혼합해서) 다시금 인용하여 대단히 인상적이고 결정적인 서두를 펼쳤기 때문이다. 즉 이솝 우화의 이 문장은 그 문장 자체보다는 헤겔과 마르크스를 통해서 그렇게 다시금 우리의 현재에 도래했고 또 그렇게 여전히 도래하고 있는 문장인 것. 그러므로 내가 울컥했던 것은, 실로 오랜만에 바로 이러한 인용이 과거에 겪어왔고 또 현재 위치하고 있는 역사적이며 사상적인 맥락이 하나의 순간으로 내 안에서 점멸하고 명멸했기 때문이었다. 헤겔은 바로 저 문장을 인용하면서, 철학은 언제나 현실을 개념으로 파악하는 것이기에, 철학적 활동은 단순히 존재하지 않는 어떤 것의 당위 같은 것을 논할 것이 아니라 바로 존재하는 것 그 자체의 인식을 위해 있어야 한다고 썼다. 그리고 마르크스는 바로 저 문장을 인용하기 직전과 직후로 다음과 같은 대단히 뜨거운 문장들을 쓰고 있다.

　　이 혁명들[프롤레타리아 혁명들]은 언제나, 자신들의 목적들이 너무나 거대하다는 것에 놀라 거듭 뒤로 물러난다. 그러다가 마침내 어떠한 반전도 있을 수 없는 상황이 창출되어 관계들 자체가 다음과 같이 외치게 되면 이러한 물러섬은 끝나게 된다. 여기가 로두스다, 여기서 뛰어라(Hic Rhodus, hic salta)! 여기 장미가 있다, 여기서 춤춰라(Hier ist die Rose, hier tanze)! [……] 여느 때와 마찬가지로 약자들은 기적을 믿는 데서 구원을 찾았다. 그들은 환상 속에서 요술을 부려 자신의 적을 없애버리고는 그 적을 물리친 것으로 믿었다. 그들은 자신들에게 다가올 미래를 찬미한 나머지, 그리고 자신들의 심중에는 있으나 아직은 실행할 생각이 없는 행위를 부질없이 찬미한 나머지 현재에 대해서는 전혀 이해하지 못하였다.*

마르크스가 그의 저 현란한 문장을 통해서, 그리고 바로 저 이솝-헤겔의 인용을 통해서 하고자 하는 말은 과연 무엇인가. 바로 그 점을 떠올리면서 나의 마음은 울컥했고 나의 가슴은 온도를 모르고 뜨겁게 치솟았으며 나의 심장은 마치 몇십 킬로미터를 달리고 난 사람처럼 숨이 가쁠 정도로 뛰었던 것. 이에 어제의 마르크스의 말을, 다시 오늘의 나의 말로 번역한다. 우리는 우리 시대와 사회의 상황이 이 지경에 이르기까지 매번, '우리의 목적이 너무 거대한 것은 아닌가', 혹은 '우리의 이상이 너무 불가능한 것은 아닌가', 그렇게 반문하고 생각하면서 언제

* 「루이 보나파르트의 브뤼메르 18일」, 『칼 맑스-프리드리히 엥겔스 저작선집』 2권, 291-292쪽. 사실 여기서 마르크스가 이솝이나 헤겔과는 다르게 변형해 인용하고 있는 'salta'는 사실 헤겔의 창의적 번역에서처럼 '춤춰라'라는 명령형으로 번역되어야 하는 동사이다. 그러나 이것이 마르크스의 원문에 대한 착각인지 아니면 의도적인 혼합과 변형인지는 불확실하다.

나 뒤로 물러나며 발을 빼왔고 그렇게 스스로 먼저 두려워하기만 하였다. 그러나 마침내 그 어떤 진정한 반전도, 그 어떤 가시적인 변화도 있을 수가 없는 상황이 도래했다고 우리가 비로소 느꼈을 때, 우리는 이렇게 외쳤다. "여기가 로두스다, 여기서 뛰어라!"

우리와 같은 — 혹은 '우리'가 스스로를 그렇게 표상하는 — 약자들은 또한 언제나 헛된 기적을 믿으면서 기이한 구원을 찾는 데에만 골몰했다. 우리의 '적'들은 현실에서 살아 숨쉬며 여전히 건재했으나, 우리는 단지 '정신 승리'라는 저 유명한 阿Q의 요술을 부려가며 오직 환상 속에서만 그 적들을 섬멸했다고 스스로 믿어버리기까지 했다. 혁명의 미래는 그렇게 정신 속에서만은 마치 이미 오래전에 도래한 것처럼 여겨졌지만, 해방의 미래는 그렇게 정신 속에서만은 벌써 너무도 가깝게 도래한 것처럼 느껴졌지만, 우리는 현재의 현실에 대해서는 전혀 이해하지 못했으며, 또한 우리는 현재의 현실 그 자체에 대해 언제나 우리의 너무나 거대한 목적, 너무나 불가능한 이상만을 생각하면서 항상 발을 빼고 먼저 두려워하며 뒤로 물러서왔다. (저 유명한 "나중에! 나중에!"라는 모든 지연의 문법들을 떠올려보라!) 바로 더이상 그렇게 물러설 수 없는 상황이 왔다고 우리가 진정 느꼈을 때, 우리는 다시 이렇게 외치게 된다. "여기 장미가 있다, 여기서 춤춰라!" (여기까지 나의 이러한 '번안'을 읽은 이들은 다시 앞으로 돌아가 마르크스의 원래 문장을 한번 더 읽어보기를 권한다.)

2016년 12월 9일은, 전 대통령 박근혜에 대한 국회의 탄핵 표결이 있었던 대단히 역사적인 날이었다. 그 역사적인 표결이 있었던 날로 되돌아가, 혹은 헌법재판소가 그 탄핵을 최종적으로 인용했던 바로 그날로 되돌아가, 그것이 아직 결정되지 않았던 순간의 시제로 말해보자면, 그것은 가결이 되든 부결이 되든, 어쨌거나 대단히 역사적일 수밖에 없는 하나의 결과를 내놓게 될 것이[었]다. 그러나 동시에, 우리는 그 가부의 단순한 결과를 넘어서, 우리의 목적이 혹여 너무 거대하지 않았나, 혹은 우리의 이상이 혹시 너무 불가능하지 않았나 생각했던 그 모든 물러섬의 의심들을 완전히 떨쳐버려야 할 것이[었]다. 우리의 목적은 아무리 거대해 보여도 절대로 거대하지 않[았]으며, 우리의 이상은 아무리 불가능해 보여도 결단코 불가능하지 않[을 것이었]다. 그 목적과 그 이상은, 바로 지금 여기가 아닌 다른 어떤 상상의 로두스에서 실행 가능한 무엇이 결코 아니며, 절대 그렇게 될 수도 없[을 것이었]다. (그러나 나의 이 모든 시제들의 중첩은, 바로 그러한 결단의 실패, 소위 '혁명'이라고 불렸고 여전히 그렇게 불리고 있는 한 사건의 완벽한 파산을 가리키고 있다.) 그러므로 우리가 바로 이 '우리'에게 말하고 또한 외쳐야 한다, 바로 여기가 로두스라고, 바로 여기에 장미가 있다고, 그렇기에 바로 여기서 우리는 뛰어야 한다고, 바로 여기서 우리는 우리의 춤을 추어야 한다고. 탄핵이 가결되든 부결되든, 그와 상관없이, 이 모든 도약과 이 모든 춤들의 목적과 이상에는 결코 변함이 없[을 것이었]다. 우리는 더 앞으로 나아가야 한다(그러나 '앞'은 어디인가), 왜냐하면 다른 로두스는 없기 때문에(그러므로 바로 그 어원처럼 또한 '유토피아'는 없는 곳,

부재의 장소이다), 우리가 뛸 수 있다고, 또 춤출 수 있다고 말할 수 있는 상상의 다른 곳은 존재하지 않기 때문에, 지금 우리가 발 딛고 서 있는 바로 이 땅이 우리의 춤과 도약의 로두스가 되어야 하기 때문에, 우리는 바로 그 땅 위에서 그렇게 뛰고 또 춤출 수 있어야만 하기 때문에. 우리는 그렇게 말해야 했고, 그렇게 말해야 하며, 또한 그렇게 말할 수 있을 것이[어야 했]다. 바로 이 '우리'의 로두스, 그것은 다름 아니라 우리 시대와 우리 사회가 서 있는 어떤 미학의 자리, 그 감성적인 것의 나눔이 배치되어 있는 지도 위의 시공간이다. 내가 이 책에서 출발하는 지점, 그리고 이 책으로 다시 되돌아올 지점이 바로 이곳이다.

그러므로 어떤 의미에서 헤겔도 옳았고 마르크스도 옳았다. 우리는 당위를 주장하는 것이 아니라 현실 그 자체 속으로 개념과 실천을 통해 참여해야 하며, 또한 정신 속에서만 가능하다고 우기거나 거대하다고 두려워하던 모든 것들을 바로 이 현재의 현실 안에서 실현해야만 한다. 왜냐하면 그것이야말로 바로 우리가 다른 곳이 아닌 바로 이곳, 한국이라는 이름의 로두스 안에서 실천해야 하는 일이기 때문이고, 또한 그것이 바로 전혀 거대하지도 않고 전혀 불가능하지도 않은 우리의 목적과 이상을 다른 곳이 아닌 바로 이곳에서 실행하기 위한 최소한의 시작일 뿐이기 때문이다. 그러나 그 시작은 단순히 각각의 제도적 영역 내에서의 협의의 '정치적' 행위만으로는 이루어질 수 없는 것이다. 그 로두스란 더 보편적으로 우리가 사유할 수 있는 것과 사유할 수 없는 것을 규정하고 우리가 행할 수 있는 것과 행할 수 없는 것을 분할하는, 그리하여 결국은 바로 그

'우리'의 주체를 규정하는, 미학/감성의 영역에 있는 것이기 때문이다. 하여, 저 오래된 과거의 문장을, 저 익숙한 고래의 인용을, 오늘 다시금 새롭게 읽고 낯설게 외쳐보는 것이다: 여기가 로두스다, 여기서 뛰어라! 마르크스의 말처럼, 어쩌면 한 번은 비극으로, 그리고 다른 한 번은 소극으로, 그렇게 반복되고 있는 이 역사의 희비극적 고리를 결단코 끝내기 위해서, 그러나 또한 그러한 결의가 무색할 정도로 그 순환을 어쩔 수 없이 반복하기 위해서, 하지만 언제나 다르게 돌아오면서, 차이와 함께 반복하기를 기도하고 시도하면서, 그러므로 바로 이러한 의미에서, 무엇보다 실패하기 위해서, 그리고 언제나 더 잘, 더욱더 잘, 실패하기 위해서.

3

이 실패가 예정된, 아니 오히려 거꾸로 실패 자체로 나아가는 이 모든 시도들은 언제나 '폭력'과 함께할 것이다. 물론 이러한 폭력의 문제는 전혀 단순하지가 않은데, 이는 내가 『사유의 악보』에서 「폭력의 이데올로기 비판을 위하여」라는 글을 썼던 결정적인 이유이기도 하다. 그리고 이후에 탄핵 촉구 촛불 집회에서 목격된 강박적일 정도로 강력한 '비폭력주의'의 구호와 강조들에 관해서도 여러 번 비판한 적이 있다. 그러나 과정적으로 그리고 결과적으로, 민주주의와 정의를 수호하고자 했던 촛불 집회에서는 그렇게 많은 수의 사람들이 모였음에도 불구하고 거의 기적에 가까울 정도로 단 한 건의 폭력 사태도 발생하지 않은 데에 비해서, 헌법재판소의 탄핵 심판 결정 직후는 물론이고 그동안의 과정에서도 소위 '태극기 집회'라고 불리는 광신적 시위에서는 다수의 폭력 사태가 발생하기도 했다. 나는 이 기이한 교차의 지점들을 중요하게 바라봐야 한다고 생각한다. 마치 천안함과 세월호의 이름들이 그러했던 것처럼, 여기서 촛불과 태극기의 상징들은 다시 한번 서로 다른 미학의 경계 위에서 표출되는 정치의 지형을 드러내고 있다.

　　헌법재판소의 결정문에도 잘 설명되어 있듯, 박근혜가 탄핵되어야 하느냐 아니냐 하는 문제는, 소위 '보수'와 '진보'로 대변되는 정치적 성향의 차이로부터 기인하는 문제가 아니라, 민주주의 시민의 상식과 권리, 헌법과 법률에 의한 법치주의의 입장에서 (그리고 오직 바로 이러한 입장의 범주 안에서만) 무엇이 옳고 무엇이 그른가 하는, 무엇이 좋고 무엇이 나쁜가 하는, 정오(正誤)의 문제이자 선악(善惡)의 문제이다. '상식'이 있는 '국민'이라면 모두 그렇게 생각한다고, '우리'는 생각한다. 그런데 이 '우리'를 구성하는 '상식'이란, 그리고 바로 그러한 '우리'의 또다른 이름으로 표상되는 '국민'이란, 결코 단일한 구성체가 아니다. 그리고 바로 이러한 이질성 위에서 이야기되는 저마다의 다른 '폭력' 역시 결코 균일한 대상을 가리키지 않는다. 우리가 항상 이야기하듯, '다른' 것과 '틀린' 것은 서로 '다르다'. 그리고 정확히 바로 그런 의미에서, 어떤 '우리'들은 태극기 집회는 다른 것이 아니라 그저 틀린 것일 뿐이라고 말하기도 하고, 또 촛불 집회는 옳았고 태극기 집회는 틀렸다고도 말한다.

그러나 이렇게 말하는 '우리'의 미학과 그렇게 생각하지 않는 또다른 '우리'의 미학은 서로 같지 않다. 이 화해할 수 없는 갈등, 조화될 수 없는 충돌이 그려내는 감성의 지도 위에 이 모든 '우리'들의 사회가 놓여 있다. 세월호 유가족들, 그리고 그들과 함께 아파하며 시위를 이어간 시민들은 옳았고 그들을 조롱하며 린치를 가했던 소위 '일베'는 틀렸다고 어떤 '우리'는 말한다. 그러나 바로 그 '일베'의 비-정치와 몰-정치를 구성하는 조건 역시 그들의 어떤 미학이다. 여권과 페미니즘은 옳았고 '여혐'과 '한남'은 틀렸다고 '우리'는 또한 말한다. 그러나 이것은 틀림이 아니라 단지 다름일 뿐이라고, 평등주의를 역으로 들고나오는 어떤 남성주의적 반동을 '우리'는 계속해서 목도하고 있다. 그리고 이 모든 구분들 속에서, 폭력은 또한 기이하게도 저 '틀린' 쪽이 스스로를 '다르다'고 우기면서 행사하고 있는 추잡하고 지저분한 패악의 형태를 띠기도 한다. 서로 다른 미학의 충돌, 상충하는 감성의 세계관이 격돌하는 이 지점에서 우리는 또한 이 폭력의 문제를 다시금 생각해야 하는 것인지도 모른다.

이 문제를 조금 더 넓게 생각해보자. 예를 들자면, '애국가'를 따라 부르지 못하는 남한 사람들이 과연 몇이나 될까. 자칭 골수 민족주의자는 물론이고 심지어 가장 첨예한 반민족주의자 혹은 반국가주의자라 할지라도 '애국가'가 울려퍼질 때 마치 본능처럼 울컥하는 감정을 느끼지 않는 사람은 드물 것이다. 그리고 이것이 바로 내가 이 모든 정치적 이데올로기의 문제를 근본적으로 미학과 감성의 영역에 기반하고 있는 것으로 바라보는 하나의 중요한 이유이자 사례가 된다. 그러나 그렇게

울컥하는 자신을 책망하게 되는 반민족주의자 혹은 반국가주
의자는 물론이고 그러한 감정이 자연발생적일 정도로 본능적
이라고 여기는 골수 민족주의자조차도 이러한 '애국'이 만들어
진 것임은 잘 알고 있다. '애국가'나 '태극기' 등으로 표상되고
대변되는 '국가' 또는 '애국'의 이데올로기적 장치는 응당 역사
적이고 상대적인 성격을 띨 수밖에 없기 때문이다. 그러나 우리
는 그것이 상상적으로 만들어진 역사적 구성물임을 알고 있음
에도 감성적으로는 전혀 다르게 반응하게 된다. 이것이 바로 우
리의 모든 이데올로기가 감성적으로 기반하고 있는 미학-정치
의 자장이자 효과이다. 그리고 어쩌면 그 이데올로기의 실체와
효과는 동시에 오직 그러한 그 자신의 역사성과 상대성을 완전
히 망각한 때에만 비로소 '제대로' 작동하게 되는 것인지도 모
른다, 그것이 마치 핏속에 각인되어 있다는 듯이. 남한의 탄핵
정국을 둘러싸고 촛불 집회의 반대편에서 발생했던 태극기 집
회 등을 통해 드러나는 것은, 이 '애국'이라는 이데올로기를 통
한 역사적이고 국가적인 피해자들의 집단적인 가해자/권력자
'코스프레'라고 할 수 있다. 오히려 국가에 대해 소송을 해도 모
자랄 이들이 거리로 나서서 그 스스로가 국가의 대변자가 되는
양, '국가'라는 이름의 가해자/권력자를 스스로에게 이입한다.
이 역시 이들이 어떤 미학의 지도, 어떤 감성의 나눔 위에 서 있
는지를 보여주는 극명한 사례이다. 이는 이들이 그동안의 역사
적이고 상황적인 편향의 경험들로 인해 어떤 뒤틀린 '애국'이라
는 가치에 자신들을 동화시키고 또 그 동화 안에서 어떻게 자
신들의 환상을 투사하는지를 잘 보여주기 때문이다.

　　이렇게 애국이라는 이데올로기가 국가라는 체계가 존재하는 한에서 언제나 크든 작든 지속될 수밖에 없는 어떤 고질적이기까지 한 정신의 상태이자 징후임을 인정한다면, 지금은 그 동일화의 환상이 지닌 방향에 대한 재고가 필요한 시점인지도 모른다. 즉 '애국'이라는 행위 안에서 추앙되는 추상적이고 집합적인 관념인 국가란, 최소한의 필요악이거나 필요악의 최소한이라는 사실에 대한 줄기찬 상기, 다시 말해 우리는 국가라는 체계 안에서 살고 있고 또 당분간은 그렇게밖에 살 수 없는 여러 조건들 속에 놓여 있지만, 국가 그 자체는 사실상 이상적으로는 언젠가 소멸되어야 하고 우리가 그것으로부터 탈피해야 하는 것이며, 국가 그 자체는 권리상 그 스스로의 소멸을 자신의 이상적 목표로 하는 존재라는 사실 자체에 대한 끊임없는 환기가 필요한 시점인 것이다. 예를 들어, 페미니즘은 '페미니즘'이라는 말을 굳이 사용할 필요가 없는 사회, 곧 페미니즘 그 자체가 소멸될 수 있는 사회를 목표로 한다. 페미니즘이라는 용어가 여전히 필요한 사회, 곧 페미니즘이라는 이름을 걸고 계속 싸워야만 하는 사회는, 바로 그 페미니즘이 추구하는 모습과 가장 먼 사회이기 때문이다. 다른 예를 들자면, 마치 마르크스주의가 '마르크스주의'라는 개념을 더이상 사용할 필요가 없는 체제를 목표로 하는 것처럼. 그런 의미에서 페미니스트와 마르크스주의자가 정확히 자신들의 소멸을 목표로 삼는, 일견 모순적이지만 그 자체로 가장 근본적이고 급진적인 성격을 견지하듯, 소위 '진정한' 국가주의자 혹은 애국주의자라고 한다면 그는 바로 그 국가 자체의 소멸을 자신의 목표이자 이상으로 삼는 것이 아마도 당연할 것이다. 이러한 '사라지는 매개자' 혹은 (심지어) '소멸하는 매개자'로서 국가가 지니는 근원적 실종과 근본적 부재의 본질이 매 순간 분명하고도 명확히 상기되고 환기되지 않는다면, 애국은 '사랑'이나 '충실'과는 거리가 먼, 그저 폭력적인 세뇌나 맹목적인 강요가 될 뿐이다. 문제는 이러한 사실이 어떻게 매 순간 그토록 분명히 상기되고 환기될 수 있을까 하는 것이다. 그러나 그러한 환기는 바로 이러한 사실들을 '설명'하고 '설득'하는 것으로 해결되지 않는다. 흔히 이러한 논리적 설명과 설득은 진리의 영역이라고 여겨지며 또한 그것이 무엇보다도 최우선하는 것이라고 생각되지만, 오히려 그러한 진리의 영역이 기반하고 있는 것은 미학/감성의 체제 위이기 때문이다. 그리고 이것이 바로 그 어떤 '논거'나 '팩트'의 제시만으로 이 '다름'의 '틀림'을 설득시킬 수 없는 이유이다. '우리'는 설득하거나 설득당할 수 있는 '자유로운 개인'의 존재가 아니라, '우리'가 속해 있는 미학의 경계와 감성의 지도 위에서 그에 따라 생각과 행위가 결정되는 '구조적 이데올로기'의 존재이기 때문이다. 그렇다면 우리는 또한 이렇게 말할 수 있다. 헌정사상 어쩌면 가장 예외적인 사태일 현직 대통령의 탄핵과 파면, 일견 정상성에서 가장 멀리 떨어진 비정상처럼 보이는 이러한 '예외상태'야말로, 오히려 민주주의와 헌법 정신(소위 '애국'의 대상인 국가는 사실 바로 이러한 정신과 제도들로 이루어진 것인데)이 근본적으로 무엇이며 기본적으로 어떤 성격을 가진 것인지를 가장 극명히 보여주는 불가능의 정상성(normality)의 장면이라고 할 수 있으며, 또한 그것은 그러한 정상성이 서 있

는 가능성의 근거이자 조건 그 자체라고 할 수 있다. 이러한 예
외상태가 '우리'가 서 있는 미학의 지형을 드러내고 그 감성의
경계를 확인하면서 동시에 그 바깥과 타자를 경험하게 하는 역
할을 했다면, 현재의 페미니즘 역시 똑같이 과연 우리가 어떤
지배의 형식 위에서 존재해왔는지, 그리고 어떤 억압의 기제
속에서 부당한 특권을 누리거나 똑같이 부당한 차별을, 폭력을
당해왔는지, 바로 그 미학의 경계선과 그것이 가능케 한 정치
를 드러내고 있는 것이다.

                              4

그렇다면 혁명이 가장 불가능한 것으로 여겨지고 예측되는 시
공간에서 혁명을 가능한 것으로 전유하는 것, 그것은 감각할
수 없는 것을 감각할 수 있는 형식으로 담아내는 것, 무한의 신
비를 유한의 이성 안에서 다시 한번 드러내는 것, 고로 아마도
가장 시대착오적이면서도 동시에 가장 반시대적인 것, 그렇게
역설적이면서도 가장 근본적인 것, 그것이 될 터. 그러므로 나
는 어떤 지켜질 수 없는 예언, 그럼에도 불구하고 성취되고야
말 예언, 처음에는 아마도 거의 아무도 알아들을 수 없었던 어
떤 신탁, 그러나 언젠가는 해석되고 실행되고야 말 저 무의미
의 의미들을 떠올린다. 그러니까 다시 한번 상상해보는 것이다,
우리의 현재는 어쩌면 과거라는 공허와도 같은 깊은 어둠의 터
널 속으로 계속해서 침잠하고 있는 것, 그러나 동시에 그 캄캄

한 실명(失明)의 어둠 끝에 찾아올 또다른 개안(開眼)의 밝은 동굴 속으로 이행하는 것, 그것이 어떤 것이며 또한 어떤 것일 수 있을 것인가 하고, 이 새로운 '역사철학 테제'란 어떤 모습과 어떤 이유를 갖추어야 할 것인가 하고, 그렇게 상상해보고 사유해보는 것이다.

누군가는 한탄하며 불평한다, '이 따위' 정권(들) 아래에서 아무런 '혁명적' 사건도 일어나지 않고 있다는 건 그 자체로 매우 '비민주적인' 일이라고. 또 누군가는 자위하며 위로한다, 그래도 '현실'은 많이 나아졌고 역사는 그렇게 느리게나마 '진보'하는 것이 아니겠냐고. 그러나 현재 남한의 '이 따위' 정권 아래에서 그렇게 아무런 혁명적 사건도 일어나지 않았다는 사실 그 자체가 '비민주적'인 것은 아니다. 오히려 그렇다는 사실 자체가, 곧 아무런 혁명도 일어나지 않고 또한 아무런 혁명도 일어날 수 없다는 사실 자체가, 바로 우리가 '민주주의'라고 자랑스럽게 호명하고 향유하고 있는 체제의 가장 명백한 한계이자 가장 적나라한 실체를 가장 효과적으로 드러내는 가장 징후적인 사례일 뿐이다. 반대 역시 마찬가지다. 이 모든 '현실'과 '역사'와 '진보'의 개념을 통해 그 역시 어떤 식으로 하나의 징후와 증상을 드러내고 있을 뿐이다. 그러므로 우리는 이러한 정치들이 그 가능성의 조건을 빚지고 있는 미학적 이데올로기와 감성적인 것의 경계선들을 드러내는 지평으로서 '우리'를 구성하는 이 불가능성의 지도를 확인하고 제작하며 갱신해야 한다.

이 가장 도착적인 민주주의가 우리의 현재 안에서 어떻게 '민주주의적'으로 수호되고 있는가. 그것은 어떤 미학에 기초했으며 또 어떤 미학으로 나아가고 있는가. 이러한 물음과 관련해 나는 때아닌 '전향'의 후일담, 그 '고백'의 서사에 주목하게 된다. 예를 들어 나는 김영환을 비롯하여 이른바 '주체사상'으로부터 벗어나 우향우 행보를 굳건히 다지고 있는 인사들의 '전향'에 대한 고백들을 몇몇 언론들이 앞다투어 주목하기 시작했던 순간을 기억하고 있다. 이러한 언론 기사들 속에서 드러나는 저 전향의 이야기들은 일종의 종교적 신앙 간증, 정치적 부흥회의 성격을 띠고 있었다. 한때 '악'에 물들고 편향되어 있었으나 이제는 그로부터 벗어나 회개하고 개심했다는 어떤 감동적인 이야기들, 따라서 '악'을 그 누구보다도 잘 알고 있(다고 상정되)는 이들이기에 그들의 회개와 개심의 변은 그 어떤 주장보다도 더욱 설득력이 있을 것이라는 어떤 은근한 압력의 이야기들. 이 모든 이야기들은 일견 당연한 수순처럼 보이는 '전향'을 빌미삼아 어떤 특정한 '정치'를 드러내고 있었다. 그러나 이것은 단순한 정치적 전향에 대한 이야기가 아니라, 특정한 미학적 분할에 대한 증거이자 증명, 그러한 감성적 경계들의 확인이자 증상이었다. 이 가장 비정치적인 정치와 어떻게 '정치적'으로 싸울 것인가, 혹은 이 가장 현재적인 과거와 어떻게 가장 '현재적'으로 싸울 것인가, 바로 이것이 우리 앞에 가로놓인 가장 미학적인 문제이다. 징후적인 사례들은 또 얼마든지 있다. 오래전 『중앙일보』의 논설위원 김진은 「쿠데타로 태어나 혁명으로 죽다」라는 제목의 칼럼을 통해 이렇게 쓴 바 있다. "박정희의 개발독재는 어쩌면 한국인이 피 대신 지불해야 했던 대가인지 모른다. 그러므로 유신 독재의 피해자들은 역사 발전을 위한 숭고한 희생자라고 할 수 있다. 5.16은 쿠데타로 태어나 혁명으로 죽었다." 이 글에서 언급되고 있는 소위 "숭고한 희생자"들이 김진의 이 글을 읽는다면 뭐라고 말할까. 이러한 몰역사적이며 파렴치하기까지 한 글이 소위 '주요 일간지' 칼럼에 버젓이 실리고 있는 것이 또한 우리의 과거이자 현재이다. 그러나 이는 동시에 우리의 오래된 미래이기도 하다. 이 오래된 글은 엄연히 우리가 사는 시대에 속한 글, 곧 우리 동시대의 글이며, 우리의 동시대란, 우리가 동시적으로 속해 있는 이 시공간이란, 이렇듯 무시무시한 과거의 살아 있는 시체들이 마치 살아 있는 사람처럼 숨쉬고 걸어다니며 말하고 있는 시공간, 그것에 다름 아니다. 그러므로 미학적 체제란 단순한 시대적 구분이나 연대기로 나눌 수 있는 단선적인 역사적 구성물이 아니다. 그것은 과거와 현재와 미래가 서로 맞닿아 있는 '우리' 주체의 감성적 투쟁의 영역, 미학적 주체화의 전장이다. 그리하여 다시 반복하자면, 이 가장 생생한 시체인 과거와 어떻게 가장 '현재적'이고도 '정치적'으로 싸울 것인가, 이것이 다시 한번 우리 미래의 미학적 문제인 것이다.

    그러므로 어떤 사태나 행위에 대해 그저 '정치적 의도가 다분하다'고 비난하는 정치인만큼이나 웃기는 사람이 또 있을까. 그렇게 말하는 정치인이란 최소한의 '정치적' 의도나 생각도 없이 말 그대로 자신의 '정치'를 일삼고 있는 셈이니, 이를 무념무상의 최고경지라고 불러야 할지 중용의 (비)정치적 절정이라고 말해야 할지 서글프도록 헷갈려온다. 누군가가 '과거만 말하지 말고 앞으로 나아가자'라고 말할 때, 거기서 희석되

거나 소거되는 과거는 결코 단순히 지나간 과거의 시제가 아니
다. 그 과거는 현재의 이야기들 속에서 다양한 형태로 소환되고
부활하며 그 자체로 미래를 가리키고 있는 살아 있는 징후들이
다. 어쩌면 이 모든 역사(들) 앞에서 느끼는 나의 수치는 비단
나만의 개인적 수치일 수는 없는 것, 단지 그저 과거의 수치일
수만은 없는 것. 그렇다면 나는 아마도 저 과거의 수치심을 현
재에도 여전히 매우 '시대착오적'으로, 그러나 동시에 매우 '반
시대적'으로 문제삼아야 한다. 그 수치심의 기원이야말로 내가
바로 그 위에 서 있는 미학적/감성적 지도의 경계들을 가리키
고 있을 것이므로. 그 수치(羞恥)의 수치(數値)를 측정하는 일
이 여전히, 그리고 언제나 요구되고 있는 이유이다. 하여, 이 수
치스러운 과거, 그럼에도 계속해서 강력한 현재성을 띠고 있는
과거와 어떻게 싸울 것인가, 그것도 '과거적'으로가 아니라 가
장 '현재적'으로, '윤리적'이기보다는 가장 '정치적'으로, 어떻게
싸울 것인가, 그것이 다시 한번, 마지막으로, 우리의 미학-정치
가 드러내고 요청하는 문제이다.

5

이러한 문제들에 관해 가장 기본적이고 근본적인 층위에서 아
무런 문제가 없다고 생각한다면, 나는 더이상 할 말이 없다(그
러므로 그런 이들에게 이 책은 아마도 여기서 끝날 것이다). 예
를 들어 대통령 선거에 국정원이 개입하든 경찰이 개입하든 군

대가 개입하든 아무 상관도 없다고 생각하는 사람들에게 민주주의는 전혀 쓸모가 없는 것이다. 그들은 그저 위대한 영도자가 이끄는 독재국가에서 노예처럼 살아가면 된다. (남한이 그토록 북한을 욕하면서도 점점 더 북한과 비슷한 국가가 되어가는 이유이다.) 그것은 그들의 선택이며, 또한 그들이 위치해 있는 미학의 영역이다. 또한 예를 들어, 노동조합이 머무는 곳에 죽이 되든 밥이 되든 공권력이라는 이름의 국가폭력이 침탈하여 제멋대로 놀아도 아무 문제가 안 된다고 생각하는 사람들에게 시민사회는 전혀 필요가 없다. 그들은 그저 억압적이고 폭력적인 경찰국가 안에서 역시나 노예처럼 살아가면 된다. (시민들의 민주국가라고 스스로를 칭하는 대한민국이라는 국호의 나라가 거꾸로 점점 더 일종의 왕국이 되어가는 이유이다.) 그것 역시 그들의 선택이며 또한 그들의 미학이다. 그리고 또 예를 들어, 학생들의 의견을 표명하는 대자보가 면학 분위기를 해친다는 이유로 금지되어도 아무 상관도 없다고 생각하는 사람들에게 자유롭고 평등한 교육이란 완전히 불필요한 것이다. 그들은 그저 남이 시키는 일이면 그것이 부당하든 부정하든 그대로 노예처럼 따르면 된다. (교육이 백년대계라며 수십 년 동안 엄청난 열을 올리고 있는 한국이라는 나라의 교육적 수준이 오히려 점점 더 한심한 수준으로 추락하고 있는 이유이다.) 그것 또한 그들의 선택이고 그들의 감성적 체제인 것이다. 공공 장치들의 민영화, 의료 민영화에 대해서도 마찬가지다. 공적인 것, 공동적인 것의 상태야 어떻게 되든 아무 상관도 없다고 생각하는 것, 돈 있는 사람들은 잘 치료받고 돈 없는 사람들은 그냥 죽어

도 아무런 문제가 없다고 생각하는 것, 돈이 권력이며 그러한
돈-권력을 가진 이는 '갑질' 정도는 그러한 권리로 행사해도 된
다고 생각하고 행동하는 것, 그 역시 모두 그들의 선택이며 그
들의 미학이 위치해 있는 곳이다. 다시 한번 더 반복하자면, 이
모든 것들이 아무런 상관도 없고 아무런 문제도 없다고 생각하
는 사람들은, 그저 그렇게 살아가면 된다. 그러나 언젠가 그들
은 이러한 자신들의 선택에 따르는 책임을 지게 될 것이다. 그
책임은 단순히 윤리적인 것이 아니라 언제고 다시 되돌아올 수
밖에 없는 빚, 그들이 오매불망 찬양하는 저 '경제적'이기 그지
없는 피할 수 없는 채무이기 때문이다. 그러므로 결과적으로 이
모든 것은 오히려 그들의 '선택'이 결코 아니었다. 이 모든 것
은 그들이 각기 위치해 있고 속하여 있는 미학적/감성적 체제
의 형식과 그에 기반하여 작동하는 이데올로기에 가장 충실히
준하는 사고이자 행위였던 것. 하여 나는 다시금 읊조리는 것
이다. 이 모든 가장 기본적이고 근본적인 층위에서 모든 것이
문제가 없다고 생각하는 사람들에게, 나는 결코 아무런 할 말
이 없다(그러므로 그럴 때 다시 한번 이 책은 시작과 함께 여
기서 끝난다). 문제는 문제의식을 갖고 있는 이들에게만 찾아
오는 저주, 그런 저주 같은 축복이기 때문이다. (그러므로 진정
'저주받은' 자가 누구일 것인가 잘 생각해보기를 바란다.) 그리
하여 나는 다시금 이론과 철학에 대하여, 사유와 실천에 대하
여 생각하는 것이다. 저 모든 것들이 아무 상관도 없고 아무 문
제도 없다고 생각하는 이들이 소위 '다수'를 이루고 있는 사회
혹은 국가 안에서, 이론과 철학이 도대체 무슨 소용이 있을 것

인가. 인문학이 우리 사회의 구조를 파악하는 무기가 아니라 그저 개인의 '스펙'을 보다 가치 있고 비싸게 만들어주는 하나의 항목으로만 소비되는 사회에서 이 책의 소용은 과연 무엇이 될 것인가. 나는 물론 알고 있다, 이론과 철학에 대한 이토록 순진하고 범박한 회의가 이론가 혹은 철학자 그 자신에게 가장 기본적이고 근본적인 위기와 멸망을 뜻하는 것임을. 그러나 이러한 회의 없는 자가 과연 이론가 혹은 철학자일까. 나는 이 하나의 물음을 결코 놓칠 수가 없다. 왜냐하면 나는, 우리는, 계속해서 오직 이러한 사유와 실천과 함께 이 모든 절망과 허무와 싸워나가야 하기 때문이다.

"뒷일을 부탁합니다." 세월호 사건 때 구조에 참여했던 고(故) 김관홍 잠수사가 자살 전에 남긴 마지막 말이다. 우리, 내가 언제나 작은따옴표로 그 가장 강력한 이데올로기적 성격을 반드시 표시해야 직성이 풀릴 정도로 예민한 바로 이 주어, '우리', 우리는 그렇게 뒷일을 부탁받았다. 그리고 이 부탁으로부터 자유로운 이는 아무도 없다. 왜냐하면 그 뒷일이란, 그리고 그 뒷일에 대한 부탁이란, 정의의 부활에 대한 요구, 민주주의의 회복과 재구성에 대한 요청, 그리하여 '우리' 삶과 죽음의 조건들을 이루는 모든 전제와 과정과 결론에 대한 성찰과 실천에의 명령이기 때문이다. 우리는 그렇게 '뒷일'을 부탁받고 요청받고 명령받았으나, 우리는 마치 후일(後日)을 도모할 수 없을 것만 같은 어떤 절박함과 절실함 위에 있다. 그 뒷일에는 결코 뒤가 없다, 없을 수 있다, 아마도 그럴 것이며, 바로 이러한 절박한 불안과 절실한 인식으로부터 또한 그 부탁과 그 요청과 그 명령의 시급성과 진정성이 유래한다. 우리의 이 '뒷일'에는 뒤가 없다. 그리고/그러나 그 뒤를 돌아본다. 그 부탁과 요청과 명령이 가리키는 곳, 그곳은, 그 '뒤'란, 곧 우리의 바로 '앞'이다. 그 뒷일이 모두 우리 바로 앞에 놓여 있다. 하여, 우리는 전진(前進)한다. 이것은 단순한 일직선적 발전으로 상정할 수 있는 '진보'와는 다르다. 앞을 알 수 없고 뒤도 보이지 않는 어떤 곳으로, 그렇게 뒤를 돌아보며 앞으로 내딛는 발걸음, 그것일 뿐이다. 누군가는 이론의 조급성을 이야기한다. 이론은 현실의 속도와는 다른 속도로, 느리면서도 유장하게 나아가야 한다는 어떤 조언. 그러나 이론의 등장은 바로 그 현실에 대한 절박하고 절실한 조급성, 바로 그것으로부터, 그리고 오직 그것으로부터만 도래하는 어떤 것이다. 그리고 사유는 그렇게 바로 그 긴급한 조급성으로부터 발을 내딛는 가장 느린 행보이다. 아마도 그것이 앞뒤로 나아가는 후진 같은 전진의 의미에 부합하리라. 그리하여 또한 나는 말할 것이다, 여기서 내가 펼치는 모든 이론의 실험과 실천의 제안들은, 바로 그 뒷일을 부탁받은 자의 앞일이며, 또한 뒤가 보이지 않는 곳에서 역시나 어두운 앞으로 발걸음을 내디뎌야 하는 자의 전후(前後)라는 것을, 그것이 바로 이론의 전위(前衛, avant-garde)이자 동시에 후생(後生, Nachleben)이라는 것을, 나는 그렇게 말해야 하고 또 그렇게 말할 수밖에 없음을.

6

공교롭게도 이 서곡/열림(ouverture)은 분노와 절망이 가득
한 대단히 괴로운 시기에 완성되었다. 흔히 음악적으로 '서
곡'을 가리키는 영어 'overture'는 비슷한 철자의 프랑스어
'ouverture'에서는 좀더 일반적인 의미, 곧 '열림'의 뜻으로 읽
힌다. 이 책을 열기 위해서, 이 책을 (불)가능하게 했던 저 모든
시간의 알리바이를 설명하기 위해서는, 국내외에서 최근 연속
으로 일어났던 몇 가지 사건에 대한 이야기가 필요하다. 2020
년 7월 초 한국에서는 세계 최대 아동 성-착취/수탈 동영상 사
이트 '웰컴투비디오'의 운영자였던 손정우에 대한 미국의 범죄
인 인도 요청에 대한 한국 사법부의 불허 판결이 있었다. 그는
모든 이용자들에게 아동 성착취와 성폭력을 조장하고 종용했
으며 그 영상물들을 이용해 돈을 벌었다. 그리고 그가 한국에서
받은 형량은 1년 6개월이었다. 바로 직후에는 서울시장 박원
순의 자살 사건이 있었다. 4년여의 시간 동안 박원순 시장으로
부터 성추행을 지속적으로 당한 고소인/피해자의 주장이 있었
고, 그러한 고소 사실이 그에게 부적절한 방식으로 알려진 직
후에 일어난 일이었다. 정작 책임 있게 그 사건의 진상을 밝히
고 해명해야 할 의무는 갑작스러운 죽음으로 치환되었다. 여기
에 '우리'가 속해 있고 그를 통해 일상의 행위들을 영위하는 모
든 미학들이 도사리고 있다. 어떤 미학은 한 판사의 말과 글을
빌려 이야기한다, 아동 성착취를 일삼은 자라고 해도 18개월
의 형량이면 그 벌을 족하게 받는 것이라고. 그가 더이상 처벌

을 받을 수 없는 상황이라고 해도 그는 한국의 사법적 주권(이라고 쓰고 헛된 자존심이라고 읽는다)의 상징으로서 한국에 남아야 한다고. 또 어떤 미학은 한 죽음을 빌려 이야기한다, 피해자의 삶을 되돌려주는 일보다 이 모든 것들을 묻어버리는 죽음이야말로 명예로운 선택이라고, 그리고 그렇게 허망한 죽음은 그 자체로 위로받고 존중되어야 하는 것이라고. 왜 어떤 순전히 억울한 죽음들은 그 자체로 애써 배제하고 삭제해야 할 금기의 대상으로, 그렇게 '있어도 없는 것'으로 남아 사라지는데, 왜 또 어떤 죽음들은 그 죽음들을 둘러싼 모든 부정한 의혹에도 불구하고 그 자체로 깊이 존경되고 숭배되며 온전히 애도되어야 할 대상으로, 그렇게 '없어도 있는 것'으로 휘발되듯 각인되는가. 이렇게 생각하는 것, 이렇게 해도 된다고 생각하는 것, 심지어 그것이 옳다고 생각하는 것, '우리' 사회를 지탱하고 있는 미학의 경계선, 감성의 분할선 위에는 이러한 이데올로기의 영역이 여전히 강력하게 잔존하고 있다. 이러한 미학에 대항하여 우리는 어떠한 미학으로 투쟁할 것인가. 이것이 우리 앞에 놓인 가장 시급하고도 핵심적이며 결정적인 미학-정치의 문제이다. 그러므로 다시 한번, 이는 우리 시대의 미학의 지형, 더 정확히는 우리 감성의 체계가 드러내는 미학-정치의 지도와 직접적으로 그리고 근본적으로 연결되어 있는 것이다. 이 책이 놓인 지점은 바로 이곳이다.

7

가장 가까운 사람들에서부터, 가장 먼 사람들에 이르기까지, 입을 떼면 거의 무의미하거나 진부한 이야기들만을 쏟아낼 뿐이다. 여전히 순수한 것의 예외성을 찾거나, 아니면 모든 것이 불순한 것이라고 일반화하며 체념한다. 소위 그것이 '삶'이라고 주장하면서, 또는 그러한 '삶'을 초과하는 종교적인 것에 가까운 무엇이 여전히 존재한다고, 존재해야 한다고 우기면서. 우리가 나름 각자 또는 함께 이뤄오고 관통해왔다고 생각하는 모든 것들, 그 정신과 실천의 '진보'에 대한 모든 것들, 사람들은 그것(들)이 무엇인지도, 그런 것(들)이 존재하/했는지조차도 모르고 있다. 그들은 여전히 너무나 무지하다. (그러나 이 무지를 단죄해야 하는가, 물론 그렇다, 하지만 어떻게?) 어떻게든 그들이 종국에는 반드시 알도록 만들겠다는 낙관적 계몽주의의 긍정적 의지에서든, 그들을 포함한 우리 모두는 어차피 어떻게 해도 결국은 알 수 없는 존재라는 비관적 구조주의의 부정적 의지에서든, 어쨌든 우리 모두는 지금까지 실패했다. 인정하자, '우리'는 보기 좋게 실패했다, 그리고 여전히 계속해서 실패하고 있는 중이다. 우리 사회가 현재 목도하고 있는 어떤 두 극단, 곧 몰(沒)정치화와 과(過)정치화, 이 둘 모두는 결국 '정치' 그 자체의 실종을 의미한다. 그 사실을 가슴 아프게 ('뼈 아프게' 혹은 '머리 아프게'가 아니라) 인정해야 한다. 그것이 시작이다, 라고 말하지 않겠다. 어차피 시작은 시작부터 결코 시작되지 않았다, 시작된 적이 없었다. 미안하지만 이미 끝난 일이다. 그 끝을 결코 되돌릴 수는 없을 것이다. 다만 다가올 끝을 생각해야 한다, 이미 끝나버린 바로 그 끝을. 이 시작과 끝을 생각하고 다시금 그 자체로 실천에 부치는 일, 그것은 우리가 그렇게 이미 실패했으며 또한 앞으로도 실패할 자리, 곧 미학적/감성적 지도 제작법 위에서 이루어지는 일이다. 정치와 미학은 그렇게 서로 따로 떨어진 독립된 영역이 아니다. 그것은 언제나 미학-정치의 형태로 우리를 규정하며 그렇게 우리의 가능성과 불가능성을 드러낸다. 이것이 그리는 지도는 물론 명확한 경계를 드러내지는 않는다. 그 경계선은 확실한 선으로 구획되는 것이라기보다는, 이렇게 말하는 것이 가능하다면, 구름들의 클러스터(cluster)와도 같은 뿌옇고 희미한 경계선들만을 점선이나 접선만으로, 수렴이나 발산의 형태로만 표시할 뿐이다. 바로 그 희뿌연 풍경들 위로, 우리의 미학과 감성의 영역이 서 있는 가능성과 불가능성의 조건들이 드러날 뿐이다. 그 불가능성을 조건으로 가능성을 일구는 일, 혁명이 불가능한 시대에 미학적 혁명의 가능성을 이야기하는 일, 그래서 우리가 볼 수도 없고 들을 수도 없고 생각할 수도 없는 것으로만 치부하던 어떤 비가시적 영역에서 새로운 목소리가 들려올 수 있는 가능성을 포착하는 일, 바로 그것이 내가 이 불가능한 지도 제작법을 통해 기도하고 시도하려는 것이다.

　　나는 사유와 철학의 지향이 아픔에 있다고, 그 아픔의, 그 아픔에 대한, 그 아픔을 향한 열림의 형식에 있다고 생각한다. 그러므로 이 책은 모든 아픈 이들을 위해 쓰인 책이다. 사유의 과정과 철학의 형식을 보여주는 책은 그래서 또한 상처에 대한 책이 된다. 진정한 의미에서의 비판이란, 할퀴고 찌르고 상처를 내는 행위에 있는 것은 아니다. 그러나 동시에 그것은 또한 애먼 봉합이나 성급한 통합의 시도에 있지도 않다. 그 상처를 향해 열리고 그러한 열림을 통해 상처를 받아들이며 함께 아파하는 형식을 고민하는 것, 일단은, 그 이상도 그 이하도 아니라고 생각한다. 니체는 일찍이 '건강함'의 개념에 대해 깊이 물었다. 그러나 그가 말했던 '건강함'이란 우리가 흔히 말하곤 하는 건강함과는 전혀 다른, 어쩌면 완전히 반대편에 놓인 어떤 '건강성'이었다. 바로 지금 이 순간, 이 건강성을 생각한다. 특히 코로나바이러스(coronavirus)가 창궐한 이 초유의 시대에, 갇혀 있으면서도 갇히지 않기 위해, 대면하지 않으면서도 서로 마주하기 위해, 무엇보다 우리가 건강하게 살기를 원하는 이 체제 자체가 이미 그러한 건강성의 조건을 불가능하게 만드는 것임을 직시하기 위해. 모든 것이 끝날 것만 같은 종말(apocalypse)의 풍경을 그 자체로 염세적이고도 부정신학적으로 희구하기까지 하는 듯 보였던 이론이 실제로 전혀 다른 판본의 종말을 하나의 때 이른/때늦은 현실로 마주했을 때 느끼는 기시감 혹은 시대착오의 감각에 바로 그 이론 자체는 어떤 물음을 다시금 새롭게 던져야 하는가. 이 물음을 재차 묻기 위해 다시금 저 상처와 함께한다는 것, 그래서 우리가 서 있는 미학의 지평과 우리가 속해 있는 감성의 체제를 확인하고 그로부터 우리가 생각할 수 없는 것을 생각하게 하는 힘이 무엇인지 살펴보고자 하는 것, 그것이 바로 소소하다기보다는 세세하고 잠정적이라기보다는 지속적인 나의 이 모든 지도 제작법의 이

유이자 방향이다. 이 책은 저 모든 상처들이 드러내는 슬픔과
분노, 절망과 공허를 '표현'할 수 있는 형식을 찾으려는 나의 실
패할 수밖에 없는 노력이다. 그러나 그 형식이란 내용과 분리할
수 없는 것, 이 공허를 드러내는 형식은 동시에 바로 그 공허라
는 내용 자체가 되어야 한다, 마치 '상처'라는 형식-내용 안에
서 바로 그 상처 자체가 오롯이 드러나듯이. 그러므로 이 책은,
이 모든 불가능성 속에서 가능한 한, 아니 차라리 바로 그 불가
능성으로써만 가능한 어떤 가능성 속에서, 저 모든 상처들을
위한, 그리고 또다른 개념의 건강성과 정상성의 탈-구성을 위
한, 하나의 형식-속-관념(idée-en-forme) 그 자체가 되려고 할
것이다. 진실/진리(parrêsia)와 도래/재림(parusia) 사이에서,
로고스(logos)와 에토스(ethos)와 파토스(pathos) 사이에서,
표징(sign)의 선언(kerygma)과 지혜(sophia)의 이론(theorein)
사이에서, 그렇게 나는 시작한다, 始作하고 詩作하며 試作하듯,
그렇게 열어젖힌다.

시적
정의와
용기
--
다시 (또다른)
인민이 되기
위하여

1

'우리'와 '타자'의
이름을 다시 묻는
보편적 동시대인의
미학적 성명학

0

바야흐로 코로나바이러스의 세계, 전 지구적 전염병(pandemic)
의 시대이다. 사람들은 자의 반 타의 반 창문을 닫아걸고 자신
의 공간 속에 스스로 갇혀 살아간다. 그러나 물론 그것도 그나
마 그렇게 갇히고도 어떻게든 살아갈 수 있는 사람들의 이야기
일 뿐이다. 그보다 더 많은 사람들은 스스로 갇히고 싶음에도
갇혀 있을 수만은 없고, 보이지 않는 위험이 어디에 도사리고
있다가 언제 튀어나올지도 모르는 채 어떻게든 일터로 나가야
한다. 마스크를 쓰지 않고 그 위기의 거리로 나서는 일은 상상
할 수 없게 된다. 상반되는 일들이 동시에 벌어진다. 어떤 이들
은 나가지 못해 안달이 나 있고, 또 어떤 이들은 나갈 수밖에 없
다는 사실에 견딜 수 없는 상태가 된다. 모두 견딜 수 없는 것들
을 견디며 그렇게 살아간다.

1

정적 속에서 순간적으로 울리며 우리를 깜짝 놀라게 하는 소리, 희망의 계시인지 절망의 전조인지 모를, 어둠 속에서 명멸하는 작은 빛들. 어떤 낯선 이가 어느 날 우리 집 문을 두드린다. 손님, 그것은 어쩌면 자신도 모르는 채, 아마도 대부분 자신의 의지에 반해서, 그렇게 자신의 공간 안으로 초대 아닌 초대를 하며 받아들여야 하는 모든 질병, 모든 위험, 모든 악운, 그것도 아니면, 그저 그러한 무조건적이고 무목적적인 모든 것들을 가리키는 이름일지도 모른다. 자신들의 장소에서 더이상 살수 없어 쫓겨 나오거나 쫓겨 들어간 모든 이들, 혹은 자신들의 장소가 아니었던 곳으로 침투해오는 모든 것들, 그러므로 기본적으로 타자들, 그들이 생존의 문제를 걸고 생사의 경계를 넘어와 새로운 정착과 이탈의 가능성을 찾으며 우리의 문을 두드린다. 똑똑, 여기서 살아도 되겠습니까? 그것은 무엇보다 낯선인사이며 불길한 물음이다. 이에 우리는 자문하게 된다, 그렇게 '우리'의 물음이 시작된다. 과연 그(것)들이 우리와 함께 살아도 될까? 그렇게 우리는 먼저 '본능적'이고 '자연적'으로 그들을 경계한다. 바이러스의 문제 앞에서 더욱더 불거지는 어떤 혐오들, 외국인이나 외부인, 소수자에 대한 무조건적인 반감은 어쩌면 그 가장 일반적인 사례일 것이다. 그러나 동시에 우리는 환대라는 기본적 감정의 기저와 인간적 예의의 당위를 앞에 두고 또한 고민한다. 그렇게 우리는 어쨌든 또한 함께 살아야 하지 않을까? 바이러스와, 외국인과, 소수자와, 어떻게든 함께 살아가야 하는 방법을 모색해야 하지 않을까? 그래서 어쩌면, 심지어 그(것)들을 도와줘야 하지 않을까? 한편에는 이러한 질문들이 놓여 있다. 그러나 다른 한편에는 전혀 다른 질문들이 역시나 똑같은 강도로 존재한다. '그(것)들'은 '우리'의 세계를 오염시키거나 파괴하지는 않을까? 그로부터 세상은 돌이킬 수 없이 엉망이 되어버리는 건 아닐까? 타자를 앞에 둔 이 모든 두려움의 경계심과 너그러움의 환대 사이에서, 사실은 그보다 앞서 이미 많은 근본적인 질문들이 우리 앞에 펼쳐진다. 타자란 무엇인가, 경계란 과연 어떤 것인가, '좋았던 세상'으로 상정되는, 오염되지 않고 순수했던 것으로 상상되는, 그때 그곳으로 '우리'는 돌아갈 수 있을까, 그런데 '그(것)들'은 정말로 존재하는가, 그렇다면 어떻게 '존재'하는가, 그리고 여기서 '우리'라고 말하고 있는 바로 그 우리란 도대체 누구인가. 그리고 그 우리는 저 낯선 '타자'라는 익숙한 이름을 통해 어떻게 다시 이 친숙한 '우리'라는 생경한 이름으로 돌아오는가, 그렇게 해서 돌아온 '우리'를 통해 다시금 바로 그 우리는 어떻게 시의 오래되고도 새로운 '정의'와 '인민'의 이름을 새롭게 소환하고 호명하는가. 타자라는 이 주체 아닌 주체를 둘러싸고, 이 물음들에 대해 이야기해보는 것이, 어쩌면 이 당면한 세상에 대한 시적 의무인지도 모른다. 그러므로 우리에겐 무엇보다도 어떤 용기가 필요하다. 그러나 그것은 어떤 용기일까. 그리고 그것은 왜 시의 이름으로 오는가. 이것이 또하나의 물음이자 하나의 수수께끼이다.

2

몇 년 전에는 제주에 들어온 예멘 난민 500여 명의 '수용'에 대한 찬반의 이야기로 한동안 한국이 뜨겁게 달아오른 적이 있었다. 정치적 난민은 아니지만 난민과 거의 비슷한 현실적 처지에서 한국 사회에 살고 있는 여러 외국인 노동자들도 물론 여전히 존재한다. 그리고 이러한 타자에 대한 논쟁의 여파와 그를 둘러싼 감정의 흐름들은, 어쩌면 코로나바이러스 사태를 통해 전혀 다르게 보이는 형태로, 현재에도 여전히 지속중인지도 모른다. 코로나바이러스를 둘러싼 우리의 최근 심리적 상태는, 처음에는 중국인들에 대한 차별과 배제의 형태로 드러났다가, 다시 국내의 확진자들에 대한 모종의 거부감으로 변하기도 했고, 지금은 외국인이나 외국에서 들어온 한국 국적자 또는 가끔은 성적 소수자에 대한 반감의 형태로 다시 번지기도 한다. 이러한 타자의 형태는 그 기본적인 사전적 정의를 떠나서 일단 국적이라는 기준에서부터 이미 낯선 존재로 보이고 느껴지지만, 특히나 한국 사회에서 이들은 더욱더 낯선 타자일 수밖에 없는데, 한국이라는 나라 혹은 한국인이라는 민족의 표상 자체가 이미 그 자체로 대단히 단일적이며 폐쇄적인 국가/역사적 규정이(었)기 때문이다. 이러한 폐쇄적 동일성의 규정은 단지 한국인이라는 국적에서만 머무는 것이 아니라 성적인 '정상성(normality)'의 범주, '자연화'된 남녀의 구분에까지 나아간다는 것을 우리는 너무도 잘 알고 또 느끼고 있다. '우리'는 '한국 국민'으로서 외국인이나 난민을 바라보고, '정상적 이성애자'로서

성적 소수자를 바라보며, '남성중심주의' 사회의 구성원으로서
여성을 바라보고, 또한 '건강한' 개체로서 '바이러스에 걸린' 이
들을 바라본다. 그래서 이러한 정상성의 범주는 무엇보다도 건
강성의 범주이다. 그러한 시각 아래에서 외국인, 난민, 성적 소
수자, 여성, 확진자는, 단지 한 번이 아니라 매우 여러 번, 몇 번
이고 다시 타자가 되고 또한 새롭게 그 타자의 타자가 되는 일
이 무수히 반복된다. 그러므로 다시 한번 묻자면, 우리란, 한국
의 국민이란, 정상적 이성애자란, 소위 건강한 주체란, 무엇이
며 또 누구인가, '우리'라는 이름으로 표상되는 어떤 주체들은
바로 이러한 질문 앞에 서 있다. 이 모든 타자의 존재가 던지는
가장 근본적인 물음은 사실 바로 이것인지 모른다.

3

튀니지의 인권운동가 사드리 키아리(Sadri Khiari) — 그러나
국민국가를 호명하는 이 '튀니지'라는 이름을 여기서는 일단
괄호 안에 넣어두도록 하자 — 는 일견 매우 당연해 보이지만
또한 언제나 가장 낯설 수밖에 없는 하나의 상황을 하나의 질
문으로 제시한 적이 있다.* 프랑스 파리 북부, 백인이 아닌 프
랑스 국적의 '국민'들 혹은 이민자들이 많이 모여 사는 생드니
(Saint-Denis)에 가서 다음과 같은 질문을 던져보라는 것이다.
"당신은 어떤 국민/인민/민족(peuple)에 속해 있습니까?" 아마
도 필시 다음과 같은 대답이 돌아올 것이다. "저는 흑인, 아랍

* Sadri Khiari, "Le peuple et le tiers-
peuple", Qu'est-ce qu'un peuple?, La
Fabrique, 2013, pp.115-116.

인, 혹은 이슬람, 아프리카 국민/인민/민족에 속해 있습니다." 그러나 반대로 소위 '토종' 프랑스인(백인)들은 그 질문에 결코 다음과 같이 대답하지 않을 것이라는 사실은 매우 의미심장하다. "저는 백인, 유럽, 기독교 국민/인민/민족에 속해 있습니다." 앞의 대답과 정확히 대응되고 대칭되는 대답이지만 이 대답은 왠지 '부자연스럽게' 보인다. 대신 그들의 대답은 실제로 거의 언제나 그저 "저는 프랑스 국민/인민/민족입니다"와 같은 것이 될 터이다. 한마디로 그들에게 그들 자신은 항상 그저 '프랑스 사람'이라는 것, 그것 이외의 다른 대답의 가능성은 아예 없다는 것, 이 사실과 이 차이는 매우 의미심장한 것이다. 그렇다면 사소하면서도 당연한 듯 보이나 동시에 거대하며 부자연스러운 이 차이, 보이지만 동시에 보이지 않는 이 차이는 과연 어디에서 기인하는가, 우리는 이러한 질문을 다시 던지지 않을 수 없다.

4

이 질문에 답하기 전에 다음과 같은 상황을 먼저 한번 생각해보자. 소위 '토종' 한국인들에게 위와 똑같은 질문을 던져보는 것이다. "당신은 어떤 국민/인민/민족에 속해 있습니까?" 우리가 거의 즉각적으로 머릿속에 떠올리는 대답은 분명히 "저는 한국 국민/인민/민족입니다" 같은 것이 될 텐데, 마치 '토종' 프랑스인(백인)들이 스스로를 '프랑스인'이라고 말하는 것이 너무도 '당연'하고 '자연'스럽듯, 우리 역시 이러한 대답 이외의 다른 답변을 상상하기는 매우 힘들 것이다. 그런데 동시에 한국 국적을 취득하고 한국에서 수십 년 이상 살고 있으며 한국을 자신들의 가장 중심적인 삶의 공간으로 삼고 있는 로버트 하일(Robert Holley)이나 이자스민(Jasmine Bacurnay y Villanueva) 같은 이들에게 똑같은 질문을 던졌을 때 그들이 우리와 같이 "저는 물론 한국 사람입니다"라고 대답한다면, 바로 그 '우리'는 일단 고개를 한 번 갸웃거리며 매우 자연스러운 (듯 보이는) '당연한' 의문을 품고 표하게 될 것이 분명하다. "당신이 정말로 '한국 사람'이라고요? 아닌데요, 당신은 미국 사람이고 필리핀 사람이잖아요……." 그런데, 정말 그러한가? 우리는 그렇게 우리와 우리가 아닌 그들을 쉽게 '국민'과 '민족'이라는 자연스럽고 당연하게 보이는 기준만으로 구분할 수 있는 것일까? 그러니까 다시 한번 묻자면, 이 보이면서도 보이지 않는 차이란 과연 어디로부터 도래하는가? 더 정확히 말해서, 이러한 국적과 민족의 정치적 이데올로기와 그 구분법은 '우리'라는 주체의 어떤 감성의 지도 위에, 어떤 미학의 지평 위에서 규정되고 형성되고 재생산되고 있는 것인가? 이것이 계속 우리의, 아니, '우리'라고 스스로를 부르는 주체들 앞에 놓인, 여러 얼굴을 가진 하나의 질문이다. 이 모든 타자의 존재가 '우리'라는 존재에게 던지는 물음, 우리 밖의 타자와 우리 안의 타자가 동시에 걸어오는 물음, 그러므로 그것은 바로 이 차이의 기원과 효과에 관한 가장 근본적인 물음이 된다.

5

따라서 이 바이러스의 창궐 아래에서, 전 지구적 전염병이 불러온 불신의 시대에서, 타자라는 존재의 지위를 인정하여 받아들이는 일은 그저 그 '타자'라는 존재를 어떻게 규정하고 수용할 것인가 하는 하나의 기준만으로 끝나는 문제가 결코 아니게 되는 것. 그것은 곧 '우리'의 존재 규정을 다시금 그 근본에서부터 새롭게 생각하게 하는 정체성과 그 정치의 문제가 되기 때문이다. 그 타자들이 한국 사회 안에서 살아가며 벌어질 일들에 대한 '우리'의 앞선 두려움, 그리고 타자라면 당연히 적법한 심사를 거쳐 인도적이고도 인권적인 차원에서 반드시 수용되어야 한다는 '우리'의 정치적으로 올바른(politically correct) 당위(물론 이러한 두 '우리'는 서로 교차하면서도 또한 동시에 헤어지는, 서로 같고도 다른 것들이다), 이 두 가지 상반되는 감정과 가치는, 이미 그 자체로 구성적이며 역사적인 것(일 뿐)인 우리의 '국민'과 '민족'의 개념이 지닌 괴리로부터 나오는 하나의 상상적인 대립이다. 그러나 우리가 이미 충분히 느끼고 있다시피, 우리는 그것이 상상적인(imaginaire) 것이라고 해서 무조건 그로부터 도출된 대립의 감정과 가치를 그저 단순히 무시하거나 폐기할 수는 없다. 그것은 무엇보다 '불가능'하다. 그럴 수 있었다면 아마도 세상은 우리가 아는 것보다 훨씬 더 단순하고 간편해졌을 것이다. 그 상상적인 것은 하나의 허상이나 환상이라기보다는 우리 안에 내재되어 '우리'라는 개념과 정체성과 그 효과를 오히려 가장 실제적으로 작동시키는 하나의 '현실'이기 때문이다. 그러므로 문제는, 단순한 환상의 제거를 넘어서, 그 환상이 가능하게 했고 또한 그 환상을 필요로 했던 현실 자체와 어떻게 대면하는가 하는 것이 될 수밖에 없다. 그 환상의 현실, 허상의 실제란 어떤 것인가, 이것이 또한 하나의 물음이다. 타자가 우리에게 제기하는 가장 근본적인 물음은 바로 이것이며, 또한 타자가 그 물음을 통해 우리에게 알려주는 것은 바로 이러한 '우리'의 구성적인 정체(성)이다. 따라서 '우리'가 타자의 이름을 통해 맞닥뜨리게 되는 것은 바로 다름 아닌 우리를 구성하는 이 '환상'의 '현실'인 것이다. 바이러스의 세계, 전 지구적 전염병의 시대에 우리가 다시 돌아보아야 하는 것은 바로 이러한 '우리'라는 주체성을 상상적으로 가능케 했던 그 모든 환상의 현실들이다.

6

그렇다면 '타자'라는 존재는 어떤 '우리'를 알려주는가, 바로 이 '우리'가 어떻게 구성되어 있음을 알려주는가, 또한 우리가 그러한 '우리'로 '환상적'으로 구성되어 있는 어떠한 '현실'을 드러내주는가, 이것이 바로 그 질문들의 여러 다양한 근본적 형태들이 된다. 이러한 다양한 형태들에 관해서는 여러 가지 이야기를 할 수 있을 것이다. 하나의 예를 들자면, 한국 사회는 기독교(개신교) 근본주의가 하나의 파시즘적이고 인종주의적인 요소로 중요하게 작동하는 곳이라는 사실을 우선 주목해야 한다. 물론 여기에는 단지 하나의 소실점으로만 소급할 수 없는, 서로 충돌하는 다양한 논점이 포진하고 있다. 그러한 복잡다단한 층들의 한 예를 들자면, 현재 한국 사회의 가장 문제적인 지점들 중의 하나인 여성혐오와 그에 대항하는 여성주의 운동의 경우, 그것은 분명 남성지배적인 한국 사회의 보수성과 폭력성에 대한 근본적인 문제를 제기하고 있는 급진적 현상이자 진보적 활동이지만, 그와 동시에 외국인이나 난민 등의 문제에 있어서는 역설적으로 이슬람 남성에 대한 공포를 널리 일반화하는 정치/종교적인 편견을 지닌 보수적이며 극우적인 기제로 작동하는 모순을 안고 있기도 하다(그러므로 이러한 소위 '양면적' 기제는 여기서도 또한, 그저 단일한 정치의 논리 위에 서 있는 것이 아니라, 오히려 미학의 다양한 지층 위에서 감성적으로 형성되고 교차하는 것이다). 소위 주류 개신교가 그러한 것처럼, 이슬람교 역시 동성애를 '인정'하지 않는다(그리고 또한, 이러한 동성애가 '인정'되고 '수용'될 수 있는 성격의 문제인가 아닌가 하는 구분법 자체 역시 '우리' 주체의 '정상성'이라는 미학적 지평 위에서 사유되고 경험되는 어떤 것이다). 또한 (기독교인들은 스스로 그렇지 않다고 말하겠지만) 기독교와 이슬람교 전통 안에서 공통적으로 여성의 지위와 권리에 대한 인식은 지극히 미약하다(여기서도 다시 한번, 성차에 따른 '지위'와 '권리'의 문법 역시 '우리'의 감성적 지도의 구획선들을 드러낸다). 그런데도 기독교도는 자신의 종교를 민주적인 자유주의에 기초한 해방적인 것으로 이해/오해하며, 그에 비해 이슬람교를 이러한 원칙에 반하는 매우 예속적이고 억압적이며 폭력적인 것으로

상정하곤 한다. 그러나 이러한 많은 교차점과 차이점에도 불구
하고, 예멘 난민이 이슬람교 국가에서 온 사람들이라는 이유로
그들을 잠재적 범죄자이자 테러리스트 혹은 근본적 악으로 규
정했던 현상은, 한국 사회가 우리가 느끼는 것보다 훨씬 더 심
각하게 '기독교화'되었다는 사실을, 그것도 아주 극우적이며 근
본주의적으로 그렇게 되었다는 사실을 ('우리'라는 주체에게)
잘 알려주었다. 이 개신교 인종주의 안에서 '한국인'으로서의
'우리'는 유대-기독교의 가장 확실하고도 분명한 적자, (스스로
를) 또다른 백인(으로 이해/오해하는) 인종, 언제나 2등 민족을
전제하는 소위 1등 민족, 상대적이고도 절대적으로 우월한 종
교와 사상을 지닌 선민으로 화한다. 그렇기에 또한 한국의 보수
기독교 집회에서 자신들의 정치적 우방으로서 미국의 국기를,
그리고 자신들의 종교적 기원으로서 이스라엘의 국기를 함께
내거는 (웃어야 할지 울어야 할지 모르는, 그렇게 웃음과 울음
사이에서도 구획되거나 구획될 수 없는) 일종의 촌극이 벌어지
기도 하는 것이다. 그런데 그러한 '순수한' 사회에 확실한 '근본'
도 없고 쉽게 믿을 수도 없는 '불순한' 민족과 종교가 난민이라
는 이름으로 섞여든다고? ('우리'가 아닌 것으로 상정되는) '그
들'에게는 정말 말 그대로 큰일날 일인 것이다. 그러나 이러한
환상이 단지 한쪽 방향으로만 작용하는 것은 물론 아니다. 우리
가 또다른 '우리'라는 이름으로 최근 목도하고 또 반대했듯이,
이러한 기독교적 배타성은 (특히 바이러스와 건강성의 개념과
결부되어) 스스로 기독교의 한 종파라고 말하는 '신천지'에 대
한 '우리'의 대응과 반응 속에서 여지없이 드러난 현상이기도

하다. 우리는 바로 그 '우리'라는 이름으로 이렇게 한 집단을 전 사회적 건강성의 적으로 규정하고 타자화할 수 있는 것일까.* 이 역시 바로 같은 맥락에서 '우리'가 던질 수 있는 하나의 질문이 된다. 이렇듯 타자의 존재가 거꾸로 드러내는 '우리'의 모습은 바로 근본주의 기독교도이자 극단적 인종주의자의 초상이 되는 것이다.

7

그러므로 소위 한국적 방역 방식에 대한 여러 '세계적' 찬사 속에서 우리가 정작 놓치고 있는 더욱 근본적인 질문들은 바로 이러한 것들이 아닐까. 또다른 예를 들자면, 한국 사회는 일견 '다문화'를 장려하다 못해 조장까지 하는 사회처럼 보임에도 불구하고 실은 '일국문화'의 사회라는 사실 역시 중요하게 받아들여야 한다. 실제로 '다문화'라는 말 자체는 바로 우리가 '우리'를 어떻게 표상하고 있으며 그 '우리'라는 배타적 정체성을 위해 어떠한 분리와 통합의 기제를 전제하고 있는지를 알려주는 하나의 확고한 표지이다. 왜냐하면 '다문화'라는 말 자체가 '일국문화'의 중심적이고 일차적인 성격을 전제하지 않고서는 결코 나올 수 없는 제한적 조건의 표현이자 지배적 자격의 지표이기 때문이다. 곧 '다문화' 그 자체, 그리고 그 개념 안에서 발견되는 '여럿[多]'과 '문화'의 이미지 역시 '우리'의 미학과 감성의 지

* 그러나 이러한 '건강성'의 이데올로기는 전혀 다른 방향과 의미에서 작동할 수도 있는데, 그것은 이미 우리가 소위 '코로나 순교' 집회의 그 종말론적인 풍경 속에서도 목격한 것이다.

도 위에서 규정되고 운용되는 말들인 것. 다시 뒤집어 말해서, 실제로 '다문화'가 다종다양한 문화들 사이의 이상적으로 평등한 관계라는 사태를 가리키는 말이었다면, 역설적으로 그러한 사태 안에서는 '다문화'라는 말 자체가 아예 필요 없을 것이기 때문이다. 일본의 비평가—그러나 또한 '일본'이라는 이 국적의 이름을 지우고 동시에 유지하면서—다케우치 요시미(竹內好)도 일찍이 간파했듯이, '우리'의 전통이 '전통'으로서 자각되는 것은 '유럽'이라는 타자의 등장 이후인 것도 이와 같은 맥락이다. 그러한 의미에서 다문화란, 일국문화로서의 한국문화가 언제나 주변적이고 이차적인 것으로 수용하고 포용해야 할 대상으로서의 의미만을 갖는, 하나의 권력관계가 지닌 대표적이고도 징후적인 기표이다. 한국에 귀화하거나 한국문화를 칭송하는 외국인들, 특히 한국어를 마치 모국어처럼 잘하는 외국인들을 신기해하고 뿌듯해하며 그들을 바로 '우리' 안으로 포섭하려는 어떤 기이한 민족적 의지 안에서, 다문화란 그저 그러한 일국문화의 포용성과 통합성을 보다 다양하고 화려하게 전시할 수 있는 가장 효과적인 구호가 되는 것이다.* 코로나바이러스에 대응하는 한국적 방역 방식에 대한 외부적 찬사의 중요성을 강조하는 것도 바로 이와 비슷한 맥락에서이다. 그러나 바로 이 '문화'의 담론 안에서 정작 실종되며 폐기되고 있는 것은 가장 근본적인 민주주의가 수행해야 할 어떤 핵심적인 '정치'이지는 않을까. 어떤 의미에서는 바로 이 (다)문화가 특정한 (탈)정치를 은폐하거나 확장하는 효과를 갖게 되며 또한 '국민'이 되기 위한

* 동시에 바로 여기서 샘 오취리(Sam Okyere)의 한국적 인종주의에 대한 정당한 지적과 비판이 왜 한국인들에 의해 거꾸로 비난받았는지를, 그리하여 오히려 왜 샘 오취리가 '사과'할 수밖에 없었는지를 곰곰이 생각해보자.

지극히 제한적인 '국민/민족'국가적 조건을 거꾸로 보편적 '인민'의 주권보다 우선시하며 일반화하는 결과를 초래하기 때문이다. 다문화의 가능성과 그 자격이란 언제나 오직 일국문화로서의 '한국'이라는 유일무이한 배타적 정체성과 단일성 안에서만 유효한 것으로 남는다. 그리고 반대로 거기에서 사라지고 있는 것, 그래서 거꾸로 우리가 다시금 생각해봐야 하는 것은, 근본적 민주주의 안에서의 보편적 '인간'의 조건이 되는 것이다. 바이러스가 국적이나 국경의 문제가 아니라 전 세계적 인류의 문제이듯이, 이러한 보편적 인간의 조건이란 내국인과 외국인, 동일자와 타자의 단순한 구분을 뛰어넘는 보다 더 보편적인 인간 조건이 되기 때문이다. 그래서 이렇듯 또한 타자의 존재가 역으로 드러내는 '우리'의 모습은, 민주주의 안에서 가장 비민주주의적인 것을 행하는 모순적 존재의 초상, 바이러스에 당면한 인류가 드러내는 권위주의(통제)와 민주주의(자유) 사이에서의 갈등, 일견 당연한 듯 보이는 '국민'과 '민족'이라는 개념과 자격을 가장 일차적이고 즉물적으로 받아들이며 내부와 외부를 구분하면서 행사하고 있는 어떤 폐쇄적 존재의 초상이다.

8

그리하여 '타자'의 이름은, 우리에게 너무도 익숙한, 이 '우리'라는 이름에 너무도 깊이 고착되어 있는, 어떤 '정체성(正體性/停滯性)의 정치'와의 결별을 고지한다. 이미 당연한 것으로 전제되고 규정되며 자연스러운 것으로 상정되고 고정되는 '국민'국가의 '민족'이라는 하나의 정체성(正體性)은, 이 세상에 존재하나 아직은 미처 자신의 자리를 갖지 못한 주체 아닌 주체의 목소리를 들을 수 없게 만드는 어떤 정체성(停滯性)의 틀이기도 하다. 그런데 정체성의 정치란 바로 이렇게 정치적 주체를 선험적으로 규정하고 그러한 정체성들의 대립과 상호작용을 통해서 구성되는 정치만을 대상으로 삼기 때문에, 그러한 개념 틀에 의해서는 현재 사회가 드러내고 있는 다양한 주체화의 문제 지형을 모두 다 담을 수 없다. 예를 들어 '타자'의 이름이 '우리'에게 드러내는 사태가 정확히 그러하다. 타자는 어떤 주체인가, 그것은 하나인가 여럿인가, 그것은 기존하는 주체인가, 아니면 존재하나 존재하지 않는 것으로 치부되는, 목소리가 들려오지만 그 목소리가 이미 들리지 않는 것으로 정해진, 아직 주체화되지 못한 (비)주체인가, 이러한 근본적 질문들이 가닿는 곳은, '타자'라는 정치적/사회적/문화적 주체성이 선험적이고 사전적으로 이미 정해져 있는 것이 아니라 오히려 매번 다른 정치적 주체화를 통해서 새롭게 탄생하는 (비)주체라는 사실이다. 그리고 그러한 (비)주체들의 탄생과 소멸에는 언제나 '우리'라는 개념을 둘러싼 미학적 지표와 감성적 지도의 새로운 변화가 수반된다. 따라서 여기서 중요한 것은, 타자라는 이름의 규정이 기존하는 국민 개념 바깥의 어떤 '비규정' 상태를 의미하는 것도 아니고, 일반적으로 국가를 결여하고 국가에서 소외된 어떤 '박탈' 계층을 가리키는 것도 아니라는 사실이다. 타자는 그 자체로 국민의 예외상태, 정상성의 예외상태, 건강성의 예외상태이다. 그리고 우리는 바로 이러한 예외상태가 지시하고 구획하는 감성의 지평과 미학적 지도 위에서 '우리'의 정치를 무의식적으로 사고하며 행위하고 있는 것. 그러나 바로 이 때문에, 곧 타자가 국민의, 정상성의, 건강성의 예외상태라는 바로 이 이유 때문에, 거꾸로 이 '무규칙'의 타자는 오히려 국민/정상/건강 상태의 '규칙'을 결정짓는 가장 근본적인 이름이 되는 것, 바로 그 자신의 예외적 '무규정성' 때문에 거꾸로 저 모든 동일적 정체성의 '규정' 자체를 정의하는 이름이 되는 것, 그렇기에 오히려 국적(國籍)과 성(性)으로 대표되는 소위 모든 '정상성'을 규정짓는 가장 근본적인 '비정상성', 또한 민족과 이성애로 대표되는 소위 모든 '자연성'을 조건짓는 가장 근본적인 '비자연성', 우리라는 일견 자연스럽고 당연한 호명의 '가능성'의 가장 근본적인 조건을 이루는 우리 안과 밖의 '불가능성'이 되는 것이다. 다시 말해 우리가 '우리'라는 이름으로 서 있는 감성과 미학의 지평이란 바로 이러한 가능성과 불가능성을 가르는 경계선들의 지도에 다름 아니다. 타자는 바로 그 경계선 위에서, 그 경계선을 넘어, 오직 매번 상이한 주체화를 통해 새롭게 탄생할 수밖에 없는 주체, 아직 주체화되지 못했으나 분명 존재하는 것이기에 새로운 주체화와 호명을 끊임없이 기다리고 있는 주체 아닌 주체이다. 따라서 타자가 가리키는 것은, 아무도 아닌 이들의 모든 이름인 것. 타자는 결국 '우리'라는 이름을 가능하게 하는 근본적인 이름, '우리'라는 가능성이 기반하고 있는 '아무도 아님'의 불가능성을 드러내는 이름, 그래서 바로 그 '아무도 아님'이 그 누구라도 우리 모두가 될 수 있음을 근본적으로 드러내는 어떤 보편성(universality)의 징후적인 이름이 된다. 타자의 이름은 바로 이러한 의미에서 이름 아닌 이름, 이름 없는 이름인 것이다. 그래서 우리의 시가 바로 그러한 시적 행위를 통해 끊임없이 물어야 하는 것은 바로 이러한 '타자'의 이름 없는 이름, 따라서 결국은 '우리' 모두의 아무도 아닌 바로 그 이름의 정체가 되는 것. 내가 우리 시대에 시적 정의라고 부르고자 하는 것이 바로 이것이다.

9

그러므로 바로 이러한 맥락에서 다시 한번 타자는 '우리'에게 무엇보다 하나의 징후이다. 타자는 그 존재를 통해서 거꾸로 '우리'가 누구이고 또 '우리'가 어떤 자격으로 구성되어 있는지를 알려주는 가능 조건의 징후이며, 또한 그러한 구성이 어떠한 근본적 문제들을 포함하고 있으며 어떠한 심각한 문제들을 낳을지를 새삼 되짚어 알려주는 분석과 진단의 징후이다. 그러므로 시란 어쩌면 바로 이러한 징후에 대한 목격과 기술, 해석과 표현, 비판과 해방일지도 모른다. 그리하여 다시 처음으로 돌아가자면, 시는 바로 이러한 의미에서 어떤 용기를 필요로 한다. 우리가 스스로를 표상하며 그러한 자격을 갖고 있다고 여기는 '국민'이라는 주체는 과연 이 국경 없이 국경 많은 세상에서 정말 가장 근본적이고 기본적인 정체성의 규정인가 하는 물음에 대한 용기, 그 물음을 가장 근본적이고도 급진적으로 물을 수 있는 용기. 또한 '국민'이라는 규정을 그렇게 가장 근본적이고 기본적인 정체성으로 유지할 때 민주주의와 인권의 가장 급진적인 정의와 효과는 결국 그러한 유지의 의지와 상충하고 충돌하지 않는가 하는 물음에 대한 용기, 그 물음의 효과들을 의심하며 추적할 수 있는 용기. 이러한 물음들의 시도 속에서 우리는, 타자의 이름이 '우리'라는 이름으로 구성된 또다른 '그들'에게 또한 바로 이러한 문제들을 가장 근본적이며 급진적으로 제기하고 있는 것이라고 말해야 한다. 그래서 시는 어쩌면 바로 이러한 근본성과 급진성의 다른 이름인지도 모른다. 그러므로 바로 그 '우리'는 '타자'의 이름과 함께 다시 사유하고 실천해야 하는 것이다. 무엇을? '국민'이라는 규정을 떠나고 그 울타리를 벗어나 어떻게 비국민으로서의 '인민'이 될 수 있는가 하는 물음을, '정상성'이라는 조건을 떠나고 그 테두리를 벗어나 어떻게 비정상성까지 포함하는 보편적 '인민'이 될 수 있는가 하는 물음을, '국가'라는 이름으로 마치 생래적이고 본래적으로 규정되어 있는 듯이 보이는 예속을 떠나 비로소 민주주의의 '인민'이 될 수 있는 가능성은 어디에 있는가 하는 물음을, 한마디로 말하자면, 근본적 민주주의의 가능적 주체는, '우리'라는 이름과 '타자'라는 이름 사이에, 우리의 안과 밖에서, 과연 어디에 있는가 하는 물음을. 타자를 통해서 바로 이 가장 기본적인 민주주의의 문제가 '우리'의 시험대에 '우리'라는 이름으로 오르게 되는 것. 따라서 또한 이 예외적 타자의 이름은 곧 보편적 인민이라는 (또다른) 이름을, 어쩌면 여전히 가장 근본적이고 급진적일 바로 이 이름을 다시금 소환하는 어떤 이름 아닌 이름,

곧 모든 이의 이름을 위한 아무도 아닌 이의 이름이 되는 것이
다. 그리하여 다시 한번 묻자면, 이 '우리'란 과연 누구인가, 그
리고 그 '우리'가 살고 있는 시공간은 어떤 때, 어떤 곳인가, 바
로 이 질문이 우리에게, 우리의 이름으로, 시적 정의의 물음으
로서, 그렇게 우리 앞에 놓여 있다. 시는 바로 이러한 물음들 앞
의 용기이다.

10

이탈리아의 철학자 조르조 아감벤(Giorgio Agamben) — 다시
한번 이 '이탈리아'라는 국민국가의 이름은 부디 괄호 안에 넣
어두자 — 은, 동시대인(le contemporain)이란 그 자신의 시대
가 지닌 빛이 아니라 반대로 그 어둠을 인식하기 위해 바로 그
시대에 시선을 고정하는 이라고 정의 내린 바 있다.* 한 시대의
빛이란 그저 그 시대가 자신을 외면적으로 표상하고 또한 통합
적으로 표현하는 이미지들이지만, 동시대인이란, 그리고 진정
한 동시대인의 또다른 이름인 '시인(poète)'이란, 그러한 빛이
아니라 그 시대의 어둠인 모든 균열(fracture)을 포착하며 동시
에 그 균열들을 통해 한 시대가 통상적으로 표방하고 있는 봉
합의 선들을 폭로하고 파괴하는 자이다. 시대의 거대한 빛 속에
서는 여러 개의 국민국가로 나뉜 구획 안에 존재하는 국민 또
는 민족밖에는 보이지 않는다. 바이러스를 '퍼뜨리는' 타자는
'오염되지 않은' 것으로 상정된 건강성의 동일자에 대해 그저

* Giorgio Agamben, *Qu'est-ce que le
contemporain?* [traduit par Maxime
Rovere], Payot & Rivages, 2008, p.19.

파괴적 외부자로밖에는 보이지 않는 것이다. 그러나 동시대인
으로서의 시인은 바로 그러한 빛이 아니라 그 구획과 배타성이
미처 포획하지 못하는 보이지 않는 어둠을 인식하려는 자, 그
리고 그 인식을 위해 우리 시대의 동시대성을 다양한 현재성의
이미지들로 직시하고자 하는 자이다. 거대한 빛이 봉합하여 하
나의 통합적 총체로 제시하는 시간성을 바로 그 동시대의 균열
들이라는 어둠 속 작은 불빛들의 직시를 통해 파괴하고 그 거
짓 통합과 위선의 봉합에 대해 진정한 의미의 변증법적 시간
을 되돌려주는 자, 바로 그것이 '시인'이라고도 불리는 동시대
인의 정의이자 과제가 되는 것이다.* 견고한 국민국가들의 총
합으로서의 거대한 빛, 온갖 정상성들의 통합으로서의 안온한
빛, 그 바깥에 위치한 '예외적' 존재로서의 타자는 바로 그러한
의미에서 이 시대의 어둠일 수 있다. 이 어둠은 단일한 시간과
등질적 공간에 위치한 통합적 주체로서의 국민 혹은 민족 혹은
정상인이 아니라 '우리'라는 폐쇄적 정체성의 빛이 어디에서 유
래하며 어디에서 균열되는가를 드러내주는 '타자'이다. 그 균열
들이 어둠 속에서 작은 불빛으로 반짝인다, 명멸한다. 그러므
로 역설적으로 동시대인의 모습은 어떤 시차(déphasage)와 시
대착오(anachronisme)의 모습을 띨 수밖에 없다. 왜냐하면 바
로 그 동시대인 자체가 하나의 근본적 타자, 급진적 시인일 수
밖에 없기 때문이다. 왜냐하면 한 시대가 스스로 규정하고 제
시하는 통합적 시대성의 빛으로 그 시대를 바라보는 것이 아
니라, 언제나 어떤 격차들의 균열로서/써만 그 시대를 응시하
며, 거의 들리지 않는 그 소리들을 들으며, 동시에 그 시대의 봉

* Georges Didi-Huberman,
Survivances des lucioles, Minuit, 2009,
pp.59-61 참조.

합적 시간이 담아내지 못하는 다양한 동시대적 시간성들을 '반
시대적으로' 생각하는 이야말로, 그러한 본원적 타자로서의 진
정한 '동시대인'이기 때문이다. 다시 아감벤의 말을 빌리자면,
이것이 또한 바로 '시인'의 모습이기도 하다. 그리고 정확히 바
로 이러한 의미에서, 이 '시인'이라는 이름의 동시대인은 결국
그 자신의 '시대'와 '사회'가 속해 있는 미학적 지평과 감성적
지도의 구획들을 확인하고 그 경계선 너머의 어둠을 바라보고
불러오는 자, 되돌아올 수 없는 선을 넘는 자이자 다시 반복하
여 다르게 되돌아오는 자, 그리하여 우리가 사유할 수 없는 것
으로 여겨지던 것을 사유할 수 있는 것으로 바꾸는 자이다. 그
러므로 다시 돌아와 말하자면, 되돌려 다시 한번 힘주어 말하
자면, 이러한 시인으로서의 동시대인에게는 어떤 용기가 필요
하다. 아마도 우리는 이러한 용기의 이름을 미셸 푸코(Michel
Foucault)의 후기 작업이 보여준 심오한 선례와 그 개방된 미
래를 따라 '진실/진리의 용기(courage de la vérité)'라고 부를
수 있을 것이다. 용기와 시, 동시대인과 시인, 그 물음과 과제
가 바로 여기에 놓여 있다. 한 시대의 어둠을 목격하고 증언하
는 것, 그 어둠 속에서 거의 들리지도 않고 보이지도 않는 작은
목소리들과 작은 불빛들을 포착하는 것, 그것이야말로 시가 필
요로 하는 용기, 용기가 지닌 시의 특성, 곧 이 시대에 존재하
나 존재하지 않는 것으로 치부되는 어떤 진실/진리에 대한 시
적 용기, 다시 말해 진정한 동시대인의 시적 정의와 과제가 되
기 때문이다. '타자'라는 진실을 말하는 시의 용기를 지닌 동시
대인의 진리, 그리고 바로 그 타자의 진실이 오히려 '우리'라는

통합적 시대의 정체성을 근본적으로 가능케 하는 예외상태의 불가능성임을 직시하는 동시대인의 진리가, 바로 이 지점에서 하나의 근본적인 문제로서, 곧 하나의 시적 진리로서 출현한다. 그리고 나는 이 시인, 이 동시대인의 다른 이름이 바로 또한 '인민'이라고 말하고자 하는 것이다. 타자의 이름을 통하여, 그리고 그 진실과 진리를 말하는 시적 용기와 더불어, 다시금 우리에게 우리의 (또다른) 이름인 '인민'이 출현한다.

11

그리하여 나는 바로 이 오래되고도 새로운 인민이라는 이름을 통해, '우리'에게, 그 '우리'라는 이름이 너무도 당연한 이 또다른 '타자'들에게, 다음과 같은 질문을 던져보는 것이다. "당신은 국민입니까, 아니면 외국인입니까? 당신은 정상인입니까, 아니면 비정상인입니까? 당신은 남성입니까, 여성입니까? 당신은 이성애자입니까, 성적 소수자입니까? 당신은 '건강한' 사람입니까, '병든' 사람입니까? 당신은 내부에 속해 있습니까, 외부에 속해 있습니까? 당신은 '우리'입니까, 아니면 '그들'입니까?" 이 질문들에 무의식적으로 대답하고 있는 우리의 삶이 바로 '우리'라는 주체의 의식 층위에서의 행위를 구성하는 것이지만, 더나아가 이 질문들이 지닌 저 이분법 자체가 서 있는 '우리'의 미학적 지평과 감성적 지도 그 자체를 인지하는 것은 바로 이러한 구분법의 연원을 묻는 미학-정치의 질문이 된다. 이것이 아니면 저것이 되고, 저것이 아니면 이것이 된다는 식의 지극히 당연한 듯 보이는 이분법은 오히려 바로 그러한 포함과 배제의 현실이 작동하기 위한 하나의 강력한 환상일 뿐이기 때문이며, 그 환상은 단지 그것이 '환상'이라고 지시하는 것만으로는 사라지지 않기 때문이다. 타자의 이름은 다시 한번 이렇게 '우리'에게 이 환상의 현실과 싸울 것을 종용하며 그 싸움이 가치 있는 것임을 알려주고 있다. 그렇다면 '우리'라는 이름의 자부심은 어디에서 나오는 환상일까, 그리고 '타자'라는 존재는 '우리'라는 표상이 지닌 어떤 두려움을 드러내는 징후이며 또한 어떤 환대의 가능성을 개시하는 조건일까, 그리하여 이 환상과 현실을 가로질러 다시금 '인민'의 주체란 '우리'와 '그들'이 어떻게 함께 도달할 수 있는 또다른 주체화의 결과가 될까. 이제 이 질문에 대해, 저 당연한 '우리'와는 또다른 '우리', 동시에 또다른 '그들'이 언제든지 될 수 있는 이 새로운 '우리'가 대답해야 할 차례이다. 그러므로 다시 묻자면, 예외적 '타자'의 이름으로서/써 우리는 다시 한번 보편적 '인민'이 될 수 있는 것은 아닐까? 왜냐하면 '우리'라는 동질성(homogénéité)의 주체를 가능하게 하는 가장 근본적인 조건은 거꾸로 '타자'라는 이름의 이질성(hétérogénéité)이 지닌 불가능성이기 때문이며, 또한 바로 이 불가능성이 우리에게 '인민'이라는 이름의 저 익숙하면서도 새로운 가능성의 지평을 다시 한번 열어젖히며 가리키고 있기 때문이다. 용기와 시를 지닌 자로서의 동시대인이라는, 또하나의 익숙하고도 낯선 초상으로서. 그러므로 '우리' 동시대인들에게는, 또다른 '타자'인 이 우리에게는, 그 이름을 통해 다시 '인민'

이라는 (또다른) 이름을 사유하고 실천해야 할 이 우리에게는, 무엇보다도 다시 한번 바로 이러한 시와 용기가 필요하다. 시에게 용기가 필요하듯, 그리고 용기에게도 역시 시가 필요하듯. 바이러스가 일상화된 세계, 전 지구적 전염병의 위험이 보편화된 시대에, 시와 용기는 이렇게 하나의 정치적 정의이자 윤리적 과제로서 우리 앞에 개시되고 있다. 그러나 동시에 그 정의와 윤리의 과제는 '우리'가 매우 당연한 듯 전제하고 있고 또 거의 자동적이자 무의식적으로 우리의 사고와 행동을 구성하는 감성의 지도 위에 놓여 있다. 그러므로 이러한 시의 용기에 기대어, 이러한 용기의 시에 깃들어, 그렇게 다시 묻자면, 우리는 어떤 건강성의 미학적 지평 위에서, 그리고 어떤 정상성의 감성적 지도 위에서 우리의 '바이러스'를 규정하는가. '우리'에게 '타자'는 바이러스인가 항체인가, 아니면 '우리'라는 개념의 울타리 그 자체가 바이러스와 항체를 구분하는 하나의 미학-정치가 되는 것인가. 그렇게 '우리'라는 주체는 이 모든 문제들의 시작점에 서게 된다. 그러나/그러므로 다시 한번 더, 오해해서는 안 된다. 여기서 시는 단순히 '문학의 한 장르'를 가리키는 이름이 아니고, 정의는 단순히 '정치적 올바름'을 가리키는 당위가 아니며, 윤리는 단순히 '도덕적 선함'을 가리키는 법칙이 아니다. 어쩌면 시적 용기란, 이 모든 올바르고 선하며 정상적인 것들을 오히려 거꾸로 뒤집는 데에 필요한 지극히 역설적이고 전복적인 힘일지도 모른다. 하여, 나는 스스로 한 명의 '시인'이 되어, 그런 동시대인의 용기를 가진 주체 아닌 주체로서, 또 하나의 글쓰기를 시작한다, 始作하고 詩作한다, 감행한다.

2

눈뜸과
눈멂의
계보학

: 하나의 시점,
두 개의 시선,
세 개의 시각

①

0. 미학과 정치의 풍경들을 위한
불가능한 지도 제작법

2011년 여름, 명동, 동시대의 한 풍경. (ⓒ **백상진**)

나는 저 작은 한 장의 사진으로부터 이 글을 시작하려고 한다.
그리고 또한 나는, 내가 바로 저 한 장의 작은 사진으로부터 이
글을 시작하려고 한다는 사실 자체에 대해, 이 글을 막 읽기 시
작한 당신에게 먼저 용서를 구하려고 한다. 왜 용서인가. 이 글
은 이렇듯 하나의 용서로부터 시작되어야 할 무엇이다, 라고
나는 생각한다, 생각하면서 존재한다. 그렇다면 당신은 지금 여
기서 무엇을, 나의 어떤 부분을 용서해야 하는가. 내가 이 한 장
의 사진으로써 당신이 당신의 안락한 의자에 앉아 안락한 시선

을 통해 안락하게 글을 읽는 일을 방해했다는 사실을, 그리고 또한 내가 이 한 장의 사진으로써 당신이 당신의 그 안락함에 일종의 수치심을 덧붙여 느끼게 했다는 사실을, 당신은 가장 먼저 용서해야 한다.

　　당신이 소위 '용역 깡패'의 모습을 한 번도 본 적이 없는 이라면, 이 한 장의 사진을 통해 그들의 외형과 분위기를 잘 숙지하기 바란다. 이렇게 말하는 이유는, 당신이 언젠가 저들을 바로 당신의 생활공간 안에서 맞닥뜨릴 수 있다는 '드문' 개연성과 '희박한' 가능성을 거론하며 당신을 겁주려고 함이 아니다. 내 의도는 오히려 그와 정반대이다. 당신이 지금 당신이 앉은 곳에서 누리고 있는 어떤 안락함의 느낌은 바로 저 덩어리의 외형과 바로 저 질감의 분위기 위에서 비로소 유지될 수 있는 어떤 것일지도 모른다는 것. 그 안락함의 가능 조건은 바로 저 외형과 질감의 불가능성 그 자체일지도 모른다는 것. 다시 말해, 우리는 우리가 누구 때문에 [잘] 살고 있는지를 매 순간 확인해야 하며 그와 동시에 저 덩치들에게 깊이 감사해야 하는지도 모른다는 것. 당신이 지금 누리고 있는 안락함이 가능한 이유는, '민중의 지팡이'라는 저 지독하게 쓰린 농담과도 같은 별명을 지닌 경찰이 밤낮없이 지켜주는 경찰국가 대한민국의 안정된 치안 때문이 아니라, 사유재산 보호와 무한이윤 창출이라는 세계화된 자본주의적 원리를 수호해주는 저 든든하고 건장한 용역 깡패들 덕분인지도 모른다는 것. 그러나 문제는, 이 모든 자본의 평화가 그들 '때문'도, 그들 '덕분'도 아니라는 것. 오히려 이 한 장의 사진 안에서 발견되는 저 커다란 덩어리들은 어쩌면 이 자본의 거대한 무대 위/아래에 출연한, 그저 그런 조악한 조연인지도 모른다는 것. 그러므로 나는 다시 고쳐 말해야 한다. 나는 이 글을 읽고 있는 당신의 용서를 구하지 않는다고, 구하지 않고, 나는 그러한 용서를 당신에게 '요구'한다고, 그러한 수치심의 용서를 '요청'한다고.

　　　다시 말해 이 글은 이렇듯 하나의 용서를 '요구/요청하는' 일로부터 시작되어야 할 무엇이다, 라고 나는 생각한다, 생각하면서 존재한다, 그러나 또한 그렇게 존재하면서 부재한다. 왜 그런가. '나'의 존재는 근본적이고 결정적으로 어떤 부재에 기반하고 있기 때문에. 안락하게 채워지는 '나'의 존재란 저 사진 안에서 벽 끝으로 몰려 왜소하게 일그러지고 찌그러진 한 부재의 존재에 빚을 지고 있는 것이기 때문에, 다시 말해 우리의 확고한 존재란 실은, 저 사진을 가득 채운 채 한 사람을 윽박지르고 있는 덩치들에 의해서 말소되고 삭제되고 있는 하나의 부재, 그 불편한 진실의 구심점이라는 존재 아닌 존재에 결정적으로 의존하고 있는 것이기 때문에. '나'라는 존재의 가능성은 아마도 저 부재의 불가능성 때문/덕분에 비로소 '있을' 수 있는/없는 무엇이기 때문에. 따라서 저 한 장의 사진은, 곧 미감(美感)이라고는 전혀 찾아볼 수 없을 것만 같은 이 한 장의 거친 사진은, 그 자체로 가장 외설적인 미학의 이미지이다(그러나 오히려 바로 이러한 이유 때문에 더더욱 우리는 이 사진 안에서 현재 우리의 '정치'가 발 딛고 서 있는 하나의 특정한 '미감'을 발견해야 한다). 그렇기에 우리는 이 사진을 결코 똑바로 바라볼 수 없다. 직시할 수 없는 불가능의 응시. 위압적인 복수

(複數)와 위협받는 단수(單數), 윽박지르는 다수(多數)와 구석으로 몰린 소수(少數)가 가장 거칠고 즉물적인 상징으로 드러나고 있는 이 한 장의 사진을(그러나 이 '상징'이란 또한 상징이 되기엔 너무도 적나라하고 직접적인 '현실'이 아닌가), 이 너무도 확실하고 확연한 한 장의 사진을, 우리는 결코 똑바로 바라볼 수 없다. 한번 더 반복해서 말하자면, 이 사진은, 그 자체로, 딱 그만큼의 의미에서, 가장 외설적이기 때문에, 그러한 외설적 '미학'이 가장 징후적으로 드러나는 하나의 '정치'이기 때문에. 내가 당신에게 용서를 '구하지' 않고 '요구하는' 이유, 마치 쉬운 용서를 베풀듯 이 외설적 장면으로부터 결코 고개를 돌리지 말고 이 외설 자체를 직시하라고 당신에게 요구하는 이유가 바로 이것이다. 이 불가능한 직시에의 요청. 그리하여 나는 묻는다, 바로 이 직시의 (불)가능성을 묻는다. 당신은 이 폭력적 외설의 미학-정치적 장면을 똑바로 마주할 수 있는가.

그러므로 저 한 장의 사진으로부터 시작된 이 글은, 어쩌면 미약한 것, 가장 나약한 것일 뿐일지도 모른다. 그렇게 미약하고 그렇게 나약하나, 그렇다고 해서 그 끝이 결코 창대하지도 않을 종이와 활자의 빈약한 조합. 인민과 노동자라고 흔히 불리는 주체들을 향해 그리도 쉽게 발설되는 저 모든 권력의 헛되고 위선적인 약속들에 반대하듯, 나는 미약하기 그지없는 시작을 미끼로 어떤 창대한 끝을 허황되게 보장하는 저 속류 기독교주의로부터 결연히 단절할 것을, 또한 당신에게 요구한다. 그러나 어떻게? 다시 한번 사진에 주목해보자. 저 하얗디하얀 순백의 티셔츠를 단체로 맞춰 입은 덩치들이 약속하고 대변하는 사유재산의 천년왕국과 이윤 창출의 창대한 최후심판을 어떻게 거부할 것인가. 나는 이러한 불가능을 당신**에게**, 그리고 당신**과 함께** 요구한다. 그리고 나는 이 모든 가능하게('자연'스럽게) 보이는 것들이 어떤 불가능성('부자연'스러움) 위에 있는지를, 이 모든 존재하는 것들이 어떤 부재하는 것 위에 있는지를, 끈질기게 물으려 한다. 그러나 이 끈질김은 아마도 지난한 길을 따라가야 할 것이다. 내가 또한 당신에게, 당신과 함께 요구하는 것이 바로 이러한 지난한 우회의 여정이다.

　　그러나 동시에 또한, 나는 어떤 오해가 없기를 바란다. 나는 정치에 대한 글, 곧 좁은 의미에서의 '정치적' 글은 쓰지 않을 것이다. 다시 말해 나는 정치만을 위한 정치적인 글은 결코 쓰지 않을 것이다. 저 한 장의 사진을 가장 외설적으로 파악하는 우리의 미감은 그 자체로 '이미-언제나' 가장 정치적이기 때문이고, 그러한 의미에서 저 한 장의 사진이 징후적으로 대변하고 있는 현상은 바로 하나의 미학-정치이기 때문이다. 따라서 나는 하나의 취향이자 취미 판단으로서의 미학이 특정한 정치의 '문화적' 반영이라고 역설하지도 않을 것이며, 하나의 이미지와 그 이미지가 지니는 미학을 반드시 '정치적으로' 해석해야 함을 종용하고 강변하지도 않을 것이다. 문제는 전혀 다른 것이다. 하나의 미학이 특정한 정치적 체제의 **반영**(reflet)인 것이 아니라, 반대로 하나의 정치가 특정한 미학적 체제의 **효과**(effet)인 것. 나는 바로 이러한 관점에서 이 글이 ― 비록 하나의 '구체적' 사례로부터 출발하고 있지만 ― 현재적 세태의 일단을 포착하여 분석하고 평가하는 일종의 시평(時評)이나 시론(時論) 형태의 '일시적' 글이 되는 것을 경계하고 지양한다. 이 글은 순간적이고 찰나적이지만 일시적이지는 않고, 또한 마찬가지 이유에서 그 반대로 통합적 일반이 아닌 산발적 보편을 지향한다. 또한 같은 관점에서 나는 이 글이 일반적 의미에서 일종의 대중문화비평이 되는 것 역시 경계하고 지양한다. 나는 노래할 수 없는 것들에 대한 시를 쓸 것이고, 이야기할 수 없는 것들에 대한 소설을 쓸 것이며, 평가하거나 분류할 수 없는 것들에 대한 비평을 쓸 것이다. 이 모든 것들은 결국 텍스트로써 (미)완성될 수밖에 없는 것이겠지만, 그 문자들이 궁극적으로 가리키는 것은, 모종의 깊은 해석적 의미를 내포하는 [것으로 상정된] '내용'이라는 글이 아니라, 우리의 미학적 체제가 어떤 식으로 구획되어 있고 포진되어 있으며 분할되어 있는지를 가리키는 지도라는 '형식'이 될 것이다. 그리하여 다시 한번 이 글은 하나의 '형식-내용'이다. 나는 무엇보다 이 글이 그러한 불가능한 지도를 제작하는 하나의 작도법이자 기호학이 되기를 바란다. 잇고 끊고 덧대는 것들의 미학, 느끼고 즐기고 고통받는 것들의 정치, 가장 남루하게 존재하는 것들에서 발현되는 드문 고귀함, 가장 헤프게 지속되는 일들 사이에서 표출되는 고귀한 드묾의 미학-정치. 우리가 몸담고 있고 또한 우리를 둘러싸고 있는 이러한 정치적 시대와 미학적 세계에 대한 물음들이 바로 이러한 지도 제작법의 시도를 통해 내가 목표로 하는 것이다. 그리고 나는 이러한 나의 방법론을 '이데올로기적 지도 제작법(cartographie idéologique)'으로 명명할 것이다.

그러므로 나는 이러한 '이데올로기적 지도 제작법'의 모

습이 지극히 '이념적'인 것이 되리라는 사실을 고백하지 않으면
안 된다. 그러나 이렇듯 어떤 것이 이념적이 될 것이라는 일종
의 예언적 규정을 단지 '고백'이라는 수세적이며 수동적인 이름
으로만 부를 수 없는 이유는 다음과 같다. 즉 이념이란, 생각하
지 않는 자에게는 가장 고루한 유물이겠지만, 생각하는 자에게
는 가장 '물질적'이고 가장 '구체적'인 무기이다. 말하자면, 나의
질문은 가장 소박하면서 동시에 가장 거대하며(그러나 우리의
삶이 정확히 그렇지 않은가), 그런 점에서 아마도 지독하게 이
념적인 어떤 물음일지 모른다. 그 질문은 정확히 다음과 같다.
우리는 어느 정치적 시대를, 어떤 미학적 세계를 살고 있는가.
그러나 이 시대/시간에 대한 물음과 세계/공간에 대한 물음은
동떨어진 두 개의 다른 질문이 아니다. 그것은 하나의 시공간에
관한, 곧 미학과 정치가 교차하고 있는 풍경들에 대한 단 하나
의 질문, 곧 여럿의 미학-정치(들)에 관한 하나의 물음이다. 나
는 이 단 하나의 질문이 지닌 여러 개의 얼굴들을 또다른 여러
개의 질문으로 다시 바꿔서 물어보려 한다. 아마도 이렇듯 서로
중첩되고 교직되는 질문들의 구름이 내가 원하고 바라는 하나
의 지도를 제작해줄 것이며, 나는 그러한 믿음 아래에서 이 글
을 시작했고 또한 시작한다. 그러므로 이렇게 제작되는 지도는
그 구름들의 클러스터가 만들어내는 등고선을 갖게 될 것이다.

그러므로 나는 앞으로 잇고 끊고 덧대는 것들의 미학,
느끼고 즐기고 고통받는 것들의 정치, 그 미학-정치의 지도를
그리고자 한다. 그 지도는 결코 촘촘하지 않을 것이나, 오히려
그 성긴 구조와 구멍들을 통해 어떤 불가능성 위에서야 비로소

그려지는 하나의 '구름의 지도'를 의도할 것이다. 따라서 여기서의 미학이란 단순한 [현대]예술론이 아니며 또한 여기서의 정치란 단순한 [실천]철학이 아니다. 지고의 미학은 드물고 고귀한 것, 지상의 정치는 헤프고 남루한 것일지 모른다. 그러나 그러한 자연스러운 위계, 당연한 이분법 아래에서 우리는 동시에 무언가 많은 것들을 착각해왔고 또 착각하고 있는지도 모른다. 드물고 고귀한 것은 헤프고 남루한 것과 만난다. 그리고 그렇게 드물고 고귀한 것은 그렇게 헤프고 남루한 것을 통과할 때에만 비로소 바로 그 자신이 될 수 있는지도 모른다. 지고의 것은 지상의 나락으로 처박힌다. 드문 것은 남루한 것 안에 있고, 헤픈 것 안에서 고귀한 것이 등장한다. 그러나 이는 단순한 몰락이나 전락 혹은 추락을 의미하는 것이 아니다. 나는 저 드물고 고귀한 것이 이 헤프고 남루한 것과 교차하고 충돌하는 '유물론적 미학'의 한 불가능한 형태를, 다시 말해 시도하는 동시에 사라지지만 바로 그러한 사라짐 속에서만 오히려 가장 결정적이고 적극적으로 감행될 수 있을 미학-정치의 한 형태를, 이미지와 글쓰기가 병치되는 하나의 시공간 안에서 제시해보고자 한다.

　　하여, 나는 다시 처음으로 돌아가보는 것이다, 그렇게 돌아가서는, 다시금 저 마주할 수 없는 사진을 마주하며 바로 그 가능성의 불가능 안에서 재차 물어보는 것이다. 저 사진은 어떤 종류의 공포를 유발하는가. 또한 저 사진은 어떤 종류의 수치심을 불러일으키는가. 그리고 저 사진은 어떤 종류의 사유를 불러일으키고 어떤 종류의 행동을 요구하는가. 그러나 이 모든 물음들에 앞서 무엇보다 나는 가장 먼저 저 사진을 말 그대로 한 장의 '사진'으로 보기를 또한 요구한다, 당신에게, 그리고 당신과 함께. 일견 가장 '중립적'으로 보이는 이 요구 안에 어쩌면 가장 미학적이며 동시에 가장 정치적일 하나의 시선이 놓여 있을 것이며, 나는 바로 이러한 시선의 자리로부터 시작해서 또한 바로 그 자리로부터 이탈할 것이다. 나는 그렇게 이탈하면서 다시 시작한다. 나는 지금 당신과 함께 바로 이러한 시작점 위에 서 있다.

1. 하나의 시점:
모든 것을 보는 눈

모든 것을 보는 첫번째 눈: 타워크레인 위에서
이불 빨래를 널고 있는 김진숙. (ⓒ『경향신문』, 정지윤 기자)

그리하여 나는 다시 한 장의 사진에서 시작할 것이다, 이 사진
에 덧붙일 수밖에 없는 또하나의 물음을 던지면서: 저 높은 곳
(위)에서 내려다보는 이 세상(아래)은 어떤 모습일까. 그러나
나는 이 물음을 통해 전지적 능력을 지닌 신(神)의 시점을 경외
하는 마음으로 전제하거나 낭만적인 마음으로 상상하고 있는
것은 아니다. 한진중공업 정리해고에 반대하며 부산 영도조선
소 크레인에 올라가 '고공 투쟁'을 한 지 174일째가 되던 2011
년 6월 28일, 김진숙 민주노총 지도위원은 『프레시안』과의 인

터뷰에서 이렇게 이야기한다.

> 6월 10일 희망 버스가 올 때 용역을 투입해서 조합원들을 끌어내리는 장면을 본 이후로 지금까지 잠을 한 시간도 못 잤다. 신경이 예민해져 있다. **위에서 그 광경을 다 봤으니 오죽하겠나.**[*]

이 말들의 마지막 문장이 나를 강하게 붙잡고 진하게 사로잡는다(그리고 이것이 바로 내가 그의 저 마지막 문장을 진하게 강조한 이유이다). 그러나 나는 알지 못한다, 저 위에서 이 아래의 그 모든 광경을 다 바라볼 수 있는 경험이 어떤 것인지를. 그러나 나는 또한 알고 싶어진다, 그 위에서 저 아래의 모든 움직임을 그저 바라볼 수밖에 없는 느낌이 어떤 것인지를. 이 단 하나의 절대적 시점이란 또한 얼마만큼의 절대적 고독을 전제해야 하는 것인지를, 나는 알지 못하며, 그렇기에 또한, 알고 싶어한다.

그러므로 이러한 어떤 '무지'에서 촉발되고 또 그에 기반을 두는 이 '선망 아닌 선망'이란, 신의 시점을 갖고 싶다는 전능함에 대한 열망과는 전혀 다른 것, 그러한 전지적 시점에 대한 갈망과는 전혀 거리가 먼 것이다(여전히 '현재적'인 소설이자, 그러나 그것이 여전히 현재적이라는 사실 그 자체가 가장 '불행한' 소설이기도 할 『난장이가 쏘아올린 작은 공』 속의 한 제목을 빌리자면, 그렇다, "잘못은 신에게도 있다"). 오히려 이러

[*] 김윤나영 기자의 『프레시안』 기사 「"회사에 버림받고 노조에 버림받아 죽고 싶은 생각뿐"」 참조: http://www.pressian.com/article/article.asp?article_num=30110628110205

한 선망 아닌 선망은 이 아래의 '모든 것'을 내려다보는 저 위의 전지적 시점이 지닌 어떤 절대적 고독감, 그 단 하나의 절대적 시점이 지닌 절대적 무력감을 '선망'하고 있는 것. 그러므로 여기서 내가 왜 이러한 감정을 '선망 아닌 선망'이라는 역설적 언어로 표현했는지가 가장 극명하게 드러난다. 그는 혼자다, 그리고 우리는 여럿이다(이러한 수적(數的) 대비는 [단순히 '연대의 열정과 포부'를 표현하는 일 외에] 무엇을 뜻하는가). 이 아래의 우리는 저 위의 그에게 가닿지 못한다, 하지만 그는 그렇게 위에서 아래에 있는 우리들을 내려다본다(이러한 위계적 대비는 [단순히 '전능한 무력감'을 노출하는 일 외에] 또한 무엇을 뜻할 수 있을까). 이 아래의 우리가 저 위의 그에게는 그저 개미들 같은 존재일까, 아니면 저 위의 그가 이 아래의 우리에게 오히려 한 마리 개미 같은 존재일까(그리고 이 생물적 은유의 물음은 [단순히 '존재의 절대적 왜소함'을 비유하는 일 외에] 또한 과연 무엇을 뜻해야 하는 것일까)? 하여, 다시 사진을 바라본다. 그는, 어쩌면 너무나 '진부하게도', 그저 이불 빨래를 널고 있다. 그는, 말하자면, 저 위에서, 여전히, 계속해서, 살아가고 있는 것, 살아가야만 하는 것. 삶은 저 위에서도, 아래의 모든 광경을 다 내려다볼 수 있는 저 높디높은 드물고 고귀한 전지적 장소에서도, 여전히 남루하고도 헤프게 계속되고 있는 어떤 것, 삶은 저 위에서라고 해서 결코 유예되거나 지연되거나 면제되는 법이 없는 어떤 것이다. 따라서 "위에서 그 광경을 다 봤으니 오죽하겠나"라는 문장이 전해주는 하나의 불편한 진실의 가장 중요한 정체는 바로 이 어쩔 수 없는 남루한 삶의 지속성이며, 또한 그가 저 위에서 고독하게 맞서 싸우는 대상/상대이자 동시에 그 싸움의 목적으로 삼는 것 역시 바로 이러한 끈질긴 삶의 고귀한 지속성인 것. 이러한 삶의 성격을 우리가 새삼 알게 되고 되새기게 되는 것은, 바로 저 전도된 전지적 능력 때문, 곧 그 능력이 전지적이라는 바로 그 이유 때문에 오히려 단순히 '신적(神的)'일 수만은 없는, 바로 저 **무능의 전능성** 때문이다.

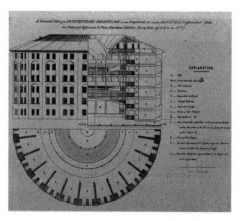

모든 것을 보는 두번째 눈: 제러미 벤담이 고안한 파놉티콘의 설계도.

이와는 다른 또하나의 '익숙한' 전능의 시점이, 전혀 다른 의미에서의 '단 하나의' 시점이, 저 크레인의 반대편에 존재한다. 이 시점은 일견 위계적 상하를 나누지 않는 수평적인 시점인 듯 보이지만, 오히려 상징적인 위와 아래를 내면화하게 만드는 힘을 갖고 있다(말하자면, 그 힘은 '알아서 기게' 만드는

힘이다). 게다가 이 단 하나의 시점은 어쩌면 우리가 오래도록
속해 있는 시대 자체를 규정할 만큼 아주 긴 역사를 갖고 있다.
이 또다른 절대적 시점은, 크레인 위의 김진숙이 그 아래의 모
든 것을 내려다보는 눈과는 전혀 다른, 하나의 중심부에서 모
든 주변부들을 일별하고 감시하는 또하나의 전지전능한 시점,
바로 파놉티콘(Panopticon)의 시점이다. 미셸 푸코는 『감시와
처벌: 감옥의 탄생』에서 제러미 벤담(Jeremy Bentham)이 구
상했던 이 파놉티콘, 곧 '일망(一望) 감시 장치'에 대해 다음과
같이 설명한다.

　　수감자는 권력의 자동적인 기능을 보장해주는 가시성
　의 의식적이고 영속적인 상태로 이끌려 들어간다. 비록
　감시 작용이 연속적이지 않다고 하더라도 그 효과는 영
　속적이 되도록 하며, 또한 권력의 완성이 그러한 감시
　가 실제로 행사되는 일을 불필요한 것으로 만든다. 이러
　한 건축적 장치는 권력을 행사하는 사람과 무관하게 존
　재하는 어떤 권력관계를 창출하고 유지하는 한 기계가
　된다. 요컨대 수감자 스스로가 권력의 전달자가 되는 어
　떤 권력적 상황 속으로 편입되는 것이다. (…) '일망 감
　시 장치(le Panoptique)'는 '봄-보임(voir-être vu)'의 짝
　을 분리시키는 하나의 기계이다. 즉 주위를 둘러싼 원형
　의 건물 안에서는 아무것도 보지 못한 채 완전히 보이기
　만 하고, 중앙부의 탑 속에서는 모든 것을 볼 수 있지만
　결코 보이지는 않는다."＊

＊ Michel Foucault, *Surveiller et punir:
naissance de la prison*, Gallimard, 1975,
pp.202–203; 오생근 옮김, 『감시와
처벌』, 나남, 2003[개정판], 311–
312쪽, 번역은 일부 수정.

파놉티콘은 그 말 그대로 '모두를 볼(pan-opticon)' 수 있으나 그 자신은 누구에게도 보이지 않는, 그러나 반대로 그 것이 감시하는 대상은 오직 자신이 누군가에게 보이고 있다는 시선만을 느낄 뿐 그 자신은 아무것도 볼 수 없는, 상상할 수 있는 가장 이상적이고 효과적인 감시의 장치(dispositif)인 것.

그러나 이러한 파놉티콘의 시점과 기능은 통상 권력 작용의 내면화로 해석되고 그러한 측면에서만 강조되거나 반대되어왔다. 하지만 우리는 여기서 그러한 '내면화'가 의미하는 것이 무엇인지 좀더 자세히 살펴볼 필요가 있다. 그것은 물론 흔히 논의되듯 '권력의 시선'을 내면화하는 것을 뜻하며, 그러한 의미에서 그 시선의 대상이 되는 개인은 또한 바로 그 스스로가 저 권력적 시선의 전달자이자 담지자이자 실행자가 된다는 의미를 갖는다. 그리고 바로 이러한 방법으로 근대적 권력의 작용은 가장 '완전한' 것으로 '완성'된다는 것. 그러나 이 개인은 어떻게 '그러한 개인'이 되는가? 다분히 자기-관음증적 시점을 통해, 곧 가장 뒤틀린 나르시시즘의 시점을 통해, 다시 말해 일종의 폐안(閉眼)에 기초한 또다른 개안(開眼)을 통해, 눈멂에 의한 눈뜸을 통해 그렇게 된다. 그러나 이러한 시선의 내면화는 소위 권력자가 그 권력이 적용되는 자들에게 가하는 인격화된 '억압'과는 전혀 다른 것이다. 중요한 것은 이러한 권력적 시선의 작용이 권력을 실행하는 자와 그 권력이 적용되는 자를 명확하게 가르는 표층적 '정치'와 표피적 '권력'의 층위에서 작동되지 않는다는 사실이다. 곧 이러한 시선의 정치는 우리가 흔히 말하는 '정치'의 층위에서 일어나지 않는다. 다시 말해 푸코가 파놉티콘이 지닌 이러한 '시선'의 성격으로 강조하고 있는 것은, 권력을 실행하는 자가 그 권력이 적용되는 자에 대해 갖고 있다고 상정되는 어떤 실체적인 우월성이 결코 아니다. 그 시선은 장치와 구조의 효과이다. 이 기계-장치의 바깥은 없으며, 그것을 '위'에서 조종할 수 있는 메타적인 층의 자리란 존재하지 않는다. 실제로 푸코는 지나치듯 다음과 같이 쓰고 있다.

> 하기야 이 건축적 장치의 한복판에 감금되어 있는 셈인 관리자 역시 이 장치와 연결된 부분적 존재가 아닐까? 전염이 확산되는 것을 방치하는 무능한 의사나, 서투른 관리를 하는 감옥이나 작업장의 관리자는, 전염병이나 폭동이 발생할 경우 첫번째 희생자가 될 것이다. 일망 감시 장치의 경영자는 말한다. '나의 운명은 내가 고안할 수 있었던 모든 속박에 의해 그들(수감자들)의 운명과 함께 묶여 있다.' 일망 감시 장치(le Panopticon)는 일종의 권력의 실험실로 기능한다.*

이 부분은 파놉티콘의 정의와 기능에 대한 푸코의 가장 유명한 언급들에 비할 때 우리가 자주 인용하거나 주목하지는 않는 부분인데, 그러나 나는 당신과 함께 이 부분을 다시 읽어야 한다고 생각한다. 크레인 위에서 아래의 모든 것들을 내려다보며 난감하고 착잡한 마음을 품었던 김진숙의 저 시점과, 주변부의 모든 것들을 감시하며 정작 그 자신은 결코 보이지 않는 파놉티콘 중심부의 시점 사이에

---

* Michel Foucault, *Surveiller et punir: naissance de la prison*, p.206; 오생근 옮김, 『감시와 처벌』, 316-317쪽, 번역은 일부 수정.

놓여 있는, 어떤 간격과 어떤 괴리에 주목하기 위하여, 다시 말해 둘 사이의 구조적 상동성과 차이점, 그리고 그 둘 사이의 감성적 거리와 미학-정치적 대립들을 설명하기 위하여.

그렇다면 먼저, 왜 이 둘은 구조적으로 상동적(相同的)인가. 모든 것을 한눈에 바라보는 '일망(一望)'이 가능하기 때문이다. 그러나 동시에, 왜 그 둘은 구조적으로 차이가 나는가. 파놉티콘의 중심부는 외부의 모든 것을 보면서 그 자신은 외부에 의해 보이지 않는 반면, 아래에 있는 우리 모두는 크레인 위의 김진숙을 볼 수 있기 때문이다(그러나 여기서 다시 묻자면, 우리는 과연 그를 바라볼 수 있는가, 그의 모습과 정말로 '마주할' 수 있는가). 이 둘의 차이란 **정치적인 감성의 차이**가 아니라 **감성의 정치라는 차이**의 모습을 띤다. 따라서 우리는 여기서 어떤 정치를 택해야 하는가 하는 문제가 아니라 오히려 어떤 미학을 택해야 하는가 하는 문제에 맞닥뜨리게 되는 것. 이러한 두 미학적 시점은 공히 '모든 것을 보는 눈'의 형태를 띤다. 그러나 파놉티콘의 시점은 마치 '중립적'으로 '관조'하는 듯한 시선을 흩뿌리며 그 시선의 대상이 되는 개체를 관음증적 주체로 만드는 반면, 크레인 위의 시점은 그 모든 아래의 것들을 그저 관조할 수만은 없는, 위의 눈과 아래의 눈들이 모두 서로를 바라보고 바라볼 수밖에 없는 어떤 **'거리의 관계성'**을 만들어낸다. 만약 신의 시점이 있다면, 그리고 만약 그러한 시점이 반드시 존재해야 한다면, 그 신의 시점이란 둘 중 어떤 것이 될 수 있으며 또한 어떤 것이 되어야 할 것인가. 우리는 아마도 이 물음에 바로 답할 수 없을 것이지만, 또한 아마도 언젠가는 분명

히 답해야 할 것이다. 그러나 다시 묻자면, 그것은 그렇게 '선택
적'으로 어느 한쪽이 될 수 있는 것이며 또는 되어야 하는 것일
까. 혹은, 나는 이러한 두 개의 선택지가 마치 '선택 가능한' 것
처럼 말했지만, 이 선택은 정말로 그 자체로 '선택 가능한' 것인
가. 우리는 어쩌면 바로 이 지점에서 이 선택 가능한 선택지들
의 '선택 불가능성'과 마주하고 있는 것은 아닌가. 그리하여 다
시 묻자면, 이러한 미학-정치의 이미지는 우리에게 선택할 수
없는 것의 선택이라는 문제를 던지고 있는 것은 아닌가.

폴리페모스의 눈을 찌르는 오디세우스.

    따라서 우리는 그저 선택이 자유로운 두 가지 미학 사이
에 가능성의 상태로만 있는 것이 아니다. 하여, 나는 여기서 김
진숙이 올라가 있는 저 크레인 자체를 [다른 이들과의 연대가
비가시적이게 되고 따라서 불가능하게 되는] '보이지 않는' 곳

으로 치워버리겠다는 사측의 발상이 어떻게 가능했는지, 그리
고 그것이 어떠한 '미학' 위에서 가능했는지, 어렴풋이 깨닫게
된다. (우리는 저 크레인을 사람들에게 보이지 않는 바다 쪽으
로 옮기려는 어떤 시도가 있었음을 알고 있다.*) 그러므로 여
기서 이 시선의 장치들은 모두 역시 하나의 미학-정치를 가리
키고 있다. 질문은 다음과 같다. 그러한 발상을 떠올리게 한 사
고의 바탕에 깔려 있는 미학적 의식과 무의식은 무엇인가. 감시
할 수 없는 것, 오히려 모든 아래의 것들을 내려다보며 그 자신
역시 아래에 의해 보임을 받는/당하는 단 하나의 눈, 단 하나
의 시점을, 그 의식과 무의식은 어떻게 다루려 하는가. 시야에
서 치워버리는 것, 바다 쪽으로 보내서 그 역시 아래를 내려다
보지 못하게 하고 아래의 사람들 역시 그 위를 보지 못하게 하
는 것, 곧 저 위와 이 아래의 모든 '거리의 관계성' 자체를 제거
하면 된다는 것. 모든 것을 바라보는 단 하나의 눈은 말 그대로
단 하나만 있으면 족하다는 것. 비록 그 눈의 자리가 텅 비어 있
는 중심, 공동화된 핵심이라고 하더라도, 어쩌면 오히려 바로
그러한 이유 때문에, 누군가에게 그 자신 외에 모든 것을 내려
다보는 다른 눈 따위는 전혀 필요하지 않다는 것. 말하자면, 아
래를 볼 수 없는 위와 위를 볼 수 없는 아래는 서로에 의해 망각
된다는 것, 그러한 망각을 위해 보이지 않는 곳에서 보이지 않
는 것들을 감시하고 규율하겠다는 것. 절대적 권력의 절대적 신
성은 저 상대적 관계성을 비가시적인 것으로 만들었을 때 오히
려 가능해지는 어떤 가능성이라는 것. 자, 그렇다면 여기서 오
히려 저 파놉티콘의 눈이라는 신성에는 가장 강력하면서도 취

---

* 『한겨레』기사 참조: http://www.
hani.co.kr/arti/society/society_
general/488411.html

약한 하나의 결정적 세속의 약점이 생기지 않는가. 마치 오디세우스에 의해 박탈당하는 외눈박이 폴리페모스의 눈처럼. 오디세우스 스스로가 폴리페모스에게 들려줬듯, 그는 '아무도' 아니다. 크레인 위의 김진숙도, 그 아래에 있는 우리도, 파놉티콘의 시점에서는 정말 '아무도' 아닐 것이다. 그러나 나는 바로 이 지점에서 마르크스가 『헤겔 법철학 비판 서설』에서 썼던 말을 다시금 떠올린다.

> 나는 아무것도 아니다, 그리고 나는 모든 것이어야 한다
> (Ich bin nichts, und ich müßte alles sein).*

우리는 아무도 아니고 아무것도 아니다. 그러나 동시에 우리는, 오히려 우리가 아무도 아니며 아무것도 아니라는 바로 이러한 이유 때문에, 또한 모든 것이 되고, 또 모든 이가 되어야 한다. 그리고 이것이 바로 내가 말한 '무능의 전능성'과 '거리의 관계성'이 뜻하는 '우리'의 현실이자 동시에 이상이다.

* Karl Marx, "Zur Kritik der Hegelschen Rechtsphilosophie, Einleitung", *Marx-Engels Werke*, Band 1, Dietz, 1981, p.389; 『칼 맑스 / 프리드리히 엥겔스 저작 선집』 1권, 박종철출판사, 1991, 13쪽.

3

눈뜸과
눈멂의
계보학

: 하나의 시점,
두 개의 시선,
세 개의 시각
②

2. 두 개의 시선:
모든 것을 볼 수는 없는 눈(들)

그러나 아무것도 아니면서 동시에 모든 것이 되기란 어떻게 가능한가. 아무것도 아닌 것을 계속 아무것도 아닌 것으로 만드는 동어반복적인 재생산의 장치(파놉티콘), 그 유일무이한 절대적 시점으로부터 벗어나, 위에서 아래를, 아래에서 위를, 그렇게 함께 보는 또다른 하나의 시점은, 그 또다른 유일무이한 (그러나 '절대적'이지 않은) **'전능**(全能)**한 무능**(無能)'의 시선은, 그 '거리의 관계성'은 어떻게 가능해지는가. 앞서 밝혔던 하나의 알레고리를 통해 말하자면, 오디세우스와 동류(아무개)인 우리는, 어떻게 저 외눈박이 폴리페모스의 눈을 찔러 '눈멀게' 할 수 있을 것인가. 또는, 침소봉대(針小棒大)와는 정확히 반대되는 의미와 몸짓으로, 그렇게 '축소'하여 빗대자면, 마치 '양식화'하듯 비유하자면, 이는 마치 고양이 목에 방울을 달거

나 낙타를 바늘구멍 안으로 빠져나가게 하는, 실로 '마법'에 가
까운 일이 아닌가. 다시 말하자면, 마지막으로 묻자면, 나와 당
신은 이 하나의 근본적 '불가능성'을 어떻게 마주하여야 하는
가. 그것이 — 헤겔의 표현을 빌려 — 우리의 '현실'이자 '이상'
이라고 말하기에는, 분리의 현실을 깨고 연대의 이상을 말하기
에는, 오히려 현실은 차라리 공존이며 이상은 차라리 고립이라
고 하는 것이 더 '이상적 현실'에 부합하는 묘사가 아닐까. 하여,
이러한 반문들 속에서, 나는 이번에는 두 개의 이미지로부터
시작할 것이다. 아주 예전부터 몰래 짝사랑해오고 있는(그런
데 '짝사랑'이란 언제나 그렇게 '몰래' 이루어질 수밖에 없는 것
일 텐데, 그리고 이미 오래전에 죽은 이가 나의 사랑에 응답할
리가 만무하므로, 나의 이 짝사랑은 아마도 그렇게 '불완전'하
기에 무엇보다도 가장 '완벽하기' 짝이 없는 짝사랑이 되는 것
일 텐데, 게다가 나는 불행인지 다행인지 아직 17세기 이탈리
아어로 사랑을 고백하는 방법을 배우지 못했는데) 미켈란젤로
다 카라바조(Michelangelo da Caravaggio)가 그린 두 장의 그
림, 곧 부재(不在)하면서 동시에 존재(存在)하는 두 장의 그림
이 바로 그것이다.

　　이 두 장의 그림은 모두 마태오(Ματθαίος)가 그의 복
음서(마태오 복음서)를 기술하는 장면을 그리고 있다. 그러나
같은 소재를 그리고 있음에도 이 두 그림은 서로 전혀 다른 그
림이라고 말할 수 있다. 이 두 그림 사이의 '결정적' 차이를 열
아홉 살의 내게 처음으로 가르쳐준 책은 에른스트 곰브리히
(Ernst Gombrich)의 『서양미술사(The Story of Art)』였다. 이

카라바조가 마태오를 바라보는 두 개의 시선.

그림들에 대한 그의 문장을 읽으면서 볼을 타고 뜨겁게 흘러내리던 그때의 눈물을 나는 지금도 여전히 생생하게 기억하고 있다(왜 나는 시나 소설이 아니라 소위 '이론서'를 읽을 때 엄청난 눈물을 흘리는가, 하는 문제는 여전히 내게 개인적으로 하나의 '변태적 신비'이지만, 이러한 '신비'는 단순히 내가 지닌 어떤 '변태적' 취향만으로는 [그렇게 쉽게 분리되어] 설명될 수 없을 것이란 묘한 확신을 갖고 있기도 하다). 하여 곰브리히의 그 문장을 여기에 그대로 옮겨본다, 열아홉 살 때의 열정을 그대로 추억하며, 하지만 동시에 그때와는 전혀 다르게 읽히기를 또한 희망하며.

사실상 성서에 나오는 사건들을 마음속에 전혀 새롭게 그려보기 위해 비상한 정열과 주의력을 가지고 성경을 읽은 사람들은 일반적으로 미술가들이었다. 그들은 그들이 과거에 보아온 모든 그림들을 잊어버리려고 노력했으며, 아기예수가 구유에 누워 있고, 목자들이 그를 찬미하러 찾아들고, 한 어부가 복음을 전도하기 시작하는 당시의 정경이 과연 어떠했을까 하고 상상하려고 노력했다. 오래된 성경을 아주 참신한 안목으로 해독하려는 위대한 미술가들의 그러한 노력이 분별없는 사람들에게 충격을 주고 분노케 한 경우가 수없이 발생했다. 이러한 물의의 전형적인 예로서 1600년 전후로 작품활동을 한 매우 대담하고 혁명적인 이탈리아 화가 카라바조가 있다. 그는 로마의 한 교회 제단을 장식하기 위한 성 마태의 그림을 부탁받았다. 그가 받은 주문은 성 마태가 복음서를 기술하고 있는 장면과, 그 복음서가 하나님의 말씀이라는 점을 보이기 위해 그가 글을 쓸 때 영감을 불어넣어주는 한 천사를 그려넣는 것이었다. 매우 상상력이 풍부하고 타협을 거부하는 젊은 화가 카라바조는 한 늙고 가난한 노동자이며 단순한 세리(稅吏)가 갑자기 책을 저술하려고 쭈그리고 앉은 모습을 그리기 위해 깊이 생각했다. 그리하여 그는, 대머리에 먼지 낀 맨발로 커다란 책을 어색하게 붙들고 있으며 손에 익지 않은 필기(筆記)를 하기 위해 애써 이마를 찡그리고 있는 〈성 마태〉[첫번째 그림]를 그렸다. 마태의 옆에 있는 젊은 천사는 방금 천상으로부터 날아와 어린아이를 가르치는 선생처럼 그 노동자의 손을 우아하게 인도하고

있다. 카라바조가 이 그림을 제단에 모실 교회로 가져가
자 사람들은 이 작품 속에 성 마태에 대한 경의가 들어
있지 않다고 분개했다. 사람들은 이 그림을 받아들이지
않았으며, 카라바조는 성 마태를 다시 그려야 했다. 이
번에는 그에게 선택의 여지가 많지 않았다. 그는 천사와
성자의 모습에 대한 전통적인 관념을 엄격하게 준수했
다[두번째 그림]. 그 결과로 나온 작품은 카라바조가 생
생하고 흥미 있게 보이도록 노력했으므로 지금도 명화
에 속하지만, 우리에게는 이 작품보다는 첫번째 그림이
더 정직하고 진실해 보인다.*

하여, 나는 당신과 함께 다시 저 두 개의 그림, 두 개의
시선을 마주 바라본다. 그림이라는 것에 대해, 곧 하나의 '재현
방식'[에 불과한 것]에 대해 우리는 무엇이 더 정직하고 진실하
다는 '도덕적' 술어의 형식들을 [여전히] 사용할 수 있는 것일
까. 우리로 하여금 그렇게 말하게 만드는 힘, 어떤 재현이 더 정
직하고 진실하다고 말할 수 있게 하는 그 힘의 효과는 무엇인
가. 이 일견 가장 '도덕적'으로 보이는 물음들은 사실 가장 '미
학적'인 질문들이며, 또한 일견 이 가장 '미학적'으로 보이는 질
문들은 오히려 가장 '정치적'인 물음들이기도 하다. 무엇보다
미학-정치가 마치 야누스의 얼굴처럼 지니는 바로 이 점이 가
장 예민하고 섬세하게 인식되어야 한다. 왜 그런가. 무엇이 더
'진실하다'고 말하는 것은 사실 **진리**(眞理)의 물음이 아니라 무
엇을 더 '아름답다'고 생각하는가 하는 **미**(美)의 물음이기 때문

* E. H. 곰브리치, 『서양미술사(上)』,
최민 옮김, 열화당, 1994, 23-24쪽.

이며, 동시에 우리의 정치란 바로 그러한 미추(美醜)의 분류법과 판단법 위에 위치하고 있는 지극히 **감성적이며 감각적인 것의 효과**이기 때문이다. 따라서 우리가 카라바조의 저 두 그림, 두 시선을 마주하며 가장 먼저 생각해야 하는 것은, 하나의 진실을 추구하기 위해(게다가 그 진실조차 역시나 하나의 '구성된' 진실이 될 텐데) 치열하게 자신의 작업에 임했던 한 예술가의 영혼이라기보다는, 왜 당시 사람들은 저 첫번째 그림을 거부했는가, 그들은 무엇을 더 아름답다고 생각했고 무엇을 더 옳다고 생각했는가 하는, 미학-정치의 고고학과 계보학이라는 문제에 다름 아니다. 천사의 손에 이끌려 어정쩡 어설프게 펜을 잡는 마태오의 어리숙한 모습은 어째서 그 시대의 그들에게 전혀 아름답지도 옳지도 않다고 여겨졌는가, 그리고 그 같은 모습이 어째서 이 시대의 '우리'에게는 어떤 시작의 설렘을 간직한 지극히 진실하고 정당하며 심지어 '아름다운' 것으로 보이는가, 따라서 곧 '진실한' 것으로[까지] 보이는가. 다시 말해, 미와 감성의 질문은 어떻게 진리와 실천의 대답을 규정하는가. 우리가 관통해야 하는 질문이 바로 이것이다.

　　바로 이 지점에서, 나는 마치 여담처럼, 하나의 스쳐지나가는 이야기처럼, 다시 저 두 시선으로부터 시작할 것이다. 나는 아주 슬픈 이야기로 시작할 생각이다(그러므로, 당신은 각오해야 한다, 슬퍼할 것을 미리 각오해야 하는 것이 아니라, 이 '슬픈' 이야기 앞에서 오히려 전혀 슬퍼하지 않을지도 모를 당신 자신에 대해, 단단히 각오해야 한다). 저 두 개의 마태오 그림 중에 첫번째 것이 흑백사진으로밖에 존재할 수 없는 데에는 아주 슬픈 이유가 있다. 그리고 그 이유는 의외로 아주 단순하다. 그 그림이 컬러사진으로 찍힐 기회를 갖기 전에 전쟁중 불타서 파괴되어버렸기 때문이다(하여, 넘겨짚자면, 우리의 시대는 ― 만약 '우리의 시대'라고 부를 수 있는 어떤 시간성이 존재한다면 ― 바로 우리 시대에 가장 결정적일 아름다움을, 미리, 앞서, 파괴하는 기이한 시대일지도 모른다). 왜 두번째 것이 아니라 첫번째 것이 파괴되[어야만 했]었을까. 나는 이렇게, 가정이 불가능하다고 이야기되는 역사를 향해/통해, 실로 지극히 가정적인 질문을 던지며, 무언가를 힐난하거나 질책하고 있는 것인지도 모른다. 그러나 무엇을 향해? 누구를 향해? 역사를 향해? 가정 자체를 용납하지 않는다고 이야기되는 견고한 하나의 역사, 대문자로 쓰인 '하나의' 역사(History)를 향해? 그 역사라는 거대서사, 그 거대한 바퀴에 매달리고 짓이겨지는 무수한 벌레들로 비유되곤 하는, 우리들, 아무개들, 아무것도 아닌 자들을 향해/통해? 나는 개인적으로 ― 그러나 여기서 '개인'이라는 규정이 하나의 자격이 될 수 있는 이유는 무엇인가 ― '인격적 실체'로서의 신을 믿는 사람은 아니지만, 그러나 분명 '신적 질서'에 관한 일종의 '믿음'은 갖고 있는 사람이라고 할 수 있을 텐데(또한 이러한 의미에서, 그리고 오직 이러한 의미에서만, 나는 나 자신을 '무신론적 신학자' 혹은 '종교적 유물론자'라는 일견 자기모순적인, 그러나 동시에 가장 유물론적인 언사로 규정할 수 있는 것일 텐데), 이는 분명, 곰브리히의 표현을 그대로 빌리자면, 이른바 "분별없는 사람들"에 대한 신의 경고이자 분노라고 생각한다. 말하자면, 이렇게 생각하고 믿는 것이나의 '종교-유물론적' 양생술(養生術), 무신론적 신학의 건강법(健康法)이기도 하다. 그러므로 여기서도 우리는 '우리'의 건강성을 전혀 다르게 정의하는 미학-정치 위에 서 있다.

어쩌면 진정한 '여담'이란 오히려 이런 것인지도 모른다: '미술사'라는 것은 하나의 개념이다. 그리고 개념이라고 하는 것은 반드시 역사적인 성격을 띤다. 우리 모두 목격하고 주지하다시피, '미술사'라는 개념은 '미술'과 '역사'라는 두 개의 개념으로 이루어져 있다(마치 '세계문학'의 개념이 '세계'와 '문학'이라는 두 개의 개념으로 이루어져 있는 것처럼, 그렇게 당연한 것처럼 보이지만 또한 전혀 당연하지 않은 것처럼[*]). 문제는, 우리가 흔히 알고 있는 미술사가 일견 선사시대 미술부터 현대의 미술까지를 아우르고 또 그렇게 아우를 수 있는 것처럼 보이지만, 선사시대에는 우리가 현재 알고 있는 '미술'이라는 개념이 전혀 존재하지 않았다는 사실이다(또한, 말할 것도 없이, 그 '시대'에는 '역사'라는 개념조차 불분명하고 지금과는 전혀 다른 것으로 남아 있다). 이것이 바로 '미술사'라는 체계의 허상이고 빈틈이다. 다시 말해서 선사시대에는 우리가 현재 '미술'이라고 부르는 것도, '역사'라고 부르는 것도 없었다(따라서 흥미로운 것은, [문헌화된] 역사 이전의 시대를 의미하는 '선사(先史)시대'가 소위 '역사'라는 [문헌적] 술어와 체계 안으로 포섭되고 포착되는 몸짓이다). 그런데 우리는 지금 그것들을 우리 시대만의 역사적인 개념인 '미술(fine arts)'로서/로써 아우르고 그렇게 쉽사리 '미술사'라는 근거 없는 근거들의 역사 속으로 편

[*] '세계문학'의 이러한 문제성과 관련해서는 나의 책 『사유의 악보 — 이론의 교배와 창궐을 위한 불협화음의 비평들』(자음과모음, 2011)의 변주 1 「세계문학의 이름으로: 낯선 '세계'와 낯익은 '문학'」을 참조하라.

입시키는 작업을 매우 당연한 것으로 상정한다. 그러므로 사실 미술사는 바로 자신의 존재를 가능하게 하는 전제 조건 자체, 곧 자신의 서술 방식과 방법론에서부터 일종의 불가능한 문제를 끌어안고 있는 것(따라서 미술사 또한 하나의 이데올로기이다). 이러한 '불가능성'을 바라보는 두 개의 시선이 있다: 하나는 그 불가능성을 마치 '없는 문제'로 치부하고 덮으며 완전한 체계와 닫힌 역사를 꿈꾼다. 또다른 하나는 바로 그 자신의 존재 조건이자 가능 조건 자체인 그 불가능성을 온전히 받아들이고 열어젖힌다. 미술사의 대표적인 '교과서'로 오랜 시간 인정받고 있는 잰슨(H. W. Janson)의 『미술사(History of Art)』는 바로 그러한 미술사의 아킬레스건, 그 불가능한 가능 조건을 아무런 회의 없이 그대로 안고 가는 책이다. 그런데 곰브리히의 '미술사'의 원제는 'Story of Art'이다. 물론 곰브리히 또한 이미 언급했던 그릇된 전제로부터 출발하는 미술사의 서술 방식으로부터 크게 자유롭지는 못하다(그러나 우리는 이후 아마도 아비 바르부르크의 잔존과 파토스의 형식 개념과 관련하여 다시 이 문제로 돌아오게 될 것이다). 하지만, 다소 부박하게 말하자면, 그는 '미술사'를 역사(History)라는 체계로 도배하려 하지 않고 단지 그에 관해 담담히 어떤 이야기(Story)를 전해줄 뿐이다. 그리고 이 두 단어, 두 개념의 차이는, 어쩌면 카라바조의 저 두 개의 마태오 그림들 사이의 차이, 그 두 개의 시선들 사이의 차이와 같은 것일지도 모른다고, 나는 넘겨짚는다, 가정이 불가능한 곳에서, 그렇게 가정적으로, 확언하듯 선언하듯 넘어간다.

'예술작품'을 바라보는 두 개의 시선: 미국 역대 대통령들의 얼굴을 조각한
러시모어(Rushmore)산과 김일성 장군의 노래를 새겨넣은 바위가 있는 금강산.

이 두 개의 사진, 두 개의 시선을 나란히 놓고 비교해본다. 이러한 두
개의 '예술작품'은, 양각과 음각이라는 조각 방식의 차이를 제외한다면,
'미학적'으로 서로 어떤 차이를 지니는가(최정우, 『사유의 악보—이론의
교배와 창궐을 위한 불협화음의 비평들』 500-501쪽 참조). 예를 들어,
어떤 이가 금강산 바위에 붉은 글씨로 새겨진 김일성 장군의 노래를
'자연에 대한 만행'이라고 비난하면서 러시모어산에 웅장하게 조각된
미국 대통령들의 얼굴에는 침을 뱉지 않는 이유란 과연 무엇인가. 다시
묻자면, 둘 중에서 무엇이 더 '정직하고 진실해' 보이는가, 아니, 무엇이
더 '아름답게' 보이는가. 어떤 감성적이고 미학적인 전제가 이 진실성과
정직성의 영역을 규정하는가.

이러한 두 개의 시선은, 말하자면, 그 각각, 모든 것을 볼 수는 없는 눈(들)이다. 아마도 그리하여 우리는 두 개의 눈을 갖게 되었을 것이다. 양쪽의 모든 것을 보고자 하나 결코 동시에 그 모든 것을 볼 수는 없는 두 개의 눈. 그러나 내가 이렇게 말할 수 있는 것은 자연과 진화에 대한 목적론적이고 인과론적인 전제 때문이 아니다. '그렇기 때문에'라는 원인의 문법으로 이야기되는 모든 것들 또는 '그럴 수 있기 위해서'라는 목적의 어법으로 이야기되는 모든 것들 **때문에** 우리가 두 개의 눈을 갖게 된 것은 아니기 **때문이다**. 좀더 일반적으로 말하자면, 나는 여기서 완벽한 아름다움의 동의어로 상정된 '대칭성'의 테제 자체에 의문을 제기하는 것, 곧, 왜 하나의 절대적인 시점에서 벗어나 두 개의 상대적인 시선으로 **내려가는** 길(Untergang)이 결코 대칭성에 대한 소위 '보편적'이고 '균형적'인 추구와는 다른 것이 될 수밖에 없는가를 밝히고 물어보고 있는 것. 조화와 비례에 대한 심미적/미학적 태도에 기반하고 있는 대칭성은 그것이 어떤 진리이기 때문에 아름다운 것이 아니다. 오히려 대칭성을 '아름답다고 생각하는' 미학적 태도 자체가 우리의 진리와 정치를 구성하는 것이다. 나와 당신은 다시 카라바조의 두 그림을 함께 바라본다. 저 두 개의 시선은, 그 시선들이 각각 모든 것을 볼 수는 없다는 바로 그 불완전성과 불가능성 자체 때문에, 오히려 전체에 대한 비-전체(pas-tout)를 가능케 하고 완전하게 만든다. 하여, 저 두 개의 시선이란, 둘 중의 하나를 자유롭게 선택할 수 있는 '선택 가능한' 대상들이 아니라, 우리가 그 둘 사이에서 끊임없이 동요하고 왕복해야 하는 두 개의 극, 그 자체가 일종의 가능 조건이 되는 불가능한 하나의 극성(極性, polarity)이다. 우리는 바로 이 두 극, 하나의 극성 안에서 가장 불완전하게 완전하며 매 순간 그렇게 미완의 모습으로 스스로를 완성한다. 그러므로 양생술과 건강법에 대한 나의 말들이 단순한 농담이나 여담은 아니었음이 여기서 쑥스럽고도 새삼스럽게 다시 확인되는바, 어쩌면 나는 그런 농담과 여담으로 나의 진담과 본심을 토로하고 있는 중인지도 모른다, 그것도, 도래할 것으로 기대되는 다른 어떤 시간에서가 아니라, 계속해서 도래하고 있는 중인 바로 이 순간, 지금-시간(Jetztzeit)에. 우리의 두 눈은 모든 것을 바라볼 수는 없는 눈(들), 일견 대칭적이고 균형적으로 보이는 그 두 개의 눈은 실로 당파적이고 편파적이며, 그렇게 당파적이고 편파적인 불균형 위에 설 때에만 우리의 두 눈은 비로소 그렇게 '두 개'로 기능한다. 그리고 우리가 이 두 개의 시선을 실제로 '선택'하는 지점과 방법은, 이렇듯 가장 불균형적인 어떤 선택 불가능성의 지점, 가장 생물학적인 비유를 통해 오히려 가장 물질주의적이지 않은 어떤 곳에 가닿는, 역설적 유물론의 변증법적 방식이다. 이 기이한 '유물론적 변증법' 안에서 우리는 2라는 숫자에서 다시 3이라는 숫자로 나아간다.

3. 세 개의 시각: 삼위일체, 환영과 출현, 제3의 눈, 그리고 다시 외눈박이

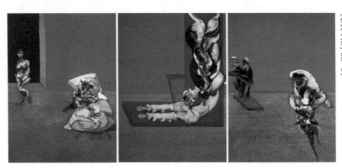

[CR No] 65-01

프랜시스 베이컨(Francis Bacon), 〈십자가형(Crucifixion)〉(1965).

그리하여 나는 세 개의 그림, 세 개의 시각으로부터 다시 시작할 것이다. 왜 나는 하나에서 둘로, 그리고 둘에서 다시 셋으로 가려 하는가. 곧 나는 왜 하나의 시점에서 두 개의 시선으로, 그리고 다시 세 개의 시각으로 옮겨가려고 하는가. 십자가에 못박힌 대속(代贖)의 희생자를 목격하기 위하여, 곧 그의 충실한 '증인'이 되기 위하여, 그리하여 틀에 박힌(못에 박힌 것이 아니라!) 이분법적 대립과 극성(極性)으로부터 잠시 한쪽으로 비켜나, 가장 기이하나 동시에 가장 미적인 하나의 삼위일

체(trinity)에 다다르기 위하여, 다시 말해, 2가 아닌 3을, 그러
나 궁극적으로는 2가 있기에 비로소 어떤 '의미'를 지닐 3을 숭
배하거나 모독하기 위하여. 따라서 이 글은 숫자에 대한 일종의
'형이상학', 혹은 형이상학적이며 종교적인 성격을 띤 일종의
'수론(數論)'이라는 길을 따라갈 것이다.* 그러나 이 글을 읽는
모든 기독교인들은 아마도 어떤 실망과 환멸을 금치 못할 텐데
(그리고 나는 여기서 실로 그러한 실망과 환멸을, 심지어 하나
의 절망과 파멸까지를 기대하고 기원하고 있다고 고백해야 할
텐데), 내가 예찬하고 숭상하고자 하는 것은 성부와 성자와 성
령이라는 세 항들 사이의 임시변통과도 같은 신비주의적 봉합
이 아니기 때문이다. 영원이라는 이름 아래 지극히 자의적이고
임시적으로 봉합된 3이 아니라, 순간이라는 현재 안에서 무한
하게 출현하는 3, 바로 그 세 개의 시각, 세 개의 존재/부재를
위하여, 그 '삼위일체'에 대한 흠모와 훼손을 위하여, 나는 저
세 개의 그림으로부터 시작할 것이다.

　　　그러므로 이쯤에서 당신은 아마도 눈치챘을 것이다, 내
가 한 명의 '유물론자'로서 기이하게도 어떤 종류의 '신성(神
性)'에 천착하고자 한다는 사실을, 그러나 동시에 그 신성에는
신이 부재하고 있다는 사실을, 곧 이것이 **신(Dieu) 없는 신성**
(divinité)이라는 사실을, 그리고 동시에 역설적으로 그러한 신
학은 일종의 지극한 유물론에 가닿고 있으며 또한 가닿으려고
한다는 사실을. 따라서 이러한 신성이란 피가 뚝뚝 듣는 고기
가 지닌 모종의 육화(肉化, incarnation)라는 과정을 반드시 거
쳐야 하는 어떤 '정신의 유물론', '물

* 이러한 '수론'의 문제의식과 관련해서는
나의 책 『사유의 악보 — 이론의 교배와
창궐을 위한 불협화음의 비평들』의 507-
512쪽을 참조할 수 있다.

질의 관념론'이라는 형태를 띠게 된다는 사실을. 바로 이 지점
에서 나는 하나의 질문을 물을 수 있고 또 물어야 한다, 바로 저
세 개의 시각을 향해: 프랜시스 베이컨은 왜 거의 언제나 세 개
의 그림을, 세 개의 시각을 보여주는가(그리고 동시에 묻자면,
왜 그는 거의 언제나 이 '셋'으로써 '하나'를 제시하는가). 바
로 답하자면, 증인/목격자의 시선을 보여주기 위해서, 그러나
그 증인/목격자의 시선이 대상의 바깥에 있는 것이 아니라, 언
제나 그 대상과 함께, 틀이 나눠져 있으나 또한 서로 그 경계들
이 연결되고 있는 하나의(세 개의) 프레임 안에, 그렇게 하나의
(세 개의) 리듬과 운동으로서 존재하는 것임을 보여주기 위해
서. 이 세 개의 시선, 제3의 시선은 그림들로부터 따로 밖으로
떨어져나와 있는 듯 보이지만 동시에 바로 그 그림들 안에 속
해 있는 것이다. 이에 관해 질 들뢰즈는 이렇게 쓰고 있다.

> 세 그림은 분리되어 있지만, 더이상 서로 고립되어 있
> 지 않다. 한 그림의 틀과 가장자리는 더이상 각각의 제
> 한적인 통일성(l'unité limitative de chacun)을 가리키지
> 않고, 세 개의 분배적인 통일성(l'unité distributive des
> trois)을 가리킨다.[*]

이 통일적/동일적이지 않은 통일성, 이 하나로 환원
될 수 없는 셋(하나)을 나는 '종합(Synthese) 없는 총체성
(Totalität)'으로 부르고 또 그렇게 이해하려 한다(우리는 후일
아마도 이 문제와 관련하여 죄르지 루카치(György Lukács)를

[*] Gilles Deleuze, *Logique de la sensation*,
tome I, Éditions de la Différence, 1981,
p.56.

다시 읽게 될 것이다, 곧 중독(重讀)하게 될 것이다).

　　자, 이제, 내가 간절히 원했던, 하지만 당신은 어쩌면 결코 원하지 않았을, 저 소소하면서도 거대한 실망과 환멸과 절망과 파멸의 정체가 밝혀졌는가. 3이라는 숫자는, 그 외면적 '안정성'과는 정반대로, 직선적 발전의 서사를 대표하는 것도 아니고, 중심과 주변(좌우)의 균형잡힌 대칭성을 재현하는 것도 아니며, 정반합의 종합을 추구하는 속류주의의 변증법을 대변하는 것도 아니다. 나는 여기서 모든 '신비주의'들을 배격하고 거부하는 또다른 '신비한' 언어로 이를 표명할 생각이다(그러므로 이러한 표명의 시도는 그 자체로 불가능하며, 그러나 바로 그러한 불가능성 위에서 또한 일종의 역설적 수행성을 갖는다): 3은 불안이며 안정이다, 3은 안이며 바깥이다, 3은 완성이자 미완이다, 고로 3은 가능성이자 불가능성이다(따라서, 이미 언급하고 경고했듯이, 이는 [거의] 종교적인 수론, [거의] 수적인 형이상학의 자리를 연다). 그렇다면 여기서 십자가형을 당한 대속의 희생자가 스스로 자신을 '알파(A)'이자 '오메가(Ω)'라고 이야기했던 저 이유와 사정이 더욱 분명해지고 명징해지지 않는가(그리고 또한 여기서 저 3이라는 숫자에 대한 내 모든 언설들이 단순히 숫자에 대한 신비주의적 담론으로만 환원될 수 없는 어떤 것이었음이 또한 확실해지지 않는가). 스스로 '알파'이자 '오메가'이고자 하는 그 말은, 부동의 균형점에 위치한 채 죽어 있는 신화가 되기 위한 단언적 규정이 결코 아니다, 또한 고착되고 퇴행하는 어떤 신학의 정점에 서기 위한 절대적 선언이 결코 아니다. 3은 동요하는 세계를 포착하기 위한,

그러나 그 포착의 행위 자체가 지닌 동요를 또한 자기지시적인 방식으로 드러내고 포함하는, 하나의 상징이자 동시에 실재인 것, 곧 상징에 나 있는 결정적 '상처'로서 실재가 지니는 하나의 도식(Schema)이다. 나는 3을 이렇게 **형식적으로**(그러나 '내용[알맹이]'의 반대말로 상정된 '형식[껍데기]'으로서가 아니라, 말 그대로 그 자체가 '전부'이자 '일체'인 하나의 '내용-형식'으로), 1에서 2에서 3으로의 이행을 이렇게 **구조적으로**(또한 '순행적인 시간성의 직선'이 아니라 '발생적인 역사성의 나선'으로) 이해한다.

빌 비올라(Bill Viola), 〈낭트 삼면화(Nantes Triptych)〉.

이렇게 형식적이고 구조적으로 이해되는 3의 시간성이란 어떤 것인가. 여기 또다른 세 개의 시각, 그리고 세 개의 시간이 있다. 나는 이 계속되는 시작들 속에서, 새삼스레 자리를 고쳐 잡으며, 이 또다른 세 개의 시각, 세 개의 연계된 이미지로부터 다시금 출발할 것이다(그러므로 이 글은, 말 그대로 끝이 없는, 적어도 세 개[이상]의 출발로 이루어져 있는, 또한 그런 시작(始作)이자 시작(詩作)이 될 것이다). 예를 들어 빌 비올라가 〈낭트 삼면화〉라는 영상작품으로 이야기하는 것은 과거, 현재, 미래라고 하는 편리하고 직선적인 시간 분류법이 아니다. 그 '삼면화'는 시작으로 상정된 탄생과 끝으로 상정된 죽음 사이에 어떤 이질적인(hétérogène) 형상을 배치한다. 그러므로 나는 여기서 빌 비올라의 저 '사이-형상'의 의미와 무의미를 빌려 이렇게 질문해야 한다: '사이'에 있는 것이란 무엇인가(우리는 세 개의 시각과 세 개의 항 안에서 언제나 하나의 중간이자 중심점으로서의 '사이'를 상정하지 않는가). 탄생과 죽음 사이에, 마치 어울리지 않게 들어가 있는 듯한, 제자리를 잡지 못한 듯한, 저 사이, 저 중간, 저 형상은 무엇인가. 그것은 '삶의 진행'으로서의 '중간 과정'인가(혹은 '3'의 중심이자 중간으로 상정되는 또다른 '1'이라는 이름의 사이인가). 그러나 과연 무엇이 그러한 진행과 과정과 그 지속을 '재현'할 수 있을 것인가. 확정되지 않는 세 개의 시간성, 그러나 동시에 그렇게 분류되고 사용되고 있는 삶의 유용한 도구로서의 이 구획된 시간성, 이 세 개의 시각과 시간이야말로 실로 '세계의 시각/시간'이라는 또다른 동음이의의 이름에 부합하지 않는가. 그러므로 나는 여기서 다시 다른 불가능한 이야기로 이 모든 시작들을 가능하게 해야 하는지도 모른다, 과거와 현재와 미래라는 이 아편 같은 '환상'의 시간성을 어떤 유령 같은 '환영'으로 다시 통과하고 관통하기 위하여(그러므로, 다시 보자면, 저 사이의 영상/형상은, 중간도 과정도 이행도 아닌, 어쩌면 말 그대로 하나의 '유령'

이 지닌/지녀야 할 모습에 정확히 부합하지 않는가). 지금 여기
서 그 하나의 유령은 그렇게 (불)가능한 방식으로 언제나 '배회'
하고 있지 않은가.

귀스타브 모로(Gustave Moreau)의 경우:
'환영' 혹은 '출현'으로서의 'apparition'.

그러므로 나는 이 '사이-존재'를 환상에 반대되는 하나
의 환영으로 받아들인다. 그 '환영'이란, 곧 시작과 끝 사이, 탄
생과 죽음 사이에 가로놓인 이 '환영'이란, 또한 어쩌면 하나의
통일성을, 곧 세 개의 시간으로 나뉘어 있지만 또한 그렇게 나

눠지지 않는 어떤 세계의 통일적 시간성을, 삶과 죽음 사이에서 — 앞서 언급했던 들뢰즈의 말처럼 — 일종의 "분배적인 통일성"을 이뤄주는 것인지도 모른다. 이러한 맥락에서 이 환영의 의미를 귀스타브 모로의 그림 〈L'apparition〉을 통해 해석해볼 수 있을 것이다. 살로메 앞에 홀연히 등장한, 그렇게 '다시 돌아온' 세례 요한의 목. 이 세례 요한의 목은 무엇보다 산 것과 죽은 것, 존재와 부재 사이에 놓여 있게 되는 어떤 것, 하여 죽은 것(부재)으로부터 다시 산 것(존재)에게로 끊임없이 다시 '되돌아가는'(revenant, 따라서 또한 '유령적인') 어떤 것이다. 따라서 여기서 세례 요한의 목은 무엇보다 하나의 '환영'이자 '허깨비(apparition)'일 테지만, 그리하여 그것은 무엇보다 한 '유령(revenant)'의 모습을, 되돌아오는 자의 모습을 띨 테지만, 또한 그렇기에 동시에 그것은 결정적으로 하나의 '출현(apparition)'이기도 하다. 이러한 출현의 '사건성(事件性)' 앞에서 과거와 현재와 미래로 나뉘어 있는 세 개의 시간성은 새로운 분류법을 원하고 있는 것, 고로 **감성적인 것의 새로운 분할 방식**을 요구하고 있는 것. 유물론이 단지 경제적이고 물질적인 결정론이나 위계 구조가 아니라 어떤 물질적 관념성과 동시에 어떤 관념적 물질성을 띠어야 하는 이유가 바로 여기에 있다. 이데올로기를 하나의 '환상'이라고 단정짓기는 쉽지만, 그것을 이러한 '환영'으로써, 이러한 '유령'으로써, 이러한 '사건'이자 '돌발'이자 '출현'으로써 돌파하는 것은 얼마나 매력적으로 어려운 일이며 동시에 얼마나 마력적으로 설레는 일인가. 드물고 남루하지만, 헤프고 고귀한 일.

르네 데카르트(René Descartes)의 경우:
송과선, 혹은 제3의 눈(『인간론(De Homine)』의 63번 도판).

　　그러므로 나는 여기서 하나의 은유로서, 혹은 하나의 상
징으로서, 어떤 '사이의 눈'을, 어떤 '제3의 눈'을 상정하게 된
다. 르네 데카르트가 '과학적으로 추측'했듯이, 그리고 그보다
한참 이후에 조르주 바타유가 '광적으로 집착'했듯이, 만약 송
과선(松果腺, pineal gland)으로부터 [퇴화되었던] 하나의 눈이
다시 자라나, 이마를 뚫고, 정수리를 뚫고 자라나, 우리가 단지
두 개의 눈을 갖고는 결코 마주할 수 없었던 것들을, 예를 들어
태양과 죽음을 비로소 마주하게 된다면,* 그땐 어떤 일이 일어
날 것인가. 존재하지 않는, 완벽히 부재하는, 그러나 동시에 그
렇게 존재할 수 있는, 또한 그렇게 존재해야 하는 눈이 불현듯

* 최정우, 『사유의 악보 ─ 이론의
교배와 창궐을 위한 불협화음의 비평들』,
자음과모음, 2011, 29쪽, 243쪽 참조.

우리의 몸 안으로부터 몸 밖으로 돌출하고 출현한다면? 그러나
이러한 눈의 비유가 단순히 이쪽도 아니고 저쪽도 아닌, 어떤
중립적이고 간편한 (혹은 간편하게 중립적인) '제3의 길' 같은
것을 전제하고 있는 것은 결코 아니다. 이러한 송과선 눈에 대
한 상상과 추구는 대칭성과 중립성의 담론과 결정적으로 결별
한다. 이 제3의 눈이란, 일단 '사이'에 있고 '가운데'에 있는 눈
이지만, 그러나 그 자체로 전혀 '대칭적'이거나 '중립적'인 눈이
아니다. 그것은 무엇보다 편향적이며 당파적인 눈이며, 또한 무
엇보다 그 자체가 단지 한곳을 바라볼 수밖에 없다는 의미에서
일종의 '외눈'이기도 한 것. 가운데에서 솟아난 그 하나의 눈은
모든 것을 보는 눈, 곧 편재(遍在)하는 눈이겠지만, 동시에 결
코 공평무사한 시선을 뿌릴 수만은 없는, 그런 가장 절실하며
절박하며 치열한 눈, 가장 커다란 각도로 꺾어지고 치우쳐 바
라보는 눈, 그 자신이 관찰자이며 목격자이고 증인이지만, 그
눈이 마주할 수 있고 또 마주해야 하는 것들이 명백하다는 점
에서, 곧 편재(偏在)할 수밖에 없는 눈이기도 하다. 이러한 은
유가 단순히 새로운 수사법을 하나 창안하는 일을 초과하는 이
유는, 이것이 단지 눈의 개수가 변하는 상황을 지시하는 것이
아니라, 새로운 감각, 새로운 감성의 정치, 새로운 지형의 미학
을 짜나가는 데 반드시 필요한 어떤 개안(開眼)을 가리키고 있
기 때문이다. 그렇다면 이 제3의 눈은 어떻게 열리는가. 아니,
과연 열릴 수 있는가, 그리고 또한 어떻게 열려야 하는가.

미화(美貨) 1달러의 뒷면, 모든 것을 보는 눈(All-Seeing Eye).

그러므로 다시금, 이 가장 불가능한 '하나의 눈'이 문제이다. 나는 여기서 다시 한번 더 저 김진숙의 눈, 그가 위에서 아래의 '모든' 풍경들을 목격하고 증언했던 하나의 눈을 생각한다. 그리고 또한 다시 생각한다, 그 자신은 보이지 않고 이 모든 것들을 바라보고 있[다고 이야기되]는, 그렇게 모든 이들을 감시하고 있[다고 상정되]는 또다른 하나의 눈, 파놉티콘의 눈을. 말하자면, 하나의 눈이 멀 때, 그리고 대신 또다른 하나의 눈이 떠질 때, 과연 어떤 일이 일어날 것인가. 이 눈뜸과 눈멂이 교차할 때, 과연 무슨 일이 일어날 것인가. 외눈박이-파놉티콘의 눈을 어떻게 멀게 할 수 있는가. 혹은, 위에서 아래의 모든 것을 내려다보는, 그 **'전지적(全知的) 시점의 무능성(無能性)'**, 그 **'무능함의 전능성(全能性)'**, 그 **'거리의 관계성'**을 우리는 저 폴리페모스의 외눈에 어떻게 마주서게 할 것인가. 따라서 실은, 우리가 하나의 시점이라고 생각했던 것은 결코 하나가 아니었다.

'아무개'라는 이름으로 불리는 오디세우스의 시점은, 실은 하나
가 아니라 여러 개였으며, 바로 그런 의미에서 그는 폴리페모
스 앞에서 자신의 이름을 '아무도 아니(nobody)'라고 이야기할
수 있었던 것. 어쩌면 이 가장 적나라한 무능성이 우리에게 가
장 깊은 힘을, 이 가장 불가해한 익명성이 우리에게 가장 정확
한 이름을 부여해주고 있는 것인지도 모른다. 하여, 나는 묻는
것이다. **당신의 이름은 무엇인가**. 부리부리한 외눈으로 당신을
감시하고 호명하며 당신에게 무조건적인 관등성명을 요구하는
폴리페모스가 아니라, 그저 또다른 '아무개(n'importe qui)'로
서, '아무것도 아닌(rien/nothing)' 또다른 이로서, 나는 당신의
이름을 묻는다, 나와 '다르지만' 동시에 '같은' 이름을 지닌 당
신에게, 그런 '아무것도 아닌 아무개'에게, 그러나 동시에 그 '모
두'에게, 그렇게 묻는다, 나와 같은 그 이름(들)을 각기 다르게
부르기 위해, 그러나 또한 하나로 부르기 위해, 그렇게 아무것
도 아닌 모두를 부르기 위해.

루이스 부뉴엘(Luis Buñuel)과 살바도르 달리(Salvador Dalí)의 영화
〈안달루시아의 개(Un chien andalou)〉의 장면들.

아마도 이러한 복수의 '우리'의 이름(들)을 부르는 이유,
이 이름(들)이 지닌 하나의 눈을 소환하고 요청하는 이유를 묻
는 물음에 대해서 나는 자크 데리다(Jacques Derrida)의 한 문
장을 빌려 대답해야 할 것이다. 데리다는 이렇게 썼다.

왜냐하면 우리의 가설 또는 오히려 우리가 택한 입장
은 다음과 같은 것이기 때문이다. 곧 하나 이상의/더이
상 하나가 아닌 정신이 존재하며, 하나 이상의/더이상
하나가 아닌 정신이 존재해야 한다(Car ce sera notre
hypothèse ou plutôt notre parti pris: il y en a plus d'un,
il doit y en avoir plus d'un).[*]

우리는 이 '사이'에 복수의 형태로 존재[부재]할 뿐이다,
마치 [하나의] 유령(들)처럼. 아마도 이러한 '탈-존재(론)화'
의 모습이 바로 마르크스에 대한 데리다의 탈구성/해체가 목표
로 하는 지점일 텐데, 아마도 또한 이렇듯 '탈-물질화'하는 해
석의 시도야말로 '속류' 유물론이 아닌 '진정한' 유물론, 곧 존
재론적이고 실체론적인 유물론이 아닌 전복적이고 해체적이
며 유령적인 유물론을 구성해줄 것이다(그리고 나는 여기서 바
로 바타유의 저 '낮은 유물론(bas matérialisme)'을, 곧 그가 그
렇게 명명했으나 결코 그 이름으로 체계화하지는 않았던 '이질
학(hétérologie)'의 시도를 떠올린다). 그리고 이것이 바로 데
리다가 [기존에 존재하는] '존재
론(ontologie)'이라는 고색창연

[*] Jacques Derrida, *Spectres de Marx*,
Galilée, 1993, p.36; 진태원 옮김,
『마르크스의 유령들』, 이제이북스, 2007,
41쪽.

한 이름에 대비해 [도래하고 있는/되돌아오고 있는] '유령론 (hantologie)'이라는 새로운 이름과 새로운 분할 방식을 제기하 는 근본적인 이유일 것.

하여, 나는 이 '유령 이야기' 앞에서 쉼없이 절멸의 문제 를 묻는다. 아마도 우리는 계속해서 절멸할 테고 또한 절멸시킬 것이다, 그러나 순간으로, 그 매 순간에서 발현되고 출현하는 하나의 유령 혹은 허깨비 같은 의지로, 오직 바로 그 의지로서/ 써만, 가장 순간적으로, 유한하게, 그러나 동시에 바로 그 유한 한 순간 안에서, 찰나적으로, 매번, 무한하게, 끊임없이. 아마도 절멸은 그 자체로는 불가능할 것이다. 그러나 바로 그 불가능성 위에서 우리는 절멸 그 자체의 가능성을 꿈꾸고 실행하며 다시 금 실패한다, 반복한다(그렇다면 나는 바로 이 지점에서, 베이 컨의 저 〈십자가형〉 삼면화의 한 패널이 어째서 나치(Nazi)를 그리고 있는지, 그 이유를 슬쩍 예감해보게 되는 것, 따라서 이 렇게 실패하고 반복되는 절멸에의 의지란 '혁명(revolution)'과 '최종 해결책(final solution)' 사이 어딘가에 위치한 채 위태로 운 경계의 줄타기를 감행하는 어떤 '사이-존재'의 의지에 다름 아닌 것). 여기서 나는 다시 나의 저 예의 선택 가능한 듯 보이 는 선택지들의 선택 불가능성을 다시 한번 환기하고 반복한다. 그러나 어떻게? 우리는 여전히 선택하고 있으며 또한 앞으로도 선택할 수밖에 없다. 그러니 자유주의와 자본주의가 획책하는 모든 '자유', 소위 그러한 '자유'가 상정하고 전제하는 모든 '자 유로운' 선택의 테제로부터 벗어나서, 말하자면 모든 것을 바라 본다고(감시한다고) 말하는 저 외눈박이에 맞서, 역시나 모든 것을 바라본다고(목격하고 증언한다고) 말하는 또다른 눈, 단 하나의 눈을 선택하는 것. 그러나 동시에 이러한 하나를 '초과' 하는, 더이상 '하나가 아닌', '하나 이상의' 눈을, 그 선택 불가능한 선택지를 선택하며 동시에 선택 가능한 것으로 만든다는 것. 이 모든 실천들이 아포리아에 봉착했음을 고지하고 해석하는 것이 아니라, 오히려 그 모든 실천의 아포리아들을, **아포리아(들) 그 자체를 사유하고 선택하며 수행하고 실천한다는 것**. 마치 예리한 면도칼로 하나의 눈을 자르듯, 그렇게 눈을 감듯, 하지만 불가능하게도, 그렇게 또다시 다른 눈을 뜨듯.

　　그리하여 이렇게 뜬/감은 또다른 하나의 눈은, 아마도 세 개[이상]의 시각을 가질 것이다. 따라서 그것은, 어쩌면, 당연하게도, '아무것'도 아닐 것이다, '아무것'도 아닐지 모른다. 우리는 우리 각각의 삶에 대해, 각자의 생활방식에 대해, 각자의 호구지책에 대해, 모두 제3자일 수밖에 없으므로(그러므로 우리의 법체계는 얼마나 세심하고도 감사하게도 '제3자의 개입'을 원천적으로 금지해주고 있는 것인지, 얼마나 섬세하게도 이 모든 개인적인 영역들을 그리도 잘 보존해주려고 애쓰는지!). 우리 모두의 문제인 '공공성'의 영역은 왜 언제나 소위 가장 '사적'이며 '전문적'인 영역으로 그렇게 축소되고 환원되고 있는가. 개별적인 사유재산의 권리와 전문성의 추구라는 일견 매우 정당하고 공평한 것으로 보이는 하나의 미학이 어떻게 우리를 공공성의 영역으로부터 격리시킨 채 자본주의와 자유주의의 가장 충직한 노예로 만들고 있는가. 그러므로 나는 정체성과 주체화와 공공성에 관한 이 하나의 명제를 여기서 다시금

반복하는 것이다: 우리 모두는 제3자이고, 또한 그러한 제3자이기에, 우리는, 아무 관계도 없는, 아무것도 아닌, 그러한 아무개이며, 그래서 또한 우리는, 모든 것들이 서로에 대해 관계 맺고 있는 모든 이들, **거리의 관계성**을 지닌 모든 것들이다. **우리는 아무것도 아니다. 그리고 우리는 모두이다.**

　　여기서는 만민을 호혜와 평등으로 대한다고 하는 시혜적이고도 인류애적인 의식이 중요한 것도 아니고, 그에 따라 파생된다고 상정되는 어떤 범-윤리적이고도 초-도덕적인 세계관이 중요한 것도 아니다. 단언하자면, 나는 국위를 선양하는 국가/민족주의자(nationalist) 따위가 아니라 바로 그 국가 자체로부터 벗어나는 공산주의자(communist)가 되어야 하며, 반대로 — 또는 마찬가지로 — 나는 또한 이 '세계화'의 시대에 가장 적합하게 시의적절한 세계시민(cosmopolitan) 따위가 아니라, 이 '신자유주의'의 시대에 가장 시대착오적으로 부적합한 국제주의자(internationalist)가 되어야 한다(그리고 여기서 **나**는 이 문장의 주어를 **우리**로 치환해본다, 이 가장 쉽고도 어려운 하나의 주어, '우리'로, '우리'라는 단수/복수의 이름으로). 따라서 이 '우리'가 하나의 눈을 가질 수 있다면, 그 눈은 모든 것을 바라보지만 동시에 모든 것을 바라볼 수는 없는 눈이 될 것이다. 이 역설을, 가장 적극적으로, 마주할 수 있을까. 이 하나의 눈이, 이 하나의 선택적 시점이, 선택 불가능하면서, 그렇게 필연적으로 선택 가능할 수밖에 없다는 것, '우리'라고 명명된 이 모든 아무개들인 '나'는 과연 이 역설적 선택의 지점을 감당할 수 있을까. 이것이 나와 당신 앞에 놓인 바로 **하나의 눈**,

하나의 질문이다. 그 눈과 그 질문은 무엇보다 무언가를 바라보고 목격하는 증인의 시점이지만, 그러나 이 증인은 그림의 틀 바깥에서 그 그림의 대상들을 단지 관조할 수 있는 외부적 존재가 결코 아니다. 우리는 모두 제3자인 증인이자 목격자로서 이 그림의 안과 밖에 동시에 존재한다, 곧 그렇게 편재하듯 부재한다. '3'은 위계의 '중심'을 만들지 않으면서도 '사이'라고 하는 중간에 부재하면서 편재한다. 그리고 아마도 바로 이러한 편재와 부재의 '불가능성' 안에 어떤 '가능한' 힘이 있을 것이다.

바로 이 불가능성이, 단순히 동일한 정치적/경제적 이익을 공유하는 것으로 전제된 사적 개인과 집단들의 연대가 아니라, 말 그대로 불가능한 연대를, 제3자들만의 연대를, 아무개이자 동시에 모두인 사람들의 연대를 가능케 하는 것이라면? 그리고 게다가 그것이 가장 '미학적'이라는 의미에서, 곧 아직 주체로 이름 불리지 못한 '아무개'들의 주체화 과정을 현재 감성적인 것의 분할 방식 안으로 가져온다는 의미에서, 그리고 바로 그런 의미에서만, 또한 가장 '정치적인' 것이라고 한다면? 즉 이러한 정치적 주체화의 과정은 바로 이러한 미학적 투쟁의 영역에서 비로소 가능한 것이라고 한다면? 이렇듯 세 개로 나눠진 시각들은, 세 개로 조각난 틀들은, 우리에게 이러한 연대에 내기를 걸 것을 요청하고 종용하고 있지 않은가. 이러한 연대는, 그것이 '불가능한 우정'이라는 바로 그러한 이유 때문에, 그 가장 나약하고 불안정한 이유 때문에, 아니 그것이 바로 그렇게 가장 제3자적인 시각들이 구성하는 어떤 '총체성'일 수 있다는 이유 때문에, 비로소 가능해지는 무엇은 아닌가. 자, 그렇다면 나는 여기서 다시 한번 저 모든 기독교도들을 실망시키고 절망시킬 또하나의 환멸과 파멸의 욕망을 품어보는 것이다: '나중에'라고 말하지 말라, 지금 '이후'는 없다, 당신이 꿈꾸고 있을지 모르는 저 고진감래(苦盡甘來)의 황홀한 약속의 미래(futur)는, 없다, 존재하지 않으며, 존재하지 않을 것이다. 따라서 '지금, 여기(ici et maintenant)'를 사유하고 실천한다는 것은, 단순히 현재주의나 현실주의를 올곧게 추종해야 함을 말하는 것이 아니라, 우리에게 계속해서 도래하고(à venir) 있는 장래(avenir)의 시간을 끊임없이 인식하고 포착하고 수행하는 우리의 저 **불가능한** 미학적 태도, 우리의 저 **불가능한** 정치적 연대, 우리의 저 **불가능한** 이론적 실천, 바로 그 모든 것들의 **가능성들**을 말해주고 있지 않은가. 그러므로 우리가 실제로 무엇을 '절망'이라고 부르고 무엇을 '희망'이라고 부를지는, 이로써 매우 자명해지지 않는가(또한 왜 어떤 이들은 단순한 버스 몇 대를 '희망'이라고 부르며, 반대로 또 어떤 이들은 똑같은 버스들을 '절망' 또는 '훼방'이라고 부르는지, 이로써 매우 명백해지지 않는가). 하여, 나는, 당신을, 바라본다, 하나의 시점으로, 두 개의 시선을 맞세우고, 세 개의 시각을 증언하며, 그렇게, 마주보듯, 어쩌면 그 너머를 보듯. 그렇게, 이전도 아니고 나중도 아닌, 바로 지금, 여기(jetzt und da).

감각적인 것의 밤과

정치적인 것의 낮

랑시에르의 정치-철학:
감성적/미학적 전복으로서의
정치와 해방

1. 프롤레타리아의 밤은
부르주아의 낮보다 아름다운가
랑시에르의 사유가 시작되는 시간

프롤레타리아의 낮과 밤. 계급투쟁이라는 '낡은' 관념을 곧바로 연상케 하는 저 '프롤레타리아'라는 단어와 하루라는 시간의 경제적 길이를 지극히 '낭만주의적'이고 '이분법적'으로 구분해주는 저 '낮'과 '밤'이라는 단어, 그리고 또한 그들 셋 사이를 맺어주고 있는 저 '생경하면서도 익숙한' 언어적 조합은, 일견 우리에게 하나의 오래된 신화나 전설처럼 실로 닳고 닳은 고색창연한 구절로 느껴질 수도 있을 것이다. 그러나 저 프롤레타리아의 낮과 밤이란 낭만적 시간성의 형식을 단순히 차용한 상징적이기만 한 은유가 결코 아니다. 자크 랑시에르 (Jacques Rancière)에게 그러한 밤과 낮이란 무엇보다 물질적인 시간 그 자체, 더 정확하게는, 한 체제 안에서 감각적인 것들이 분할되고 배분되는 미학-정치적 시공간을 의미한다. 곧 프롤레타리아의 밤이란 자본주의 체제의 '어두운' 이면을 상징적으로 드러내는 은유적 표현이 아니라, 말 그대로의 밤의 시간,

프롤레타리아가 낮 동안의 노동을 마친 후 자신의 정체성을 형
성/이탈하고 주체화 과정을 감행하는 한에서의 '밤'이라는 시
간을 뜻하는 것. 따라서 그 밤이란 어떤 의미에서 '해방'의 길로
나 있는 시간이기도 하다. 랑시에르가 노동자들의 문서고를 파
헤치면서 발견했던 것은 무엇이었나? 그것은 그들의 글쓰기가
노동자 자신의 정체성을 독립적이고 동일자적으로 구성하고자
하는 글쓰기가 아니라 오히려 부르주아의 '문학적' 글쓰기를 모
방적이고 대항적으로 전유하고 극복하고자 하는 일종의 '해방
적' 글쓰기였다는 사실이다. 랑시에르는 노동자들의 문서고 연
구를 통해 낮 동안의 노동을 마친 프롤레타리아계급이 책을 읽
고 글을 쓰는 밤의 시간, 곧 전혀 은유적인 의미에서가 아닌 말
그대로의 의미에서 '프롤레타리아의 밤'이라는 시간을 발견한
다. 그렇기에 또한 그가 그렇게 프롤레타리아의 밤 속에서 발견
한 것은 역설적이게도 '문학(littérature)'의 또다른 이름이었다.
문학의 정치. 그런데 여기서 중요한 것은 이렇게 발견된 '문학'
의 이름이 특정한 예술 장르의 정의와 특성을 규정하는 중립적
인 이름도 아니고 한 장르의 예술사회학적 발생과 기원을 새삼
돌이켜보는 회고적인 이름도 아니라는 사실이다(따라서 '문학
의 정치'란 참여문학론도 아니지만 문학사회학은 더더욱 아니
다). 레지스 드브레(Régis Debray)가 말하는 것처럼, 사회주의
의 전(全) 역사는 활자계(graphosphère)라고 하는 특정한 '생
태계'를 떠나서는 생각할 수 없는 것이다.* 프롤레타리아의 '해
방'은, 그들의 '낮'은, 이렇듯 '활자계'라는 공간 안에서, 그리고
'문학'이라는 이름 속에서, 곧 그들

* 레지스 드브레, 「매체론으로 본
사회주의의 역사」, 최정우 옮김,
『뉴레프트리뷰』, 도서출판 길, 2009,
374-409쪽 참조.

의 '밤'을 통해 감행되고 도래하는 무엇이다.

　　따라서 랑시에르의 '한낮'은 『프롤레타리아의 밤(La nuit des prolétaires)』(1981)과 함께 비로소 시작된다고 말해도 좋다. 문제는 노동자의 정체성이 동일자적으로 구성되는가 혹은 그렇지 않은가 하는 '포스트모던적' 동일자/타자의 논리가 아니다. 랑시에르에게 더욱 중요한 것은 정치와 감성학/미학이 맺고 있는 관계, 그리고 이를 통해 드러나는 '해방'의 새로운 의미이다. 그는 흔히 자본주의 체제 안에서 단순히 '여가'나 '휴식'의 시간으로만 여겨지는 밤의 시간을 통해 어떻게 노동자들이 낮의 시간을 전복시키는지를, 곧 노동자들이 낮과 밤이라는 시간 구분과 그에 할당되는 활동의 분류법으로 대표되는 감각적인 것의 분할 방식을 어떻게 문제삼고 어떻게 전복하며 어떻게 '해방'시키는지를, 그들의 글쓰기를 통해 예시하고 회고하며 예감한다. 랑시에르가 발견한 프롤레타리아의 밤이란 곧 철학/사유하는 자와 생활/노동하는 자를 가르는 분할의 방식에 대한 도전의 시간이었으며, 또한 바로 그러한 이유에서 프롤레타리아의 밤은 그 자체로 이미 어떤 '감성적/미학적 전복'을 준비하고 잉태하는 시간이기도 했다. 노동자들의 '목소리'란 어떤 것인가, 그리고 프롤레타리아적 '정체성'은 어떻게 구성되는가. 랑시에르의 일차적 결론은, 노동자라는 계급의식을 자체적으로 구성하는 동일자적 정체성은 없다는 것, 오히려 노동자의 정체성 자체가 부르주아적 정체성과의 모방적/대항적 관계를 통해 구성되어왔다는 것이다. 하지만 주체화의 과정이란 한 계급의 동일자적 정체성이 미리 전제됨으로써 이루어질 수 있는 과정이 아니라 오히려 거꾸로 그 과정 자체가 하나의 정체성을, 하나의 정치적 주체를 만들어내는 실천의 형식인 것. 랑시에르의 본령이 바로 여기에 있다. 따라서 "프롤레타리아라는 존재의 속박에서 벗어나기를 욕망하는 이러한 변절자들이 어떠한 우회를 통해서 역설적으로 노동자 정체성의 이미지와 담론을 형성하게 되었는가?"* 하는 물음은『프롤레타리아의 밤』을 관통하는 가장 중심적인 문제의식에 다름 아니다. 이러한 의미에서 '감각적인 것의 나눔(le partage du sensible)'이라는 랑시에르의 핵심 개념은 물론이거니와 '정치와 미학의 관계'라는 그의 중심 주제에 있어 『프롤레타리아의 밤』은 하나의 이정표, 하나의 전환점을 내포하고 있는 일종의 '원점'이라고 할 수 있을 것이다. 이 책은 '노동자의 목소리'를 찾는다고 하는 어떤 순진하고 적극적인 정체성 탐색의 작업이 내포하고 있는 근본적 아포리아를 가장 생산적이고 효과적인 방식으로—그리고 그 이론적 진행 안에서 가장 '수행적으로'—전복함으로써, 노동자의 목소리를 찾는다는 행위 자체를 보다 '징후적'이고 '정치적'인 시각에서 사유할 것을 요구한다. 가장 '미학적'인 것 안에, 곧 '감각적인 것의 나눔'에 대한 의문과 재고 안에, 가장 '정치적'인 혁명과 해방의 요소가 있다고 생각하는 랑시에르의 기본적 입장은 이미 이 책에서 정립되고 있는 것. 랑시에르의 정치철학이 지닌 핵심적인 문제의식은 바로 이러한 정치와 미학 사이의 '내밀한' 관계에 있다.

* Jacques Rancière, *La nuit des prolétaires*, Hachette, 1997(Fayard, 1981¹), p.10. 특히 지식인 문제와 관련하여 이러한 논의를 확장/심화시키고 있는『철학자와 그 빈자들 (Le philosophe et ses pauvres)』(1983) 역시 일독을 요하는 책이다. 그러므로 또한 '노동자의 목소리'를 노동자에게 '온전하게' 되찾아주는 것으로 상정되고 설정된 어떤 '지식인의 임무'란, 그 자체로 이미 하나의 허구이며 기만일지 모른다.

2. 정치는 어째서 미학에 대한 사유일 수밖에 없는가

'감각적인 것의 나눔'이라는 개념

랑시에르의 정치-미학적 논의가 서구 '정치-철학'의 최전선 중 하나로 주목받게 된 주요한 이유에는 여러 가지 이론적이고도 정세적인 측면들이 있겠지만, 무엇보다도 정치와 미학의 관계에 대해 그가 갖고 있는 이러한 '첨예한' 문제의식을 빼놓고서는 그 이유를 온전히 설명할 수 없을 것이다. 랑시에르의 정치적 사유는 근대적이고 정통적인 의미에서의 정치학 이론과 결정적으로 단절한다. 단적으로 말하자면, 랑시에르에게는 하나의 학(學)으로서 '정치학'이 존재하는 것이 아니라 '정치에 대한 사유'만이 존재할 뿐이며, 이때 '정치'란 미학 또는 감성학과의 밀접한 관련을 떠나서는 결코 생각할 수 없는 것이다. 2008년 방한 당시 랑시에르는 필자와의 인터뷰에서 다음과 같이 말한 바 있다. "미학의 문제는 내게 언제나 정치 문제와 연결되어 있다. 미학에 대한 나의 관점은 기본적으로 합의와 불화에 대한 논의에 기초하는데, 이러한 관점에서 또한 내가 강조하는 개념이 바로 '감각적인 것의 분배'다. 이는 감각적 경험들, 곧 볼 수 있는 것, 말할 수 있는 것, 사유할 수 있는 것을 누구에게 어떻게 분배하는가 하는 문제, 곧 지극히 정치적인 문제다. 여기에는 항상 불화와 긴장이 존재한다. 미학에 대한 사유란 내게 이러한 긴장들이 지닌 논리를 사유하고자 하는 시도를 의미한다."※ 특히 그가 『불화: 정치와 철학(La mésentente. Politique et philosophie)』(1995)이나 『감성의 분할(Le partage du sensible)』(2000) 등의 책 속에서 중심적으로

※ 「"미학은 감각적 경험을 분배하는 체제다"」, 『시사IN』 65호(2008년 12월 13일자), 69쪽.

제시하고 있는 '감각적인 것의 나눔'이라는 개념은 정치와 미학
에 대한 랑시에르 사유의 핵심을 단적으로 드러내주는 이론적
구심점이라 할 것이다. 그런데 이러한 랑시에르의 논의를 정확
히 이해하기 위해서는 '미학'이라는 단어를 둘러싸고 있는 우리
의 '편견'을 걷어내고 그 기원과 성립 과정에서부터 미학의 개
념을 다시 짚어볼 필요가 있다.

　　　주지하다시피 서구 철학의 맥락 안에서 미학이 하나의
학제(discipline)로서 성립된 것은 바움가르텐(Baumgarten)
과 칸트(Kant) 이후라고 할 수 있다. 이 새로울 것도 없는 사실
을 여기서 굳이 새삼스럽게 떠올려보는 이유는 일종의 어원을
따져보자는 것인데, 이는 우리가 현재 너무나 당연하고도 자연
스럽게 통상 '미학'으로 번역하고 있는 독일어 'Ästhetik' 또는
영어 'aesthetics'나 프랑스어 'esthétique'라는 단어가 엄밀하
게 말하자면 '감각학' 또는 '감성학'의 뜻으로 먼저 새겨져야 한
다는 사실을 환기하기 위함이다. 랑시에르가 『민주주의에 대한
증오(La haine de la démocratie)』(2005)에서 본래 '민주주의'
라는 말이 어원에서나 용례에서 무엇보다 하나의 '욕설'과 '폄
하'의 언어로 사용되었음을 우리에게 상기시키는 것처럼, 또한
그가 『불화』에서 'politique'라는 말이 어원적으로 동시에 지니
고 있던 '정치'와 '치안'의 두 가지 의미를 환기하고 있는 것처
럼, 그와 비슷한 맥락에서 랑시에르가 문제삼고 있는 '미학'이
란 무엇보다 먼저 '감각학' 또는 '감성학'으로서의 지위를 갖는
이론의 체제를 뜻함을 우리는 한국어 번역의 차원에서 재차 상
기해볼 필요가 있다. 그렇다면 왜 '미학'이라는 개념이 지닌 '감

성학' 혹은 '감각학'으로서의 어원이 문제가 되는가? 여기서는 무엇보다 칸트가 『순수이성비판(Kritik der reinen Vernunft)』에서 'Ästhetik'이라는 단어를 어떻게 사용했는가를 먼저 떠올려보는 것으로 충분할 것이다. 주지하다시피 칸트는 이 단어를 우리의 경험을 가능케 하는 조건, 곧 시간과 공간이라는 선험적 형식을 해명하는 장에서 사용하고 있는 것. 말하자면 랑시에르는 바로 이러한 점에서 미학 개념에 관한 칸트의 선례를 충실히 따르고 있다고 해야겠는데, 무엇보다 그에게서 '감성학/미학'이 중요해지는 이유는 그것이 정치의 '조건'이자 정치 그 자체의 '형식'이기 때문이다. 정치는 감각적인 것들이 분배되는 하나의 체제이며 또한 감각적인 것의 분배를 문제삼는 불화의 영역이기도 하다. 랑시에르에게 '정치'란 바로 이러한 감각적인 것이 지닌 '경제적'이고 '위상학적'인 심급의 문제, 곧 감각적인 것의 위계를 어떻게 분류하고 배분할 것인가 하는 문제와 밀접하게 결부되어 있는 영역이기 때문이다. 흔히 단순하게 미학적인 범주로만 여겨져왔던 '감성적인 것' 또는 '감각적인 것'의 문제가 어떻게 '분배'라고 하는 정치[경제]학적 범주와 접속될 수 있는가, 또는 역으로 일견 협소한 의미의 '정치'로 여겨지던 것이 어떻게 '감각적인 것'이라고 하는 지극히 미학적인 범주의 위계와 분배 위에 기반하고 있는가를 효과적으로 보여주는 것이 바로 랑시에르의 정치-미학적 논의가 지닌 핵심이자 미덕이라고 할 수 있는 것이다. 이러한 접근 방식은 푸코가 후기 저작에서 보여줬던 '존재론의 미학과 윤리'에 관한 논의들, 혹은 아감벤이 『호모 사케르(Homo sacer)』 연작을 통해 진행한 '생명정치'에 대한 논의 등과 더불어, 탈정치의 포스트모던 시대를 약간의 시간 간격을 두고 함께 통과했던 이들의, 서로 다르지만 또한 공통적이기도 한 어떤 결정적인 '정치적' 전회의 지향성을 드러내주고 있다. 그러나 이들 사이에서 랑시에르가 유독 도드라지는 점은, 그가 감각적인 것들을 분할하고 배분하는 것이 정치의 한 특정한 효과라고 주장하는 것이 아니라 감각적인 것들이 그렇게 분할되고 배분되는 방식 자체가 바로 정치라고 말한다는 사실에 있다. 따라서 감각적인 것의 나눔은 정치라는 '상위' 단계가 '하위'의 미학적 차원에 대해 갖는 어떤 효과나 결과를 의미하는 것이 아니라 그 자체로 정치의 핵심적 과정을 이루는 어떤 체제를 뜻한다. 랑시에르에게 정치란 이러한 감성학/미학에 대한 사유에 다름 아니며, 그 분할의 방식을 문제삼고 전복시키는 과정이 그가 의미하는바 '해방'에 가닿고 있는 것이다.

　　랑시에르에게서 미학은 항상 정치와 함께, 정치는 항상 미학과 함께 사유된다. 다시 한번 강조하자면, 미학과 정치의 관계에 대한 그의 논의는 예술의 사회참여를 주장하는 것도 아니고 일종의 분과 학문으로서의 예술사회학을 다루는 것도 아니다. 정치는 무엇보다 '감각적인 것의 나눔'이라는 문제, 곧 보이는 것과 보이지 않는 것, 말할 수 있는 것과 말할 수 없는 것을 어떻게 분할하고 배분하는가의 문제이며, 바로 이러한 의미에서 정치는 미학에, 미학은 정치에 가닿는다. 랑시에르의 책 중에서도 특히 『감성의 분할』과 『미학 안의 불편함(Malaise dans l'esthétique)』(2004) 등이 이러한 논의를 대표한다. 이와

관련하여 우리는 특히 랑시에르와 부르디외(Bourdieu) 사이의
차이, 그리고 랑시에르와 리오타르(Lyotard)의 차이에 주목해
볼 수 있을 것이다. 먼저 부르디외와 랑시에르는, 둘 모두 미학
을 정치의 문제에 직접적으로 연결시키고 있다는 점에서는 기
본적으로 같은 문제의식을 공유하고 있지만, 그 연결의 방식과
함의에 있어서는 서로 크게 차이가 난다는 점에서 미학-정치
적 사유의 두 대척점을 보여준다. 단적으로 말하자면, 부르디외
의 정식은 '미학의 바탕에는 정치가 있다'는 말로 요약될 수 있
지만, 반대로 랑시에르의 정식은 '정치의 바탕에는 미학이 있
다'는 말로 요약될 수 있는 것. 왜 그런가? 부르디외가 문제삼
는 것은 미학/감성학 또는 취미의 문제에서 정치적 계급과 그
를 둘러싼 상징 권력이 드러나며 작용하고 있다는 어떤 '사회학
적 사태'이기 때문이다. 따라서 미학의 배경에 어떤 종류의 정
치가 있게 되는 것이지 그 반대는 아니다. 반면 랑시에르는 정
치 과정 그 자체를 '미학적' 과정, 곧 감각적인 것들이 분배되고
할당되는 감성학적 체제로 이해한다. 따라서 정치의 과정은 그
자체가 곧 미학적인 것, 다시 말해 정치의 배경에는 미학적 혹
은 감각적 분할이 있으며 그 자체가 바로 정치가 된다. 또한 이
러한 차이점은 랑시에르가 부르디외를 비판하는 요지가 되기
도 하는데, 이는 랑시에르의 미학-정치학적 논의가 넓은 의미
에서의 예술사회학과 변별점을 드러내는 지점이기도 하다.

　　한편으로 그가 미학의 관점에서 가장 날카로운 대립각
을 세우고 있는 또 한 명의 철학자는 리오타르이다. 여기서 쟁
점이 되는 인물은 다시 한번 칸트이다. 칸트의 미 분석론은 개

념을 통하지 않는 지성과 감성의 조화라는 관념에 바탕을 둔다
('상상력(Einbildungskraft)'의 개념이 중요한 화두로 떠오르
는 곳은 바로 이 지점이며, 들뢰즈의 칸트에 관한 논의, 곧 '상
상력'을 지성과 감성 사이의 우발적이고도 창발적인 조화를 가
능케 하는 하나의 역량으로 사유하려는 경향 또한 이러한 맥락
에서 다시 생각해볼 수 있다). 한편 '숭고'의 개념은 관념과 감
각적 현실 사이의 그 어떤 조화로운 관계로부터 단절하는 것으
로 나타난다. 리오타르는 그런 식으로 근대 예술 전체를 숭고
개념의 현시로 만든다는 것이 랑시에르의 생각이다. 리오타르
가 보기에 숭고 개념은 예술적 모더니티의 과제를 결정하는 것
인데, 구상(figuration)을 거부함으로써 지성적인 것과 감각적
인 것 사이의 넘을 수 없는 틈을 표시하기, '표현 불가능한 것이
있음을 증언하기'가 바로 그러한 과제의 정체이다. 리오타르처
럼 '표현 불가능한 것' 혹은 '재현 불가능한 것'에 더 큰 가치를
부여하는 것은 모더니티에 대한 특정한 사유, 곧 진보주의적
역사관을 뒤집는 사유의 입장을 취하는 것으로서 포스트모던
을 위한 대표적인 논의들 가운데 하나이다. 이 지점에서 리오타
르에 대한 랑시에르의 비판은 결국 칸트에 대한 독해, 더 정확
히는 『판단력 비판(Kritik der Urteilskraft)』의 독서와 숭고의
해석에 집중되고 있다. 주지하다시피 칸트에게서 숭고가 능력
들 사이의 불일치를 드러내는 하나의 충격적 사건이라고 한다
면, 리오타르에게서 숭고는 예술 안에 '실체화'된 형태로 자리
잡게 된다는 것이 랑시에르가 제시하는 비판의 요지이다. 재현
할 수 없는 전복적 숭고의 힘을 긍정하는 어떤 '불가능성'의 사

유와 예술은 정말 그 자체로 전복적인가? — 아마도 랑시에르의 비판은 바로 이러한 하나의 질문으로 요약될 수 있을 것이다. 이러한 논의는 모던과 포스트모던에 대한 역사적이고 미학적인 '단절'의 담론들을 비판적으로 재검토하게 하면서 다시금 우리에게 칸트에 대한 재독(再讀)을 종용한다. 또한 이러한 숭고의 개념과 관련하여 랑시에르는 재현 불가능한 것, 실재적인 것, '사물(la Chose)'의 힘을 강조하는 정신분석적 담론에 대립각을 세우며 예술의 미학적 체제 안에서 '재현할 수 없는 것은 없다'고 말한다. 이런 의미에서 우리는 또한 랑시에르를 정신분석과의 불화와 대결 안에서 읽어야 한다. 따라서 이로부터 우리는 랑시에르의 미학-정치학적 논의와 관련하여 두 가지의 '근본적'인 비교 독서를 수행할 수 있을 텐데, 랑시에르를 정신분석과 함께 읽기, 그리고 랑시에르를 칸트와 함께 읽기가 바로 그것이다. 우리는 『감성의 분할』 외에도 이러한 맥락에서 또한 『미학적 무의식(L'inconscient esthétique)』(2001)과 『이미지들의 운명(Le destin des images)』(2003) 등을 읽을 수 있을 것이다.

그렇다면 칸트 미학에 대한 랑시에르의 입장은 어떤 것인가? 이에 답하기 위해 우리는 먼저 그가 말하는 체제(régime)의 개념을 살펴봐야 한다. 랑시에르는 예술과 관련하여 세 가지 체제를 구분한다(여기서 우리는 또한 랑시에르에게 체제란 곧 그의 미학적/감성학적 이데올로기론을 이루는 핵심적 개념임을 염두에 둬야 한다). 첫째, '이미지들의 윤리적(éthique) 체제'가 있다. 이러한 체제는 이미지들이 원본에 충실한가 하는 기준, 그 이미지들이 그것을 지각하는 자들의 성격과 도덕성에 어떤 영향을 미치는가 하는 기준을 중시한다. 예를 들어 플라톤(Πλάτων)의 '시인 비판'의 경우가 이에 해당할 것이다. 둘째, '예술의 재현적(représentatif) 체제'가 있다. 재현적 체제는 모방의 예술들을 그 예술들의 진리와 도덕 효과들에 대한 윤리적 기준에서 해방시킨다. 진리의 효과 및 도덕적 고려에 대항해 내적 일관성, 예술의 자율성이라는 규칙을 맞세우는 것이다. 예를 들어 아리스토텔레스(Ἀριστοτέλης)의 '시학'의 경우, 혹은 근대 이전의 예술에 관한 사유들이 이에 해당할 것이다. 그리고 마지막으로, 셋째, '예술의 미학적(esthétique) 체제'가 있다. 예술의 미학적 체제란 주제들과 장르들의 위계가 붕괴하는 체제이다. 이때 '미학'이란 이 새로운 체제에 대한 사유를 의미하는 이름으로서, 단순한 미론(美論)이나 예술학을 뜻하지 않는다. 곧 '미학'이란 예술이 목적이나 위계 등으로부터 분리되어 하나의 특정한 '경험 영역'으로서 고유하게 존재하게 되는 체제에 대한 사유를 가리키는 이름이다. 이는 'esthétique'의 어원인 '감성학' 혹은 '감각학'의 의미를 강하게 부각시킨다. 사실 이러한 미학적 체제의 핵심은 예술에 있어 제작(poiesis)과 감상(aisthesis) 사이의 결정적 관계 변화에 있다. 또한 이러한 포이에시스와 아이스테시스 사이의 단절과 전도는 바로 칸트의 『판단력 비판』이 문제삼고 있는 핵심적 주제들 중 하나라는 것이 랑시에르의 관점이다. 여기서는 이른바 칸트 미학의 '무관심성'에 대한 부르디외와 랑시에르의 상이한 관점을 비교하는 것이 유효할 것이다. 부르디외는 무관심성을 정치적 시각이 소거된 관점, 곧 '몰정치적'이고 '탈정치적'인 개념으로 이해한다.

이러한 점에서 부르디외는 오히려 랑시에르가 구분했던 첫번째 체제, 곧 '이미지들의 윤리적 체제'에 충실하다고 봐야 한다. 그가 예술과 그것의 정치성이 지닌 '윤리적' 성격을 염두에 두고 있기 때문이다. 하지만 랑시에르는 오히려 칸트적 무관심성 안에서 예술적 경험의 자율성을, 곧 감성적이고 감각적인 경험의 자율성이라는 하나의 체제를 읽어낸다. 곧 랑시에르는 칸트를 미학적 체제의 어떤 '시작점'으로 읽어내는 것이다. 예를 들어 천재란 예술작품을 예술가의 앎과 의지에서 분리해내는 비인칭적 역량이다. 천재란 자기가 바라지 않는 것을 하고, 자기가 생각하지 않는 형태를 부여하는 예술의 역량이다(이를 예술과 천재에 관한 '낭만주의적' 관점과 비교해보라). 미학적 체제의 예술은 그 예술이 '얼마나 예술에 속하지 않을 수 있는가' 하는 능력으로 측정되는 독특한 자율성이다. 따라서 재현적 체제에서의 자율성과 미학적 체제에서의 자율성은 서로 다르다. 예술의 미학적 체제가 자율화하는 것은 작품이나 예술가가 아니라 특정한 경험 방식, 곧 감성적 경험 방식이기 때문이다(반면 재현적 체제 안에서 작품들의 자율성이란 포이에시스와 아이스테시스가 단절됨으로써 발생한 효과일 뿐이다). 감성적 경험이란 예술의 형태들이 그 속에서 '지각'되고 '사유'되는 어떤 틀을 의미한다. 따라서 감성적 경험은 엄격한 의미에서 단지 예술작품들만을 고려하는 좁은 의미의 예술적 경험을 넘어서는 어떤 '보편적' 경험이다. 랑시에르의 미학-정치학적 논의에서 감각적 경험의 자율성과 보편성이 중요해지는 것은 그가 바로 이러한 미학적 체제의 등장에 주목하고 있기 때문이다.

이를 통해 우리는 '감각적인 것의 나눔'이라는 랑시에르의 핵심 개념이 정확히 무엇을 의미하는지를 알 수 있다. 'politique'에 대한 랑시에르의 어원적 분류법을 따르자면, 공동체를 위치, 점유, 직무 등에 부합하는 존재 방식에 따라 정의되는 안정된 집단들의 집합으로 보는 시각이 이른바 치안의 논리(la logique policière)인데, 이러한 치안의 논리 안에서는 전체가 부분들의 총합과 동일하며 각 부분이 그에 부합하는 '합당한' 몫(part)을 갖는다. 또한 이러한 논리 안에서는 전체의 바깥이란 존재하지 않고 가시적인 것과 비가시적인 것 사이가 명확히 구분되며 또한 말과 소음이 서로 확연히 구별된다. 반면 이러한 치안의 논리에 대비되는 것으로서 정치의 논리(la logique politique)가 있다. 정치의 논리는 부분들, 위치들, 직무들의 셈에 포함되지 않았던 보충적이고 부차적인 요소의 도입으로 정의할 수 있다. 정치의 논리는 자리들의 나눔을 흐트러뜨리는 동시에 전체의 셈과 가시적인 것/비가시적인 것 사이의 나눔에 문제를 제기한다. 바로 이 지점에서 랑시에르의 또다른 핵심적 개념인 '자리바꿈(déplacement)'이 중요해지는데, 이는 또한 알튀세르(Althusser)가 「브레히트와 마르크스에 대하여」에서 브레히트(Brecht)의 소격효과(Verfremdungseffekt)를 옮기는 데 사용한 번역어이기도 하다.* 자리를 바꾼다는 것은 곧 셈하지 않았던 것을 셈한다는 것, 몫이 없었던 것에 몫을 부여한다는 것, 이는 다시 말해 감각적인 것의 나눔을 문제삼는 '정치'의 핵심이며, 또한 정치적 '소격효과'이자 '해방'의 기획이기도 하다. 정치의 논리는 어두운 삶에만

* Louis Althusser, "Sur Brecht et Marx", *Écrits philosophiques et politiques*, tome II, Stock/IMEC, 1995, p.569 이하 참조.

속해 있는 것으로 셈해지던 사람들을 말하고 생각하는 존재들로, 곧 가시적인 존재들로 만든다. 밤에 속해 있던 존재는 하나의 주체가 되어 낮으로 걸어나온다. 정치의 논리는 그러한 어두운 삶 속의 소음으로밖에 지각되지 않았던 것들을 하나의 말로서, 담론으로서 들리게 만든다. 이것이 바로 랑시에르가 '몫 없는 자들의 몫', 혹은 '셈해지지 않은 것들의 셈하기'라고 부르는 정치의 과정이다. 이로부터 우리는 민주주의의 개념을 다시 생각해볼 수 있다. 민주주의의 주체인 인민(peuple)은 한 국가의 국민이나 주민의 총합이 아니다. 인민이란 '아무개(n'importe qui)'의 능력이 현실화되는 것이며, 이때 '아무개'는 또한 그 자신의 주체화 과정을 감행하는 것이다. '감각적인 것의 나눔' 혹은 '감성의 분할'이란, 감각적 경험 형태의 분배, 곧 가시적인 것과 말할 수 있는 것과 사유할 수 있는 것의 나눔과 분할이라는 문제에 다름 아니다. 따라서 랑시에르에게 있어 미학은 예술작품에 대한 이론이나 미에 관한 학문을 의미하지 않는다. 그에게 미학은 경험의 형태, 가시성의 방식, 그리고 해석의 체제로서 존재한다. 따라서 이러한 미학/감성에 대한 사유로서의 정치란, 볼 수 있는 것과 경험할 수 있는 것, 그리고 그것에 대해 말하고 생각할 수 있는 것에 대한 어떤 분배를 뜻하는 것이다. 감각적인 것의 나눔은 가능태들에 대한 어떤 분배이며 또한 이러한 가능태들에 접근할 수 있는 가능성들에 대한 분배이기도 하다. 랑시에르가 정치를 미학적/감성학적 분할의 문제로, 그리고 미학을 정치적 잠재성의 영역으로 이해하는 것은 바로 이 때문이다.

3. 왜 합의가 아니라 불화에 주목해야 하는가

민주주의와 인권,
정치적 주체화의 문제들

앞서 언급했듯이 치안의 질서(ordre policier)는 사회관계들에 이미 존재하는 권위의 형식들과 공동체의 통치 사이에 존재하는 어떤 '동질성(homogénéité)'을 정초한다. 치안(police)은 억압 장치들에 의한 폭력을 지시하는 것이 아니다(따라서 '치안'이란 단순한 '경찰'과는 다르다). 그것은 공동의 삶에 대한 특정한 조직화를 가리킨다. 치안 질서란, 공동체가 특정한 지위와 기능에 의해 규정되는 집단들로 구성되고 그 지위에 할당되는 사람들에 의해 통솔되는 질서이다. 민주주의 원리는 이러한 질서에 근본적 단절을 도입한다. 민주주의 통치는 그에 앞서 존재하는 어떤 권위적 관계에 기초해 있지 않은, 따라서 어떤 특정한 집단에도 속하지 않는 통치이다. 민주주의는 공동체를 구성하는 개인들의 총체로서의 민중의 통치이다. 민주주의는 어떤 자격이나 권위, 사회적 지위에 의해서도 통치의 자격을 부여받지 않는 사람들에게 고유한, 그리고 그들에 의해 이루어지는 통치인 것이다. 또한 그것은 개인들이나 집단들이 자신들의 통치를 주장하기 위해 제시하는 모든 개별적 자격들을 반박하는 통치이기도 하다. 랑시에르는 이러한 '근본적' 민주주의를 '몫을 갖지 않은/못한 자(sans-part)' 혹은 '셈해지지 않은/못한 자(incompté)'들의 통치라고 부를 것을 제안한다. 몫을 갖지 않은 자들, 셈해지지 않은 자들은 어떤 특수한 계층이나 특정한 인구 범주를 지시하는 말이 아니다. 이 개념은 오히려 인구의 부분들에 대한

모든 셈, 그 부분들의 몫과 지위를 넘어서는 정치 공동체의 과
잉(excès)을 가리키는 말이다. 곧 민주주의는 정치의 과잉, 모
든 형태의 확립된 권력을 뛰어넘는 '민중 권력'의 과잉을 의
미하는 것이다(따라서 이러한 과잉의 정치적 사유는 '이질성
(hétérogénéité)'의 개념에 주목할 수밖에 없다). 이러한 의미
에서 민주주의는 하나의 특정한 정치체제나 국가제도를 가리
키는 것이 아니다. 그것은 정치의 원리 그 자체이다. 정치는 공
동체의 통치에 대한 자격과 정당성이 어떤 특별한 개인이나 집
단에 속하지 않을 때 시작되는 무엇이다. 공동체가 연장자, 재
산가, 사제나 학자, 군인 등 어떤 특정한 권위나 지위에 의해 지
배될 때 정치는 존재하지 않는다. 정치는 권력이 원칙적으로 이
모든 것 중 그 어떤 것도 갖고 있지 않은 사람들, 곧 '아무개'인
사람들, 통치되거나 통치할 근거들을 갖고 있지 않은 사람들에
귀속할 때 시작되는 무엇이다.

     현재 민주주의체제라고 이야기되는 정부들은 사실은 복
합적인 정부, 즉 출생이나 사회적 지위 또는 힘과 지식 등을 통
해 권력을 행사할 자격을 갖게 되는 사람들 가운데 자신들의
대표자들을 선출할 수 있는 권리로 민중 권력을 '제한'하는 과
두정치에 의해서 실행되는 정부이다. 이러한 정치체제하에서
오히려 '정치' 그 자체는 실종되고 중단되고 소멸된다. 이러한
정부들은 '이중으로' 공공영역을 제한하는 경향을 지속적으로
드러내는데, 공공의 영역을 자신들의 사적인 문제로 만드는 경
향, 그리고 국가 차원의 행위 영역만을 유일한 공공영역으로
간주하고 국가와 '관련이 없는' 행위자들의 개입을 사적인 영역

으로 치부하는 경향이 바로 그것이다. 곧 이러한 정부는 공공영
역과 사적 영역을 '엄격히' 구분하는데, 이는 각 영역에서 과두
제적 지배를 더욱더 확고히 하기 위해서이다. 이는 국가 차원에
서 이루어지는 지배형태들을 통해, 그리고 경제적 착취를 통해
이루어진다. 이러한 의미에서 '각자 자신이 처한 자리에서 맡은
바 일에 충실'하라고 말하는 원칙은 일견 지당한 말처럼 보이
지만, 이는 '그 자신의 일을 제외한 다른 일은 하지 말라'고 말
하는 제한적이고 분할적인 명령이며 평등의 원리에 기초한 지
적 해방과 정치적 주체화를 가로막는 걸림돌로서 오히려 지배
적 질서의 억압을 더욱 공고히 할 뿐이다. 랑시에르가 『프롤레
타리아의 밤』과 『철학자와 그의 빈자들』에서 중점적으로 비판
하고 있는 문제 역시 바로 이러한 '플라톤의 거짓말', 곧 각자의
자리에서 각자의 맡은 바를 수행하며 각자의 분수와 조건에 맞
게 살아가라는 억압적 명령이었다. 랑시에르는 필자와의 인터
뷰에서 한국의 촛불 집회 상황과 관련해 다음과 같이 말한 바
있다. "미국산 쇠고기의 수입을 단순히 그 문제와 관련된 전문
가들만의 문제로 보지 않았다는 것이 중요하다. 특정한 정체성
을 지닌 전문가 집단이나 정부만의 문제가 아니라 아무개/모든
이의 문제로 이해하는 것이다. 그것은 사적인 문제가 아니다.
공공 건강의 문제, 곧 공적 영역의 문제다. 정치적 주체화는 이
렇듯 특정한 이슈로부터 시작해 그것을 공공의 이슈로 만들어
내는 과정 안에서 발생한다. 정치적 주체는 특정한 사회적 신분
이나 지위에 의해서 미리 결정되는 것이 아니라 이러한 주체화
의 과정을 통해서 만들어진다."＊ 따라서 민주주의는 또한, 소

＊ 「"미학은 감각적 경험을 분배하는
체제다"」, 『시사IN』 65호(2008년 12월
13일자), 70쪽.

위 '공공성'과 '전문성'이라는 미명하에 자행되는 '사유화'에 대항하고 주체화 과정을 실천하기 위해, 부가적이고 부차적인 성격을 지니는 행위자들이 국가적 차원의 여러 형식들에 가하는 행위의 총체이다.

우리는 바로 이러한 의미에서 '인권'이라는 개념을 다시 사유해야 한다. 일견 인권이란 '그러한 권리들을 가진 사람들의 권리'를 의미할 수 있다. 그러나 이 경우에 인권이라는 말은 일종의 동어반복에 빠지게 된다. 또한 한편으로 일견 인권이란 벌거벗은 인간 혹은 비정치적 인간의 권리, 곧 '권리들을 갖지 못한 사람들의 권리'를 의미할 수도 있다. 그러나 이 경우에는 그 정의 자체가 논리적으로 불합리해진다. 랑시에르는 이러한 인권에 대한 두 가지 해석에 반대하며 인권에 대한 제3의 명제를, 곧 인권에 관한 민주주의적 '역설' 한 자락을 제시하고 있다. 그 정식은 다음과 같다: 인권은, 자신들이 갖고 있는 권리들을 갖고 있지 못한, 그리고 자신들이 갖고 있지 못한 권리들을 갖고 있는 사람들의 권리이다. 이 수수께끼와도 같은 역설이 바로 랑시에르가 생각하는 민주주의와 인권, 그리고 그가 의미하는바 정치의 의미를 단적으로 드러내주고 있다. 인권의 주체는 그 자신이 미리 지니고 있던 어떤 '정체성' 때문에 특정한 권리들을 갖게 되는 주체가 아니며, 또한 인권의 주체는 단지 벌거벗은 인간인 것도 아니다. 인권의 주체는 곧 정치적 주체이다. 여기서 정치적 주체란 국민이라는 정체성을 소유하고 있는 개인과 동일하지 않다. 정치적 주체는 자연적이거나 사회적인 어떤 정체성을 소유한 자가 아니기 때문이다. 랑시에르에게 정치적 주체란 오직 주체화(subjectivation) 과정을 통해서 구성되는 주체, 즉 두 존재 방식 사이에서 존재하는 어떤 '거리'와 어떤 '간격'에 의해 규정되는 주체이다. 곧 인권의 주체는 인권의 두 존재방식을 분리하는 간격 속에서 구성되는 주체인 것. 다시 말하면, 인권은 자신들의 권리를 단순히 '사용'하고 '적용'하는 사람들의 권리가 아니라, '인간' 혹은 '시민'이라는 이름을 점유하여 그것들을 주체화 과정의 작용자로 만듦으로써 자신들을 어떤 주체로 구성하기로 결심한 사람들의 권리인 것이다. 실제로 인간과 시민이란 말은 개인들의 단순한 집합을 의미하지 않는다. 그것들은 잠재적인 정치 주체들이다. 정치 주체란 누가 자신들의 셈에 포함되는지 아닌지를 결정하는 문제에 관해 하나의 논쟁과 불화를 만들어내는 이름이다. 마찬가지로 인간과 시민, 자유와 평등이라는 속성들은 미리 앞서 어떤 규정된 내용을 갖는 술어들도 아니고 또한 특정하게 규정된 개인들 안에 내재하는 술어들도 아니다. 그것들은 무엇보다 정치적 속성들이다. 그러한 속성들에 호소하는 것은 그것들이 함축하는 것이 무엇인지, 그것들이 누구에게 적용되는 속성인지에 대해 어떤 논쟁을 만들어내는 행위이다. 여기서 문제는 전체에 대한 셈 안에 과연 누가 포함되는지, 모두의 자유와 평등이 적용될 수 있는 영역은 어떤 것인지를 아는 것이다. 한 공동체에 포함된 사람들에 관한 어떤 '셈'을 전복하기 위한 싸움은 자신들이 갖고 있지 않은 권리를 행사할 수 있는 권리들을 박탈당한 사람들에게는 하나의 '기회'이다. 인권이 그러한 권리들을 행사할 수 있는 사람들의 권리인 것은 맞지만, 이러한 정식이 인권을 동어반복적인 것으로 만들어서는 안 된다. 따라서 여기서는 인권에 대한 두 가지 관념의 대비가 중요하다. 첫째, 인류를 둘로 나누는 전통적 구분을 재생산할 뿐인 인도주의적[인류학적] 관념, 그리고 둘째, 보고 판단하고 자신들의 상황을 논증할 수 있는 능력이 모든 인간 존재들에게 공통적인 능력임을 긍정하는 민주주의적 관념이 바로 그것이다. 인도주의적으로 이해되는 인권이란 차별적 인류학의 부산물에 지나지 않는 '시혜적'인 것이며, 그러므로 랑시에르가 강조하는 것은 평등을 목표로 이해하지 않고 하나의 원칙이자 전제로 파악하는 정치적 사유이다. 이는 또한 그가 표면적이고 봉합적일 뿐인 합의가 아니라 정치 과정 그 자체로서의 불화를 강조하는 이유이기도 하다.

　　실제로 우리는 민주주의를 하나의 제도적이고 국가적인 정체(政體)로, 그리고 최종적으로는 어떤 합의를 도출하는 것을 목표로 하는 하나의 절차적 과정으로 이해하려는 경향이 있다(지루하면서도 소름끼치게 반복되는 저 '국민 화합'이라는 역겨운 단어를 떠올려보라). 합의(consensus)와 불화(dissensus)란 무엇인가? 치안의 논리는 인간 존재를 두 범주로 구분한다고 말할 수 있다. 말하고 논증하는 존재들과 쾌나 고통의 감각들을 단지 소리로써만 표현하는 존재들 사이의 구분이 바로 그것. 정치의 논리, 민주주의의 논리는 이러한 구분을 거부하고, 상대가 단지 고통과 분노의 소음으로서만 간주하는 것을 하나의 '논변'으로서 긍정하는 것을 요체로 한다. 따라서 다시 한번 인권은—랑시에르 스스로가 자주 예로 들고 있는 저 로자 파크스(Rosa Parks)의 사례처럼—어떤 물질적이고 상징적인 공간을 '창출'하겠다고 결심하는 사람들의 권리인 것이다. 많은 이들이 흔히 '잘못' 상정하고 있는 것처럼, 인권은 민주주의적 합의의 '초월적 토대'가 아니다. 반대로 인권은 '불일치 과정(processus dissensuel)'으로서의 민주주의적 과정이 드러나는 하나의 무대이다. 인권의 힘은 그러한 권리가 선언되는 무대, 그리고 그 권리들을 검증하는 불화의 무대 사이를 오가는 역동적인 운동의 개념인 것이다. 합의는 민주주의적 불일치를 제거하려는, 집단적 삶을 구조화하려는 특정한 방식을 가리킨다. 반면 불일치 혹은 불화란 주어진 세계의 한가운데에서 또 다른 감성의 세계를 건설하는 실천이다. 무엇보다 민주주의 자체가 바로 이러한 불화와 불일치의 과정을 의미하는 것. 그것은 몫 없는 자들, 셈해지지 않은 자들이 어떤 물리적 장소나 상징적 위치를 자신들의 능력을 시위하는 공공의 장소로 전화시키는 실천이다. 불일치는 공동의 세계가 결코 주어진 것이 아니라는 사실에 대한 긍정이며, 또한 그러한 공동의 세계가 어떤 '자격을 가진' 사람들에 의해 운영되고 통치되는 치안 질서와 특정한 자질이나 자격이 없는 '아무개'들의 능력 사이에 존재하는 힘의 관계들 속에서 구성된다는 사실에 대한 긍정이다. 반대로 합의는 주어져 있는 것은 주어져 있는 것이고 따라서 이의를 제기할 수 없는 것이라고 주장되는 세계, 곧 정치 주체들을 수로 셀 수 있는 존재들 혹은 경제적 이해집단이나 특정한 정체성을 갖는 공동체들로 환원하는 세계를 조직한다. 따라서 합의에 기초한 사유는 정치적 갈등을 자신의 몫이 있고 또한 자신의 몫을 아는 '전문가' 집단들 사이의 협상에 의해서 해결될 수 있는 어떤 문제로 환원하여 생각하려는 경향이 있다. 경제적 세계화는 어떤 '동질적' 세계의 이미지를 만들어내고 있으며, 이 세계 안에서 각각의 국민적 집합체는 자신이 장악하지 못하고 있는 어떤 주어진 상황에 '적응'해야만 하고 이 세계적 차원의 강제와 조응하는 권력과 부의 몫들을 집단들 사이에서 분배해야만 하는 것이다(이러한 관점에서 우리는 '세계화 속의 한국'이라는 논리, 세계체제 안에서 '국적'이라는 문제, 그리고 그러한 '국적들[만]의 점령 체제'하에서의 국적 없는 '난민'의 지위 문제 등을 생각해볼 수 있을 것이다). 또한 우리는 이러한 합의/불화의 개념을 바흐친(Бахтин)의 독백/대화의 개념 짝과 '문학적으로' 비교해볼 수도 있을 것이다. 바흐친의 '대화'란 그 이름과는 달리 어떤 평온한 화해나 아기자기한 담소를 뜻하는 개념이 아니다. 이는 또한 대화적인 텍스트가 따로 있고 그렇지 않은 텍스트가 역시나 따로 있다는 이분법적 개념과도 거리가 멀다. '대화'의 성격은 모든 텍스트에 있어 일종의 '조건'으로서 존재하는 것, 텍스트 안에는 '불화'와 '적대'의 조건이 항상 내재되어 있다는 것이다. 오히려 독백은 합의를 전제로 하는 어떤 것, 그리고 그 합의란 대화와 불화를 배제했기에 가능했던 어떤 것이다. 반면 대화적 소통이란 합의와 화해에 기초한다기보다는 오히려 불화와 불일치에 기반하고 있는 것이다.

이러한 불화의 개념을 통해 우리는 랑시에르가 말하는 바 정치적 주체화의 의미를 되새길 수 있다. 랑시에르에게 정치적 주체화 과정이란 어떤 지배 질서에 따라 정해지는 특정한 위치와 정체성의 분배로부터 단절하는 과정을 뜻한다. 이러한

주체화 과정은 크게 두 가지 과정을 포함하는데, 첫째, 탈정체
화(désidentification)의 과정, 곧 기존 질서에서 자신들을 규정
하고 포함하던 정체성으로부터 스스로를 분리해내는 과정, 그
리고 둘째, 평등의 과정, 곧 일부에게만 한정된 능력이 아닌 모
두가 가진 능력을 주장하는 과정이 바로 그것이다. '전체'란, 전
체의 부분들 안에 셈해지지 않은 어떤 집단에 의해 구현되는
무엇이다. 이는 하나의 '역설'이지만, 정치적 '우리'란 기존 집
단들로부터 정의되는 무엇이 아니라 집단들과 자리들의 분배
를 무질서하게 만드는 사건들로부터 시작해서 정의될 때에만
존재할 수 있는 무엇이다. 따라서 오늘날 정치적 주체성의 형성
과 이탈이 가장 확연하게 드러나는 곳이 국경이라는 '비(非)-
장소'의 장소, 곧 박탈과 추방과 배제의 경험들이라는 사실은
결코 우연이 아니다. 예를 들어 실업자들, 고정된 거처가 없는
'주민들', 이주민들, 불법체류자, 신분증 없는 노동자들이 이러
한 '자리바꿈'의 정치적 주체를 형성한다. '동시대적'인 것이 있
다면, 그것은 생산과 유통의 전체 과정이 아니라 오히려 그 포
함 형태들이 내포하는 어떤 배제의 형태들, 다시 말해 포함 형
태들이 배제 형태들로 변형되는 지점이다. 또한 정치적 주체화
의 문제가 제기되는 장소들은 자본의 자유로운 유통이 자신의
이중적인 이면을 드러내는 장소들이기도 하다. 무언가를 박탈
당한 존재에게는 '정치적 특성'이 없다. 정치적인 것은 '아무것
도 아닌 것(rien)'으로서의 '전체(tout)'라고 스스로를 긍정하는
능력이기도 하다. 따라서 정치적 주체들과 그러한 주체들의 투
쟁 모델을 덧셈의 형태로 생각해서는 안 되며, 주체화를 사유

하는 자리를 일종의 '한계에 있음' 혹은 '사이에 있음'으로 옮겨서 생각해야 한다. 셀 수 없는 자들, 몫 없는 자들, 셈해지지 않는 자들이란 더해지는 자들이 아니다. 그들은 정체성들의 '뺄셈'을 발명하는 자들이다.* 이로부터, 아무것도 아니면서 동시에 전체인, 그런 이들의 공동체를 생각해야 할 필요성이 대두된다. 이는 모든 합의적 형태의 '민주주의적 국가'와는 전혀 다른 '민주주의의 요청' 혹은 '민주주의의 원리'를 드러낸다. 이 또한 하나의 역설이겠지만, 이러한 역설은 그 자체로 불화로서의 민주주의가 갖는 가장 중요한 특징이자 원칙이기도 하다. 그러므로 랑시에르는 어쩌면 우리에게 민주주의의 극단을 사유할 것을 요청하고 있는지도 모른다. 이는 또한 '정치' 그 자체를 불가능하게 하는 정치, '정치'를 탈정치화하고 몰정치화하는 정치에 맞서, 불화의 과정으로서의 정치, 불일치로서의 민주주의를 회복시키고자 하는 요청이기도 하다. 사회적이고 정치적인 운동들의 주체와 성격에 대해, 그리고 특히나 대의민주주의의 한계와 폐해에 대해 그 어느 때보다도 더욱 깊이 생각할 수밖에 없게 된 현재 한국의 상황에서 랑시에르의 이러한 정치적 사유와 감성학적 문제의식은 상당한 울림을 갖는다. 이는 민주주의 이후의 민주주의, 탈정치 시대의 정치를 생각하면서 우리가 정치철학의 가장 기본적이며 근본적인 물음들을 그로부터 다시금 긷게 되는 이유이다.

고로, 그렇게 기본적이고 근본적인 방식으로 다시 되묻자면, 정치

---

* 이러한 주체화 과정의 주체와 관련하여 우리는 한 가지 유효한 사상적 비교 독해를 감행할 수도 있을 것이다, 들뢰즈와 가타리(Guattari)의 '되기(devenir)' 개념과 랑시에르의 '자리바꿈(déplacement)' 개념 사이에서, 다시 말해 무엇이 '되고' 무엇으로 '화한다'는 긍정의 어법과 무엇으로부터 '이탈하고' 무엇으로 '자리를 바꾼다'는 부정의 어법 사이에서, 결국 덧셈의 계산법과 뺄셈의 계산법 사이에서.

와 평등이란 무엇인가? — 랑시에르 사유의 본령은 바로 이 물음 안으로 집약되고 있다. 여기서는 소위 '차이와 타자의 윤리학'에 맞서는 '정치의 사유와 주체화의 과정'이 중심적인 문제로 부각된다. '불화'로서의 정치를 중시하는 랑시에르에게 미학과 정치의 '윤리적 전회'라는 어떤 이론적인 흐름은 그 자체로 징후적인 것이다. 이러한 맥락에서 정치에 대한 랑시에르의 논의를 레비나스(Levinas)의 윤리학이나 데리다의 정치철학과 비교 혹은 대조해보는 것도 흥미로울 것이다. 랑시에르에게 정치는 법적이거나 제도적인 문제라기보다 다양한 주체화 과정들의 장소, 대립적이고 역설적인 행위의 방식 그 자체이다. 미학이 정치와 함께 새로운 의미를 부여받는 것은 또한 바로 이러한 주체화 과정 안에서이다. '감각적인 것의 나눔'이라는 핵심적 개념 안에서 정치는 무엇보다 미학적/감성적 분배 방식을 문제삼는 '해방'의 기획을 뜻하기 때문이다. 노동자의 해방이란 무엇보다도 "하나의 감성적/미학적 혁명(une révolution esthétique)"이었던 것. 바로 이러한 맥락에서 우리는 또한 『정치적인 것의 가장자리에서(Aux bords du politique)』(1998)와 『민주주의에 대한 증오』, 그리고 무엇보다 『불화』를 읽어야 할 것이다. 이는 또한 프랜시스 후쿠야마(Francis Fukuyama)식의 정치와 역사의 종언에 대한 테제들, 그리고 카를 슈미트(Carl Schmitt)를 둘러싼 정치적인 것의 귀환에 대한 테제들과의 만남 혹은 대결의 관점에서 랑시에르를 읽는 하나의 방법이 된다. 이러한 독서는 해방의 주제와 관련하여 라클라우(Laclau)나 무페(Mouffe) 등 이른바 '급진적 민주주의' 이론가

들과의 비교도 가능케 하는데, 그에게서 평등의 전제가 중요
해지는 것도 그것이 바로 이러한 해방의 기획과 직결되기 때
문이다. 해방을 '어떻게' 이룰 것인가 하는 방법의 측면뿐 아니
라, 해방을 '무엇으로' 이해하고 인식할 것인가 하는 정의의 측
면에서도 우리는 랑시에르의 논의에 주목해야 하는 것. 해방
과 관련하여 랑시에르에게 가장 중요한 주제 중 하나는 바로
지적 능력의 평등인데, 여기서 평등이란 불평등의 차이를 최
대한 줄여 도달해야 할 어떤 목표가 아니라 먼저 전제되어야
할 하나의 정치적 원칙이라는 의미를 갖는다. 이와 관련해 우
리는 『무지한 스승(Le maître ignorant)』(1987)과 『해방된 관
객(Le spectateur émancipé)』(2008)을 읽을 수 있을 텐데, 과
거 알튀세르의 이론적 자장(磁場) 안에 함께 있었던 발리바르
(Balibar)의 '평등-자유(égaliberté)' 개념과 이러한 랑시에르
의 평등 개념을 비교해보는 일 또한 가능할 것이다.

4. 랑시에르를 어떻게, 그리고 왜 읽을 것인가
예술과 정치, 그리고 해방의 의미와 전망

해방이란 무엇이며, 또한 무엇으로 파악되고 실천되어야 하는가? — 랑시에르의 정치[와] 철학이 궁극적으로 묻는 물음은 바로 이것이다. 그리고 앞서 함께 살펴봤던 대로 우리는 이 물음을 랑시에르가 제시하는 감각적/감성학적/미학적 차원에서 다시 물을 필요가 있다. 이는 이론적이고 실천적인 측면에서 하나의 개

념 혹은 하나의 사유가 수행해야 할 투쟁이 결국 볼 수 있는 것
과 말할 수 있는 것과 사유할 수 있는 것을 어떻게 새롭게 분할
할 수 있는지에 관한 싸움이 된다는 사실을 역설하고 있는 것.
따라서 현재 우리에게 필요한 것은 어쩌면 '미학주의'라는 병증
에서 '미학-정치'로의 결정적 전회일지도 모른다. 그리고 바로
이 점에서 랑시에르의 논의는 우리에게 여러모로 시사하는 바
가 크다. 1990년대 이후 국내에 불어닥친 이른바 '포스트모더
니즘'의 폭풍 후에 우리 예술계는 아직도 그 '잔재'를 청산하려
고, 혹은 여전히 그 '잔여물'을 향유하려고 노력중인 것처럼 보
인다. 물론 여기서의 '노력'이란 의식적이고 의도적이며 적극적
인 행위라기보다는 이제는 하나의 타성이자 한계에 더욱 가까
운 것이 되었지만, 그렇게 '익숙한' 것이 되었다고 해서 포스트
모더니즘적 '탈정치'의 행보를 일견 진보의 대안처럼 떠받들었
던 '유사-좌파적(pseudo-leftist)' 몸짓들이 결코 마르크스의 유
령과 자본주의의 생령으로부터 완전히 벗어난 것처럼 보이지
는 않는다. 다소 거친 일반화의 위험을 무릅쓰고 말하자면(그
러나 이러한 일반화의 시도에 앞서 먼저 물어야 할 물음은, 과
연 '한국의' 예술계라고 하는 것이 이러한 명명에 걸맞은 하나
의 온전한 형태로 존재하는가 하는 질문일 텐데), 한편에는 세
계화(globalization)라는 가면을 쓰고 여전히 '가장 한국적인 것
이 가장 세계적인 것이다' 따위의 슬로건을 외치고 있는 속류
'세계시민주의(cosmopolitanism)'가 존재하는 반면(이는 사실
극단적 민족주의의 가장 저속한 변종에 다름 아닌데), 또 한편
에는 가장 개인적인 '내면-풍경' 안으로만 계속해서 침잠해 들

어가는, 말하자면 소통 부재가 아예 그러한 '부재'의 형식 그대로 '보편화'되어버린 예술적 '시온주의(Zionism)'도 존재하며 (이는 사실 거의 종교화된 고립주의에 다름 아닌 것), 또다른 한편으로는 모든 '정신적'이고 '이성적'인 것들을 과감히 거부한다는 명목으로 오로지 몸에만 맹목적으로 집중하고자 하는 사이비 '유물론/물질주의(materialism)' 또한 존재하고 있다(이는 사실 어떤 '철학의 빈곤'을 자백하는 또하나의 뒤틀린 '정신주의'가 되고 있는 것). 이러한 우리의 '감각적 풍경'을 감안한다면, '감각적인 것의 나눔'이라고 하는 미학-정치적 지반을 문제삼지 않는, 보다 일반적으로 말해 미학과 정치의 표리 관계를 문제삼지 않는 예술이 이른바 '미학주의'라는 심각한 '절대성'의 병증에 빠지게 되는 것은 어쩌면 당연한 수순이라고 하겠다. 예술이 정치로 '변질'되었다는 비난보다 오히려 예술이 '예술'로 변질되었다는, 일견 동어반복처럼 보이는 비난을 면할 수 없는 상황이 도래한 것이다.

그러므로 새삼 문제가 되는 것은 예술을 어떻게 다시금 '정치적' 기반 위에 정초할 것인가 하는 물음이 되고 있다. 이만큼이나 '진부하게' 들리는 질문이 또 있을까? 하지만 이것은 단순하게 소위 사회주의 리얼리즘의 가장 극악한 형태인 프로파간다로서의 예술로 다시 회귀하자는 것도 아니고, 사회성 짙은 고발정신으로 철저히 무장한 협소한 의미의 '정치적' 작품들만을 양산하자는 것도 아니다. 랑시에르가 여러 곳에서 꾸준히 강조하고 있듯이, 그의 논의는 예술과 미학의 배후에 언제나 정치적 의도나 목적이 도사리고 있다는 환원주의적 음모 이론의 아류도 아니며, 또한 더군다나 예술의 사회적 성격과 영향 관계를 기술하는 예술사회학의 변종은 더더욱 아니기 때문이다. 예술의 '예술성'이 그렇게 즉물적으로 오는 것이 아니듯, 예술의 '정치성' 또한 그래서 더욱더 그렇게 즉물적으로 오는 것일 수 없다. 따라서 일차적으로 주목해야 할 가장 중요한 문제는 우리가 속해 있는 예술적/미학적/감성학적 장르와 환경과 문법에 대한 정치적 자각과 인식이 우리에게 그 무엇보다도 더 절실해진 시기가 도래했다는 사실일 것이다. 따라서 우리는 같은 물음을 조금 다른 방식으로, 어쩌면 거꾸로 된 순서로 물어야 하는 것인지도 모른다. 곧 문제는 정치라는 것을 어떻게 미학/감성학에 대한 사유 위에, 곧 감각적인 것의 나눔이라는 불화와 불일치의 과정 위에 정초할 것인가 하는 물음이 되고 있는 것. 랑시에르의 사유가 현대 정치철학에 가장 독창적이고 효과적으로 기여한 부분은 바로 이러한 정치와 미학 사이의 새로운 관계 설정에 있다고 하겠다.

그렇다면 우리는 이 불화와 불가능성 자체의 어떤 '가능성'을 외면할 것인가? 현재의 상황에서 자주 간과되고 있는 사실은 이 모든 예술적 사고와 행위가 하나의 '역사적' 체제에 속한 것이며 정치는 이러한 감각적의 것의 분류 체계와 위계를 통해서 비로소 기능하고 있다는 바로 그 점일 것이다. 예술이 지녀야 할 어떤 정치성이 '사안적'인 것이라기보다는 '구조적'인 것이 되어야 하는 이유, 그리고 우리가 하나의 '가능성'에 주목하기보다는 무엇보다도 예술과 정치가 지니고 있는 사법적이고 문법적인 테두리 그 자체의 존재 조건인 '불가능성'에 주목해야 하는 이유가 바로 여기에 있다. '소통'을 말하기는 쉽지만, 그러한 소통을 위한 우선적인 전제 조건으로서 '불화'의 불가능성 자체에 천착하는 일은 보다 근본적인 것이고 또한 보다더 많은 힘을 필요로 하는 것이다. 무엇보다 수많은 이들이 그만큼이나 수많은 자신만의 방식들로 입에 담는 '민주주의'라는이름 자체가 바로 이러한 불화와 불일치의 불가능성, 그 '가능성'의 정치 속에서의 주체화 과정에 다름 아니기에. 랑시에르를어떻게 읽을 것인가, 아니 왜 읽을 것인가? 우리는 랑시에르 안에서 단어들의 어원과 개념들의 역사에 대해 다시금 사유하고,감성에 대한 분배와 미학적 체제로서 정치의 개념을 다시금 정립하며, 또한 몫 없는 자들이 자신의 몫을 셈하는 주체화 과정을 목격한다. 다시 말해서, 역사에 대한 독서는 가장 현재적이며 또한 가장 정세적인 요소들에 대한 주의를 환기시키고, 미학에 대한 독서는 감각적인 것의 분할과 배분으로서의 정치 과정을 인식하게 하며, 그리고 정치와 평등에 대한 독서는 해방의 정의와 향방에 대한 물음을 내포한다. 이러한 모든 과정들을현재의 이론적이고 정치적인 맥락 안에서 읽어내고자 하는 어떤 의지 안에 아마도 우리가 랑시에르를 '읽을' 수 있는 하나의독서법이 존재할 것이다. '어떻게' 읽을 것인가라는 질문은 또한 '왜' 읽는가라는 질문에 대한 대답이기도 하기에. 그리고 감각적인 것의 한밤은 또한 가장 정치적인 것의 한낮을 준비하고있는 시간이기도 하기에.

이름과
호명의

미
학,

4

고유명과
국적과
성별의
정치 ①

0. "동해물과 백두산이
마르고 닳도록……"이라는 가사

하나의 바다를 가리키는 두 개의 이름, 혹은 '여기'라는 대명사와 고유명. 그렇다면 여기서, '여기'는 어디인가. 다시 말하자면, 지금 여기서 '여기'란 어디를 가리키는 이름인가, 어떤 장소를 지칭하는 이름인가, 혹은 누구를 부르는 이름인가. 또한 새삼스럽고도 새롭게 되묻자면, '여기'란, 상대적으로 달라지는 어떤 장소를 그때그때 새롭게 가리키는 대명사인가, 아니면 차라리 언제고 오직 하나의 장소만을 익숙하게 가리키는 하나의 절대적인 고유명인가. 이 질문을 위해 하나의 (혹은 두 개의) 지도에서 시작해보자. 한국과 일본 사이에 펼쳐져 있는 저 바다를 뭐라고 불러야 할까, 아니, 뭐라고 '부를 수는' 있을까. 우리(그렇다, 나는 일단 '우리'라고 발설하고/했고 이미 '우리'라고 발음한다/했다), 한국인들은 — '주지(周知)'하다시피 — 이 바다를 '동해(東海)'라는 이름으로 부른다. 말 그대로, '동쪽에 있는 바다'라는 뜻으로, 그렇게, 그런 이름으로 부른다(그러므로 당신은, 나의 저 주어를, 말 그대로, 다시 잘 읽어야 한다, 나는 저 '우리'라는 주어에 언제나 기시감 같은 경기와 구토증 같은 혐오를 일으킬 정도의 경계심을 품고 있으므로). 다시 한번 주지하다시피, 일본인들은 똑같은 바다를 '일본해(日本海)'라는 이름으로 부른다(또한 당신은, 나의 저 '주지'의 부사어를, 말 그대로, 주의깊게 읽어야 한다, 우리는 항상 '주지하다시피'라는 말이 드러내고 행사하는 가장 근본적인 폭력성의 문법에 매혹되는 동시에 압살되므로, 더 정확히는, 그렇게 매혹되고 동시에 압살되는 것을 모르는 채로 바로 그렇게 되므로). 이는 말 그대로, 곧 '말 그대로' 말하자면, '일본의 바다'라는 뜻이겠는데, 그러나 여기서 이 말을 '말 그대로'라는 (말 그대로) 지나치는 말로 부연해서 설명하려고 할 때부터, 바로 그 순간부터 어떤 문제가 발생한다. 그리고 이 문제는 무엇보다 **이름**의 문제이다. 이 '일본해'라는 이름은 '말 그대로' 일본의 바다라는 뜻을 갖는가. 여기서 소유격 조사 '의'의 의미는 무엇인가. 그것은, 말 그대로, 어떤 **소유**의 관계를 나타내는가. 그런데 대부분의 한국인('우리')은 ─ 자, 여기서 우리는 더이상 '한국인'이라는 저 국적의 호명을 괄호 안에 묶을 수 없다 ─ 그 이름이 이렇듯 어떤 실제적이고도 실효적인 '소유관계' 혹은 '지배관계'를 나타낸다고 생각하면서 그렇게 열을 올리며 비분강개하지 않는가. 혹은, 여기서 '소유'라는 말은 법적이거나 경제적인 권한의 문제가 아닌 단순한 문법적 관계를 가리키는 규정어인가. 그런데 우리는 그 말이 이렇듯 '단순한 문법적 규정'이 될 수만은 없다는 사실을, 곧 하나의 이름은 '단순한 이름'의 지위를 넘어 어떤 신비한 힘을 지니고 있다는 사실을 전제하고 인정하면서 또한 그렇게 열을 올리고 있지 않은가. 바로 이러한 질문들 때문에[라도], 하나의 바다를 '동해'라고 부를 것인가 혹은 '일본해'라고 부를 것인가 하는 문제는 민족적이고 국가적인 자존심이나 자긍심 따위의 문제를 훨씬 상회하는 문제, 곧 **근대 국민국가라는 정치적 체제 그 자체가 기반하고 있는 미학적 이데올로기**라는 문제가 된다. 하여 나는 이 바다의 이름(들)을, 하나의 바다를 가리키는 이 두 개의 이름(들)을, '여기'라는 상대적이고 절대적인 대명사이자 고유명을, '여기서' 일종의 화두로 삼고자 한다, 국가라는 괴물에 대처하는 '우리'의 자세에 대해 말하기 위하여 (그러므로 여기서 저 '우리'라는 이름 또한 하나의 '자연스러운' 대명사이자 동시에 '낯선' 고유명이 되고 있지 않은가).

　　이러한 '여기'의 문제들을 바로 '여기'까지 되물었을 때, 이 문제들은 단지 '일본해'라는 이름을 둘러싼 '국지적'인 국경 분쟁의 구체적 문제이기를 그치고, 우리가 매우 당연한 듯 지나친 저 첫번째 이름, 곧 '동해'라는 이름을 둘러싼 '국가적'인 이데올로기의 추상적 문제로 옮겨간다. 다시 말해 '동해'라니, '동쪽에 있는 바다'라니, 어디의 동쪽, 누구의 동쪽이란 뜻일까. '이거 왜 이래(우리가 남인가)', '어디라니', '(소위) 대한민국(이라는 나라)의 동쪽이라는 뜻이지 않은가', '왜 이렇게 당연한 걸 되묻는가', '우리'라는 이름의 누군가는 이렇게 연이어 반문할지 모른다. 그리하여 여기서 바로 이 '여기'라는 장소의 이름은 다시 한번 상대적인 대명사와 절대적인 고유명 사이에서 동요하고 요동한다, 그 사이를 줄을 타듯 왕복한다, 복기한다. 그러나 이번에는 그 '우리'에 속하는 것으로 전제되는 '내'가 반문하자면, 이는 말 그대로, 너무나 당연하지 않은가. 그런데 그것은 정말 그렇게 당연한가, 그 당연함을 이루는 보이지 않는 전제, 근거 없는 근거는 과연 무엇인가. 그리하여 또한 다시금 되묻자면, 이러한 이름은, 그리고 우리가 그 바다를 그러한 이름으로 부르는 이유는, '말 그대로', 하나의 당연하고 자연스러운 이름인가. 그러나 예민하게 구분하자면, 나는 여기서 지극히 상대적일 수밖에 없는 방위[東]의 개념을 한 바다의 이름에 절대적 고유명으로서 포함시킨 이러한 명명법이 지닌 어떤 자기 본위적인 성격[만]을 문제삼으려는 것은 결코 아니다. 어쩌면 이 문제는, 말 그대로, 지극히 당연하다, 아마도 저 '우리'라는 주어에게는, 말 그대로, 지극히 자연스럽다(우리가 스스로를 '우리'라는 이름으로, 즉 그 자체가 이미 하나의 상대적 대명사이자 절대적 고유명인 '우리'라는 명칭으로 부르는 한에서, '동해'라는 그 바다의 이름은 너무도 당연하고 너무도 자연스럽다). 문제는 바로 이러한 자기 본위(本位)적 성격을 지닌 일견 '중립(中立)적'인 것으로 보이는 이름에 담겨 있는 어떤 지독한 '편향성(偏向性)'이다. 그리고 여기서 '우리'란 이러한 편향성 안에 지극히 '편향적'으로 묻혀 있는 들리지 않는 주체, 곧 그러한 편향성 안에 비가시적으로 매몰된 주어이기도 하다. 여기에는 어떤 하나의 미학이, 그것도 **눈먼 미학**이 놓여 있다. '동해'라는 이름이 우리에게 일견 '중립적'으로 여겨지는 것은, 우리가

그 이름을 매우 당연하고 자연스럽게 부를 때 그 이름이 감추
고 있는, 그렇게 감추면서 행하고 있는 어떤 중요한 작용을 거
의 의식하지 못하기 때문이다. 그 이름에서 우리가 놓치고 있는
것은, 우리가 평소에 잘 생각하지 못한다고 (누군가로부터, '우
리'로부터) 질책을 받는 '애국심' 따위가 아니라(여기서 잠시
영화 〈친절한 금자씨〉의 저 유명한 대사를 빌리자면, '나'는 '우
리'에게 '너나 잘하세요'라고 말한다), 지극히 중립적이면서 동
시에 편향적인 방위의 개념을 통해 하나의 지명을 규정하고 있
는 어떤 미학적인 이데올로기이다. 즉 '여기'라는 상대적 대명
사 안에 숨겨져 있는 어떤 절대적 고유명의 미학적 이데올로기
가 바로 그것. '동해'라는 이름은 사실 '한국해(韓國海)'라는 이
름을, '한국의 동해'라는 '본명(本名)'을 숨기고 있는 어떤 이름
인 것, 그래서 그것은 사실 '대명사'의 외양을 쓰고 있기는 하나
반대로 하나의 '고유명'이 되는 것, 그래서 더욱 착종적인 이름
이 되는 것, '여기'라는 불특정하고 상대적인 이름으로 지칭되
는 하나의 특정한 절대성인 것. '우리'라는 주체/주어는 '동해'
가 '일본해'라는 이름으로 불릴 때 '국적의 침탈'을 느끼며 불쾌
해하는 듯 보이지만, 다시 말해 '동해'라는 일견 '중립적'인 이름
이 '일본'이라는 편향된 국적성에 의해 오염되는 듯 느끼며 분
개하는 것처럼 보이지만, 실은 반대로 '동해'라는 이름 자체가
지니고 있는 저 국적의 성격과 저 침탈의 성격은 전혀 보지 못
한다. "동해물과 백두산이 마르고 닳도록"이라는 저 '아름다운'
가사로 시작하는 애국가(愛國歌)를 우리가 다시금 눈여겨보고
귀기울여 들어봐야 하는 이유이다(그러므로 덧붙이자면, 애국

가를 어떻게 그리고 왜 불러야 하는가를 묻는 질문은, 소위 '종
북'의 전유물이 아니라, '국민'의 지위를 문제삼는 '우리' 모두의
질문이며 또한 그런 질문이 되어야 한다). 지극히 당연하며 진
부하게까지 느껴지는 저 애국가의 가사는 바로 이러한 '아름다
움'의 정서와 '국적'의 이름을 둘러싼 하나의 미학에 근거하고
있기 때문이다, '여기'라는 대명사가 '여기'라는 고유명과 합착
되는 바로 그 지점에, 바로 그 미학적 장소에, 다시 말해, 바로
'우리'의 '여기'에.

　　그렇다면 유럽과 아프리카 '사이'에 놓여 있는 '지중
해(Mediterranean Sea)'라는 또다른 바다의 이름 역시 상대
적 대명사일 것인가 절대적 고유명일 것인가. 그것이 고유명
이거나 대명사라면, 왜 세계의 다른 모든 '지-중(地-中, medi-
terranean)해'들은 저 '지중해'가 지닌 고유명의 고유성을 기소
하거나 그 보통명사의 보편성을 주장하지 않는가.

1. "구미(歐美)에서는 상상도 못할 일……"이라는 문형

그렇다면 왜 '여기'는 무엇보다 가장 먼저 어떤 '아름다움'의 장소, 혹은 그러한 '아름다움'을 둘러싼 미학적 투쟁의 장소인가. 게다가 그것은 왜 또한 저러한 '이름'들을 둘러싼 투쟁이 되고 있는가. 여기서 잠시 이 문제를 에둘러 가보자(내가 항상 이렇게 에둘러 가는 길을 선택하고 사랑[까지]하는 데에는 그럴 만한 이유가 있는데, 그 우회의 길에는 급행의 길 안에는 존재하지 않는 어떤 일말의 '진리'가 있다고 생각하기 때문이고, 그 '일말의' 진리야말로, 그 '전체 아닌' 진리야말로, 실은 [거의] '전부의' 진리[가 될 수 있는 것이]라고 생각하기 때문이며, 따라서 이러한 길에 대한 선택과 사랑은, 어쩌면 선택할 수 없는 '불가능한' 것에 대한 지극히 '가능한' 선택과 사랑이라고 느끼기 때문이다). 일례로 우리에게는 '구미(歐美)에서는 상상도 못할

일'이라는 진부하리만치 익숙한 하나의 문형이 있다. '선진국에
서는 상상도 할 수 없는 일'이라는 보편성을 대변하는 '뉴욕에
서는 상상도 못하는 일' 등의 문법적 사례들. 주지하다시피(그
렇다, 다시 한번 '주지'하다시피), 이 문형은 다음과 같은 매우
'익숙한' 방식과 사례를 통해 사용되곤 한다. "우리 사회에 이러
한 인권의 사각지대가 있었다니, 이는 미국 사회에서는 상상도
못할 수치스러운 일이다" 혹은 "이렇듯 국회 안에서 날치기가
횡행하고 폭력이 난무하다니, 이는 유럽 의회에서는 상상도 못
할 해외 토픽감이다" 등등.

　　　그러나 이러한 진부한 문형들을 일거에 각성케 하는 명
문이 있었으니, 그 일례로『뉴데일리』라는 인터넷 언론의 낡은
(그러나 바로 그 '낡음' 때문에라도 여전히 가장 '현재적'일) 기
사 한 토막을 살펴보자. 그 당시에는 김진숙 씨가 여전히 크레
인 위에 올라가 있었고 '희망버스'가 오갔던 저 한진중공업의
영도조선소가 군함 등의 군사 장비를 생산하는 국가 보안 시설
임을 강조하면서, 이 언론은 이 '가장 중요한' 국가적 사실을 모
른다고 상정된 '무지'하고 '비애국적'인 자들에게 다음과 같이
근엄하게 일갈한다(그런데 여기서 진짜 '무지'한 것은, 진짜 '비
국민적'인 것은, 과연 누구인가).

　　　이런 중요시설에 '희망버스'라는 정체불명의 시민단체
　　　차량을 내세우고, 각목과 쇠파이프를 들고 사다리를 이
　　　용해 침입한 것이 자랑스럽게 언론에 올라올 정도라는
　　　것은 총체적인 국가 혼란 상태를 의미한다. 공권력의 힘

이 강력한 러시아나 중국은 말할 것도 없고, 미국이나 유럽의 어느 국가였더라면 A급 국가 보안 시설에 무기를 들고 난입한 자들은 경비 병력들에 의해 무력 저지(경고 사격 후 실탄 사격)되었을 것이다. 도대체 한국의 국가 보안 등급 시설물을 지키고 있는 군과 경찰 병력들은 무엇을 하고 있었는가?[*]

이 땅의 우익은 모두 죽었는가, 하고 절규하듯, 마치 탁 하고 치니 억 하고 죽었다고 했던 그 똑같은 심정과 그 똑같은 정서로, 이 실로 거대한 엄살을 떨고 있는 문장을, 우리는 함께 읽는다(그러나 '여기'에서 이 글을 함께 읽는 '우리'는 또한 누구인가), 이 시대에, 마치 하나의 진기한 기적처럼, 드물지만 동시에 고귀함 없이, 헤프지만 동시에 남루함 없이, 그렇게 함께 읽게 된다.

반복하자면, 그렇게 나와 당신은 저 기사를 이미 함께 읽었다, 이미 오래전에 읽었고 잊었으며, 지금 다시 오랜만에 읽었고 또 잊을 것이다. 저 진부한 문형('구미에서는 상상도 못 할 일……')이 이 얼마나 참신하게 사용된 사례인가. '미국이나 유럽의 국가였다면 상상도 할 수 없는 일'이라고 말하면서 저 언론이 부러워하고 있는 어떤 '선진국'의 위용이란, 바로 저 무지하고 무례한 폭도들을 일거에 총살시킬 수 있는 어떤 애국적 '용기', 곧 그런 불순분자들을 일거에 절멸시킬 수 있어야 한다고 말하는 어떤 국민국가적 '애국심'이며 그러한 애국심에서 피어나는 한 '국가'의 상(像)인 것.

[*] 『뉴데일리』 2011년 6월 27일 기사 「한국 공권력은 죽었다?」 참조. http://www.newdaily.co.kr/news/article.html?no=83611

프란시스코 고야(Francisco Goya)의 그림 〈1808년 5월 3일〉(1814)과
파블로 피카소(Pablo Picasso)의 그림 〈한국에서의 학살〉(1951)
사이의 병치. 이 '절멸'의 신화는 왜 역사 안에서 다양한 욕망의 형태로
반복되는가. 그리고 '저들'의 절멸에 맞서는 '우리'의 절멸은 어떤 것이어야
하는가.

그렇다, 나와 당신은 이 글을 이미 함께 읽었다, 그리고 그렇게 여전히 함께 읽고 있다, 믿을 수 없게도, 말하자면 다른 나라도 아닌 소위 '자랑스러운 대한민국'의 한 언론 지면에서, 그렇게 초현실적으로 함께 읽고 있다(그렇다면 저 '자랑스러움'이란 누구를 위한 자랑스러움이었는지 '여기'에서 보다 확연하게 드러나지 않는가). 자, 그렇다면, 만약 정말로 '구미에서는 상상도 못할 일'이 존재한다고 한다면, 그것은 과연 어느 쪽일 것인가. 국가 보안 시설을 제멋대로 침탈하는 폭도들을 향해 사격도 한번 제대로 하지 못하는 저 '무력한' 군대와 경찰일 것인가, 아니면 국민을 향해 총부리를 겨누라고 종용하며 강권하는 저 대쪽 같고 위엄 어린 '자유 언론'일 것인가. '여기 우리'에게는 없고 '저기 구미'에는 있는 것, 그것은 과연 무엇이고 또 과연 어느 쪽인가.

　　　나는 바로 '여기'에서, 위의 주장과 정확히 정반대에 위치한 하나의 반례를 생각하게 된다. 마이클 무어(Michael Moore)는 그의 다큐멘터리 〈자본주의: 러브 스토리(Capitalism: a Love Story)〉(2009)에서, 어쩌면 오히려 반대로 '한국에서는 상상도 할 수 없는 일' 한 가지를 언급하고 있다고 할 수도 있다. 1936년 제너럴모터스 노동자들의 대규모 파업이 있었을 때 프랭클린 루스벨트(Franklin Roosevelt) 대통령은 그곳에 군대를 파견한다. 왜 그는 노동자들의 파업 현장에 군대를 파견했을까. 그 노동자들을 진압하기 위해서? 말하자면 그들을 위협하거나 그들에게 발포하기 위해서? 전혀 그렇지 않았다. 군대의 총구는 노동자들이 아니라 바로 사측의 용역과 구사대를 향했던 것. 말하자면 루스벨트는 노동자들을 보호하기 위해서 군대를 파견했던 것이다. 바로 이 지점에서 저 '자유 언론'의 말을 그대로 비틀어 그들에게 다시금 되돌려주자면, 이는 실로, 경찰이 오히려 용역 깡패를 비호하고 서민과 노동자를 폭도로 규정하며 죽음에 이르기까지 진압하는 바로 이곳 '한국에서는 상상도 할 수 없는 일'이 아닌가. 용산 참사가 그러했고, 두리반 사태가 그러했으며, 명동 카페 마리 때가 또한 그러했다. 쌍용자동차 해고 노동자 투쟁 때는, 그리고 세월호 유가족들의 집회 때는 그렇지 않았던가. 부당한 해고를 철회하라는, 이어지는 허망한 죽음들의 원인을 해결하라는, 그리고 사건의 진상을 조사하여 책임을 물으라는 이 지극히 중립적으로 보이는 당위적 요청들이, 어떻게 '진압'과 '절멸'을 필요로 하는 폭도의 외침으로 뒤바뀌게 되었는지, 그리고 또 누가 어떤 이름들로 그렇게 뒤바꿨는지, 또다른 '우리'는 너무나 잘 알고 있다, 그 또다른 '우리'는 그 잔혹상을 너무나 잘 보았고 또 그 비명들을 너무나 잘 들을 수 있었다. 그리하여 나는 다시 묻는 것이다. '구미에서는 상상도 할 수 없는 일'이란, 혹은 (반대로) '한국에서는 상상도 할 수 없는 일'이란 과연 무엇인가. 우리에게는 없고 저들에게만 있는 것, 우리에게만 있고 저들에게는 없는 것이란, 그 부재하는 동시에 존재하는 '아름다움'의 기준과 범주란, 그 미학적 이데올로기의 체제란, 곧 그 상상 가능한 것과 상상 불가능한 것 사이의 경계, 보고 듣고 생각할 수 있는 것과 보고 듣고 생각할 수 없는 것 사이의 간극이란, 정말 무엇인가.

마이클 무어 감독, 〈자본주의: 러브 스토리〉의 한 장면.

되묻자면, 진정한 '범죄 현장(crime scene)'이란
과연 어디인가, '여기'인가, '저기'인가.

2. "우리가 선진국으로
진입하기 위해서는……"이라는 당위

그렇다면 저 '구미에서는 상상도 못할 일'이라는 문형은 어째서 이토록 계속해서 다양한 형태로 반복되고 변주되는 것일까. 어째서 저 모든 '상상 가능한 것'에 관한 담론들이 이토록 특정한 장소나 지역을 중심으로 그렇게 '환상적'이고 '허구적'으로 구성될 수 있는 것일까. 'orange'를 '아린지'라고만 발음해야 한다고 가르치고 또한 그러한 발음법만이 세계화 시대의 '진정한' 생존 전략임을 인식해야 한다고 가르치는 이 '식민지' 국가 안에서, '구미에서는 상상도 할 수 없는 일'이라는 이 협박과 공갈의 문형은 하나의 영속적인 지배 규준으로 기능한다(그러므로 또한 '진정한' 식민지 국가란, 상상 가능한 것과 상상 불가능한 것의 범위와 경계를 규정하고 제한하는 하나의 미학적 체제 그 자체이다). 그리고 그 지배적 규준이란 '선진국-개발도상국-후

진국'이라는 절체절명의 분류법 속에서 작용한다. 그렇다, 이것
은 무엇보다 하나의 분류법(classification)이며, 오직 그것이 이
렇듯 하나의 분류법인 한에서만, 그것은 '도약'이냐 '낙후'냐 하
는 절체절명의 정치경제적 문제를 자신의 핵심이자 중핵으로
갖는 하나의 미학-정치적 체제이다. 그러나 이 땅에서 때때로
발생하곤 하는 일들이 전혀 상상조차 할 수 없는 그런 곳으로
설정된 저 '선진국'이란, 언젠가는 도달할 수 있는 하나의 발전
단계로 설정된 상태가 아니라, 오히려 그렇게 계속해서 **지연**되
고 **유예**됨으로써만, 오직 그렇게 지속적으로 **연기**됨으로써만,
하나의 전범이자 모범이자 규준으로 기능하게 되는 그런 뒤틀
린 욕망의 장소이다. 그곳은 언제나 '없는 곳'의 자격과 위치로
서만 우리의 '있음'을 규정하는 하나의 '유토피아', 그 어원적
의미에서 언제나 그렇게 '여기에 없는 장소'이기에 거꾸로 우리
의 '여기 있음'을 조건짓는 하나의 비-장소이다. 그러므로 '우
리'는 '선진국'에 결코 도달할 수 없을 것이다. 왜 그런가. 죽었
다 깨어나도 소위 '한국인의 국민성'은 선진국 진입에 맞지 않
는 전근대적 요소들을 결코 버릴 수 없을 것이기 때문에? 그런
단순한 층위의 문제가 아니다. 문제는 선진국 진입의 가능성과
불가능성의 조건들 그 자체가 아니라, '선진국'이라는 언어적/
미학적 단계가 하나의 허구적/정치적 전범으로 기능하고 있는
한, 곧 그러한 부재의 존재 조건으로 작동하고 있는 한, 그래서
우리가 그 허망한 욕망의 문법과 지연의 체제를 직시하지 않는
한, 우리는 결코 '선진국'에 도달할 수 없다는 바로 그 사실 자
체이다(노파심에서 반복하자면, 여기서의 문제는 '우리'가 선

진국에 '도달'할 수 있는가 없는가 하는 '능력'의 문제 역시 결코 아니다). '선진국'이라는 미학적 개념은 역설적으로, '선진국'에 영원히 도달하지 않[아야 하]는 체제, 그렇게 언제나 지연되고 유예되는 개념만을 통해 반드시 '선진국이 아닌' 상태로 유지될 필요가 있는 체제, 오직 그러한 영원한 '연기'만을 통해서야 비로소 지속될 수 있는 체제, 바로 그런 체제에서만 유효한 정치적 개념인 것이다. 그리고 이러한 정치적 개념이 기반하고 있는 하나의 미학적 체제가 바로 '우리'가 몸담고 있고 속해 있는 바로 이 체제이다. 다른 사람들이 볼 수 없도록 누군가를 크레인 위에서 '치워버려야' 한다고 생각하는 한, 그리고 용역이든 경찰이든 그 무엇을 동원해서라도 누군가를 재개발구역에서 '몰아내버려야' 한다고 생각하는 한, '우리'가 오매불망 불철주야 노력하고 경주하는 저 '선진국 진입'이라는 허상의 목표는 여전히 요원하다. 그리고 동시에 이러한 모든 폭력들의 정당화는 역설적으로 바로 그러한 '선진국'의 이미지, 영원히 도달할 수 없어야 하지만 동시에 언젠가는 도달할 수 있을 것만 같이 상상되어야 하는 이미지에 의해 이루어지는 것이다. 그러므로 실은 저 '선진국'이라는 개념은 바로 그러한 허상의 목표가 지닌 '요원함' 자체를 무기로 삼아 지배하고 군림하는 것, 다시 말해 이러한 '선진국'의 개념은 역설적으로 '선진국'이 될 필요도 없고 되고 싶어하지도 않고 되어서도 안 되는 체제 안에서만 가장 '유효'한 것으로 기능하고 가장 '현실적'인 것으로 작동하는 강력한 미학-정치적 개념의 한 장치가 되는 것.

나는 여기서 '우리'가 '선진국'이 될 수 없다고 선언함으

이명박 대통령
우리는 나가서 법을 위반한 사람, 폭력한 사람 (진압)하다가
잘못하면 우리만 당한다. 이렇게 하면 누가 나가겠습니까?

용산의 기억과 망각

그들이 원하는 '선진국'으로 가는 데 방해가 되었던 사람들에게 그들이
어떻게 대했는가를 우리는 지금도 매 순간 망각하고 있다. 그러나 실은
더 적확하게 말하자면, 그들이 결코 원하지 않는 '선진국'으로 가려고
하는 사람들에게 그들이 어떤 식으로 대하고 있는가를, 우리는 또한 매
순간 망각하고 있기도 하다. 그리고 가장 무서운 것은 아마도 이러한
두번째 망각일 것이다. 왜냐하면 여기서 '선진국'이라는 이름은 대단히
폭력적으로 전유되고 있으며 '다른' 선진국 개념의 가능성은 원천적으로
봉쇄되거나 말소되고 있기 때문이다. 따라서 '이름'의 문제는 바로 이러한
'망각'과 '기억'을 둘러싸고 제기되는 어떤 투쟁의 장소이다. 그리고 바로
'세월호'라는 이름의 돌이킬 수 없는 하나의 사건 이후, 우리는 이러한
도래하는 '선진국'으로서의 한 국가의 이미지가 어떠한 전략과 침몰을
겪게 되는지 똑똑히 목격하게 되었다.

로써 모종의 패배주의와 허무주의를 유포하고 있는가. 전혀 아니다. 그렇다면 당신은 이 글을 완전히 오독한 것이다. 그러나 동시에, 이것이 전혀 아닌 이유는, 당신이 생각하는 이유와 전혀 다르다. 내가 그럼에도 '선진국이 될 수 있다'는 희망을 버려서는 안 되는 어떤 당위를 이야기하려는 것도 아니기 때문이며, '선진국'이 되는 어떤 다른 길이 있다는 사실을 강조하려고 하는 것도 아니기 때문이다. 중요한 것은 따로 있다. 보다 중요한 것은, 소위 '구미에서는 상상도 못할 일'이라는 저 선진의 문형으로 이 땅의 '후진성'을 짐짓 진단하고 '선진화'의 필요성을 확고히 강조하는 우리들 자신이 믿든지 믿지 않든지, '우리'는 바로 그 '선진국'이라는 환상의 체제를 통해서, 바로 그 '개발도상국-선진국'이라는 허구적 발전 단계 도식을 통해서, 그렇게 지배하면서 동시에 지배받는다는 사실이다. '우리'라는 이름의 '국민'은 '선진국'을 앞당기고 싶어하는 것이 아니라 오히려 이 모든 과정들을 끊임없이 유예하고 지연함으로써 바로 이 현재의 체제를 공고하고 확고하게 만들기를 원하는 것이다. 그러한 유예와 지연을 욕망하고 있는 것은 어쩌면 '우리'라는 이름의 주체들 바로 자신이다. 아마도 이것이 바로 '우리'의 욕망이 지닌 진짜 모습일 것이며, '우리'가 왜 진정한 선진화를 주장하는 다른 많은 목소리들을 언제나 그렇게 폭력적인 방식으로 잠재우는가 하는 궁금증이 여기서 풀릴 수 있다.

　　하여, 바로 이 지점에서 다시 묻자면, 왜 '우리'는 어떤 바다를 ['일본해'가 아니라] 굳이 '동해'라고 불러야 한다고 '생각'하는가. 이러한 이름의 문제는 단지 '대한민국'에 사는 이들의 자존심과 애국심을 건 사활의 문제가 아니라, 각각 자국의 '국민'이라는 이름으로 참칭되고 환원되며 소급되는 한국인과 일본인이 모두 같이, 오히려 저 국가라는 괴물을 공동으로 마주하여 함께 생각해야 하는 문제가 아닌가. 그러므로 당신이 당신 자신의 자생적이고 민족적인 분노라고 당연히 생각하는 그 '자연스러운' 감정으로 열을 올리고 있을 때, 당신은 어쩌면 저 찬란한 '선진국'이라는 담론에 의해서 가장 '감정적으로' 착취당하고 있는 것, 그 미학적 이데올로기에 가장 정치적으로 종속되어 있는 것이다. (나는 한국이 아닌 '외국'에 사는 많은 한국인들이 세월호 사건이 '세계'에 알려지는 것이 '국가적/민족적 수치'이며, 그러한 이유로 세월호 사건은 '국내'에서만 이야기되고 해결되어야 하는 일이라고 말하는 많은 '재외국민'들을 마주칠 수 있었다. 그들은 바로 세월호 사건 때문에 그 자신들이 '한국인으로서' 수치스러워진다고 생각했겠지만, 정작 그러한 그들의 모습을 보면서 실로 더욱 깊은 수치심과 절망감을 느낄 수밖에 없었던 건 오히려 또다른 '한국인'인 나 자신이었다.) 그러므로 한쪽에는 '이 땅의 자연스러운 아름다움'을 상찬해 마지않는 눈물 나는 국민주의 미학이 존재하며, 그리고 또다른 한쪽에는 이 땅이 '선진국으로의 진입' 따위를 절체절명의 문제로 삼는 국가와는 전혀 별개의 장소임을 깨달은 자들의 미학이 존재한다. 어떤 미학 위에 설 것인가 하는 이 가장 '미학적'인 문제는, 그것이 그렇게 미학적인 문제인 한에서, 오직 바로 그러한 한에서만, 다시금 가장 '정치적'인 문제로 연결되는 것이며, 이는 결국 거꾸로 그러한 정치의 문제가 궁극적으로 미학적 이데올로기의 문제임을 직시하게끔 한다. 하여 나는, 당신과 함께, 저 '이름 없는' 바다를 마주보며, '한국'과 '일본'이라는 이름의 땅 사이에 놓인 어떤 '지중해'를 바라보며, 그 이름 없는 이름을 불러보며, 바로 이 지점에서, 이 에둘러 가는 길을 통해, 다시 시작하고자 한다. 그렇다, 나는 '여기'에서 다시 시작할 것이고, 또한 그렇게 다시 시작할 수밖에 없다, 여기로부터, 여기에로.

　　나는 이 지극히 익숙한 한 장의 지도, 곧 '우리'의 지도에서 다시 시작한다. 왜 우리는 '언제나' 우리의 모습을 이러한 형태로 인지하고 이러한 테두리로 표상하며 이러한 국경으로 설정하는가. 이것은 '세계적으로 공인된' 경계에 의한 어떤 구획을 나타내는가. 아마도 아닐 것이다. 만약 그렇다고 한다면 우리는 정확히 이 이미지의 반쪽만을 인지하고 표상해야 할 것이기 때문이다(소위 '대한민국'은 한반도의 남쪽, 곧 '남한'만의 영토를 표상해야 하기 때문이다). 그렇다면 왜 우리는 '우리' 자신의 지도를 그릴 때 정확히 영토적으로 그리고 적확히 공식적으로 그저 '대한민국'만을 표상하지 않는가. 북한을 하나의 '국가'로 인정하지 않기 때문에(따라서 '남한'이라는 반쪽의 이름 자체도 덩달아 인정하지 않기 때문에). 아마도 한반도 전체를, **미래에 반드시 돌아올**(그러나 실제로는 **과거에도 그렇게 한 번도 '돌아온' 적이 없었던**) '한국'의 '원래적'이고 '원형적'인 형상으로, 그렇게 상정된 하나의 영원한 상상적 기원으로, 그렇게 '미래적'으로, '본래적'이고도 '회귀적'으로 귀환하듯, 그렇게 지연하면서, 그렇게 연기하면서, 항상 그렇게 인지하고 있기 때문에. 그러므로, 보다 적확히 말하자면, 이는 우리가 '우리'라는 개념을 표상하는 하나의 '상상적' 지도이다. 다시 말해 이것은 한반도의 지형을 표시한 단순히 '중립적'인 지도가 아니라, 우리가 '우리' 자신과 우리'나라'라는 개념을 상상하고 표상하는 하나의 '미학적' 지도인 것이다. 즉 이러한 정치적 지도는 또한 '우리'라는 이름을 갖는 주체의 어떤 미학을 표현하고 있다. 하여, 바로 이 지점에서 우리는, 저 익숙한 지형적 테두리 안에 존재하는 보이지 않는 '국경'을 넘나들었던, 그리고 그로 인해 수많은 고초를 겪어야 했던, 저 모든 월경(越境)하는 이들을 기억해야 한다, 잊지 말아야 한다. 다시 한번 이러한 기억과 망각의 문제를 망각하지 않고 기억해내야 한다. 왜냐하면 그들은, 우리가 없는 것으로 상정한 채 전혀 보려고 하지 않았던 어떤 확고하고 완고한 '국경'의 위치를 우리에게 계속 환기시켜준 이들이기에, 그저 부재하는 것으로 믿어버린 채 우리가 쳐다보지 않았던 어떤 치명적 '구획'과 '경계'의 지점을, 그 불편한 진실을 우리에게 계속해서 반복적으로 알려줬던 이들이기에. 그들을 기억하라, 그리고 잊지 말라. 자, 이제, 이렇게 다시 시작한다. 그들의 '이름'을 부르기 위해서, '우리'라는 '일반적 고유명' 뒤편에 가려져 있던 '그들'이라는 '고유한 대명사'를 다시금 환기하기 위해서, 따라서 '여기'라는 중립적 대명사가 감추고 있었던 편향적 고유명을 폭로하기 위해서, 그러나 동시에 '여기'가 또한 그저 여기만이 아니었음을 말하기 위해서, 대명사이자 또한 고유명일 수밖에 없는 '여기'라는 이름의 변증법이 편재(偏在)하는 것임과 동시에 편재(遍在)하는 것임을 이야기하기 위해서, 그래서 다시금, 그 이름(들)의 미학과 정치를 톺아보기 위해서, 봉합되지 않는 통합, 종합되지 않는 변증법으로서의 미학-정치의 풍경들을 목격하고 증언하고 비판하기 위해서.

이름과
호명의

미
학,

5

고유명과
국적과
성별의
정치 ②

3. "우리가 간직함이 옳지 않겠나"라는
의무의 의문문 혹은 당위의 설의법

하여, 나는 하나의 노랫말로부터 다시 시작할 것이다. 송창식이
곡을 쓰고 김민기가 가사를 붙인 〈내 나라 내 겨레〉가 바로 그
것. 이 곡에 대해서는 개인적인 추억이 한 자락 있다. 여기서 나
는 나의 개인사라는 또하나의 우회를 채택한다. 고등학교 때 매
우 존경하던 수학 선생님이 있었다. 그 존경의 이유란, 그의 괴
팍하고 종잡을 수 없는 성격 때문이 아니라(물론 그 성격의 종
잡을 수 없는 괴팍함 또한 내 존경의 어떤 주변적인 이유, 혹은
그렇게 일견 주변적으로 보이지만 가장 결정적일지도 모르는
어떤 이유가 될 수 있었다고도 생각하지만), 입시를 위한 수학
'과목'이라는 개념이야 어찌되든 전혀 상관하지 않고 수학이라
는 '학문' 자체의 중요한 철학적/과학적 지점들을 학생들에게
밝혀주곤 했던(그러나 대부분의 경우, 바로 그런 이유로 해서,

안타깝게도 '일반적인' 고등학생들이 그 말의 의중을 모두 파악하고 받아들이기에는 많은 어려움이 있었던) 그 선생님의 어떤 입장과 태도 때문이었던 것으로 나는 기억한다. 지금은 발간되지 않는 잡지 『외국문학』의 보르헤스(Borges) 특집호를 내게 빌려가서 결국에는 돌려주지 않았던 선생님이었지만(고백하자면, 이러한 개인적이고도 치졸한 '원한' 역시 내게는 중요한 정신적 '자산'이 되며 기억의 '밑거름'이 된다), 어쨌든 나는 그를 존경했다. 경멸하고 저주하던 대상은 한없이 낮게만 보이고, 존중하고 흠모하던 대상은 한없이 높게만 보이던, 그런 시절이었다. 그 선생님이 어느 날, 예의 그 굵은 목소리로, 학생들에게 노래 하나를 들려준다(오직 단 한 번, 그 이전에도, 그 이후에도, 결코 그런 일은 없었[을 것이]다). 그 노래가 바로 〈내 나라 내 겨레〉였다. 그 잔잔한 폭발력에, 그 격렬한 고요함에, 나는 귀를 기울인다. 다른 학생들도, 저 선생이 웬일인가, 한다, 그렇게 의아해하며, 한편으로 의아해하면서도, 한편으로는 왠지 모두 경청한다, 실은 경청하고자 의도하지는 않았지만, 아마도 그렇게까지 경청하고 싶지는 않았을 테지만, 부득이하게, 예외적으로, 경청한다, 그렇게 경청하게 된다, 다음과 같은 가사를.

> 보라, 동해에 떠오르는 태양,
> 누구의 머리 위에 이글거리나.
> 피어린 항쟁의 세월 속에,
> 고귀한 순결함을 얻은 우리 위에.

보라, 동해에 떠오르는 태양,
누구의 앞길에서 환히 비치나.
눈부신 선조의 얼 속에,
고요히 기다려온 우리 민족 앞에.

숨소리 점점 커져 맥박이 힘차게 뛴다,
이 땅에 순결하게 얽힌 겨레여.

보라, 동해에 떠오르는 태양,
우리가 간직함이 옳지 않겠나.

　　나는 아직도 이 곡을 가끔씩 들을 때마다 눈물을 꼭 흘리게 된다. (그러므로 이 눈물 역시 나의 표면적 정치가 아니라 나의 가장 깊은 미학에 그 연원을 두고 있다.) 그러나 나는 내가 나의 눈물을 고백하는 이 시점에서, 바로 이 지점에서, 당신의 '오해'를 가장 경계하고 있다. 이러한 경계는 단순한 노파심과는 다른, 경험에 의해 축적된 일종의 방어기제이다. 나는 긍지에 찬 한 명의 '민족주의자'로서 이 눈물을 흘리는 것이 결코 아니기 때문이다. 또한 나는 '내 나라 내 겨레'의 자랑스러운 일원으로서 이 눈물을 흘리는 것이 결코 아니기 때문이다. 나는 적어도 그렇다고 말한다, 그리고 당신 역시 적어도 그렇게 생각해야 한다고 말한다. 그러나 또한, 당신의 저 '오해'란, 무엇보다도 먼저 하나의 결정적 '이해'이기도 한데, 다시 말하자면, 당신의 저 '오해'란, 나의 저 경계심이나 방어기제와는 전혀 상관없이, 마치 그런 경계심이나 방어기제를 가볍게 무시하듯이, 그렇게, 이미 하나의 치명적 '이해'가 되고 있기도 한 것인데, 그렇다면, 과연 그렇다면, 내가 이렇게 흘리는 눈물의 정체는 도대체 무엇이며 어떤 이유에서인가, 라는 질문 앞에서, 나의 대답은 지극히 군색해지고 빈곤해질 수밖에 없기 때문이다. 왜 정치적으로 '반민족주의자'인 사람이 가장 '민족주의적인' 감수성에 그토록 정서적으로 반응하게 되는가. 민족주의라는 것이 왜 이론으로는, 곧 이론으로써만, 혁파되거나 타파될 수 없는가 하는 물음의 궁극적 지평이 바로 이 '눈물의 계보학'에 있다. 그렇다, 나는 이것을 일종의 계보학이라고 부르겠다. 그리고 나는, 내 스스로가 가장 격렬한 한 명의 '반(反)-민족주의자'로서, 왜 가장 정치한 정치적 의미를 띤 모든 반민족주의적 논의들이 이러한 눈물과 정서와 감정의 영역을 진지하고 심각하게 다루지 않는가 하는 부분에서 그만큼의 격렬한 위화감을 느껴왔다. 말하자면, 문제는, '반병신(半病身)'이 된다는 뜻과 가장 가까운 의미에서, 그리고 오직 바로 그 정확한 '반병신'의 의미에서만, 우리는 언제나 '반(半)-민족주의자'일 수밖에 없고 또한 그렇게 반절/절반과 반쪽만의 민족주의자가 될 수밖에 없다는 지극히 감각적인/감성적인/미학적인 현실일 텐데, 민족주의에 반대하고 그와 결별하고자 하는 또다른 당위로서의 반민족주의 담론은, 그 이론적 중요성에 비할 때 그 정서의 끈질긴 현실적 실제성을 언제나 놓치거나 (때로는 너무 과장함으로써) 간과하고 있지 않나 하는 것이 바로 나의 이 개인적인 위화감의 정체였다.

　펄럭이는 태극기 뒤로 보이는 이 가장 낯선 익숙함을 바라보며, 나는 이 '감정적 과잉'이 지닌 어떤 '정치적 부당성' 혹은 '민족주의적 무지함' 혹은 어떤 '맹목적 광기'를 문제삼는 것이 아니다. 오히려 중요한 것은 정반대이다. 정치적 정당성의 문제는 바로 이러한 감성적/감각적 배치의 형식, 그 미학적 체제로부터 오는 무엇이다. 내가 '눈물의 계보학'을 통해 접근하고자 하는 것은 민족주의 정치가 아니라 오히려 그러한 정치가 기반하고 있는 어떤 미학이다. 따라서 이 눈물은, 민족주의의 문제점들에 반대하는 '올바른' 정치의식에 입각해 부끄럽게 여겨지고 제거되어야 할 어떤 '잉여적 감성'의 결과물이 아니라(이렇게 파악될 때 우리는 저 눈물의 정체를 전혀 알 수 없게 되며 오히려 그 눈물의 보이지 않는 기제 속으로 더욱 빠져들고 함몰되게 된다), 오히려 민족주의적 미학-정치 체제 그 자체의 구조와 환부를 보여주는 하나의 환시(幻視), 하나의 징후(徵候)인 것.

예를 들어, 왜 우리는 폐쇄적 국민국가체제의 적자이자 동시에 사생아인 민족주의의 담론 자체에는 반대하면서 그러한 민족주의 미학이 가장 성공적으로 조탁해놓은 말과 글과 음악과 이미지에는 그렇게 감정적이고 정서적으로 반응하게 되는가. 이것이 하나의 물음이다. 왜 '우리' 반민족주의자들은―그러므로 나는 여기서 또한 '우리'라는 가장 '민족주의적인' 호명을 가장 '반민족적으로' 사용하는 일종의 '형용모순(oxymoron)'을 드러내고 있는 것인데― 가장 민족주의적인 미학에 그렇게 '쉽게' 조응하고 감응하여 '우리'의 눈물을 헌납하게 되는가. 이 점이 실로 기이하지 않은가. 또다른 우회로를 통해 조금 더 에둘러 가보자면, 예를 들어, 왜 〈내 나라 내 겨레〉와 같은 '민족주의적' 노래들(당연히 여기에는 그 정치적 연원이나 분파와 상관없이, 물론 〈애국가〉도 포함되는데)의 배경 영상을 이루는 요소들에는 올림픽 등의 국제경기에서 '선전'하는 스포츠 스타들의 활약상과 그에 '한마음 한뜻'으로 열광하는 '국민'들의 모습이 반드시 등장하게 되는가(말하자면, 이야말로 '애국-갤'의 필수 합성 요소들이 아니겠는가). 찬란하게 펄럭이는 태극기 아래에서 왜 그렇게 자주 백두산 천지의 이미지와 한라산 백록담의 이미지는 마치 등이 붙은 배다른 형제처럼 겹쳐지며, 푸르른 동해의 이미지와 금강산, 설악산 등 명산의 이미지, 곧 소위 '한민족'을 대표한다고 여겨지는 자연과 인간과 문화와 문명의 조합은, 또 어째서 그렇게 가장 어울리지 않는 방식으로 가장 잘 어울리고 있는 것으로 표상되는가. 우리는 그 이미지 조합의 작위성과 인위성을 인식하고 있다고 말하면서, 그렇게 '비판적으로' 인식하고 있다고 생각하면서도, 어째서 오히려 다시금 그 이미지 자체에 '현혹'되고 눈물을 쏟게 되는가(그러므로 또한 여기서 이러한 '현혹'이란, 그것이 부정적인 유혹이자 미혹이라는 의미로만 단순하게 제거될 수 없는, 따라서 어쩌면 오히려 '현혹'이라는 말에 가장 부합하지 않는 성질의 것이지 않은가). 이 자연과 문화와 사람과 겨레의 화려한 이미지들의 조합 앞에서 왜 우리의 뜨거운 눈물은, "우리가 간직함이 옳지 않겠나"라고 반문하는 하나의 당위적 물음으로, 그러나 그 자체가 사실 순수한 물음이라기보다는 하나의 설의법(設疑法)에 가까운 의무의 형식으로, 그렇게 흘려지고 흩뿌려지고 헌납되기를 권고당하고 종용당하고 있는 것인가. 이것은 하나의 신비, 아마도 마르크스가 정확히 화폐와 물신에 대해서 이야기할 때 사용했던 바로 그 의미에서, 정확히 하나의 '신비'에 해당할 것이다. 그러나 이 신비를 탈(脫)-신비화하는 것이 문제가 아니라(이 신비는 이론적으로 가장 정치한 반민족주의 담론이라고 해도 쉽게 해체하거나 파괴할 수 있는 성질의 것이 아니므로), 이러한 신비를 '합리적으로' 탈-신비화한다고 말하는 어떤 비판적 이성/의식, 그리고 그럼에도 불구하고 그러한 신비를 '감정적으로' 그대로 받아들이는 듯이 보이는 어떤 (무)조건반사적 감성/무의식, 이 둘 사이의 기이한 간극이 문제인 것. 이것이 바로 우리가 하나의 아포리아로서 이 신비를 마주해야 하는 이유이며, 우리의 미학-정치는 바로 이러한 아포리아의 현실과 실천 그 위와 아래에 놓여 있다.

4. "이 땅에 순결하게 얽힌 겨레여"라는 텅 빈 호명 혹은 형용모순의 틈

다시 말하자면, 그것은 하나의 신비, 그러나 대부분의 경우 그것이 신비인지도 모르고 있는 신비, '우리'가 너무나 당연하게 체감하는, 그러면서도 동시에 편할 정도로 불편한, 그런 신비이다. 하여 다시 묻자면, "우리가 간직함이 옳지 않겠나"라고 반문하는 저 지극히 당연한 듯 보이는 설의법의 가사 안에서 우리를 이렇게 "우리"로 호명하고 있는 이는 과연 누구인가. 이 노래를 통해 "우리가 간직함"이라는 소유와 보전의 당위를 역설하고 있는 주체는 누구이며, 그렇게 호명당한 대상으로서의 이름은 또한 무엇인가. 하여 나는 김민기의 저 가사 안에서 어떤 하나의 틈을, 어떤 착종된 균열을, 아마도 그가 의도하였으나 그 의도가 미처 모두 덮어버리거나 모두 드러내지 못한, 오히려 그 의도를 바로 그 의도 안에서 살짝 비켜나고 있는, 오히려 그러한 착종으로써만 도달할 수 있는 하나의 진실을, 그 단하나의 부분, 하나의 틈, 혹은 하나의 사이를 발견하게 되는 것이다. "이 땅에 순결하게 얽힌 겨레여"라는 하나의 형용모순, 그 텅 빈 호명이 바로 그것. '우리'라는 이름으로 호명된 주체는이 가장 낭만적이면서도 근본적인 착종과 역설에 먼저 주목해야 한다. 무엇보다 그것은 '순결하게 얽혀 있는' 형용모순으로서/써, 그리고 바로 그러한 형용모순으로서/써만, 비로소 드러날 수 있는 것이기 때문이다.

　　여기서 '백의민족'이라는 호명의 주체/대상이 지니는 두가지 '미학적' 형태, 즉 하얀 옷을 입은 소녀시대와, 마찬가지로 하얀 옷을 단체로 입은 용역 깡패들을 떠올려볼 것. 부디, 여기서 단순히 직관적이거나 감정적으로만 어떤 미(美)와 추(醜)를 구별하지 말고, 이 두 '미학'이 비로소 가능케 하는 어떤 '정치'를 비판적으로 판별할 것. 말하자면, '내 나라 내 겨레'는 순백의 순결한 의장(意匠)인가. 그러니까 그 겨레란, 그렇게 하얗디하얀 순백의 결정체인가(만약 그렇다면 나는 희디흰 티셔츠를 때깔 곱게 공동으로 맞춰 입은 용역 깡패들이야말로 '우리 겨레'의 가장 대표적인 상징이라고 말할 것이고 그렇게 말해야만 할 텐데, '용역'이 병리적인 '대한민국'을 상징하는, 말 그대로 상징적인 '국가대표'가 된다는 사실은, 다시 한번 말 그대로, 엄연한 '사실'이 아닌가). 그 나라 그 겨레란 그렇게 순결하게 구성되어 있는 집합인가. 물론 결코 아니다. 그것은 무엇보다 말 그대로 "순결하게 얽힌" 것, 불순하게 얽힌 것도 아니고, 얽히지 않고 순결한 것도 아닌, 그러한 동어반복을 벗어나는, 무

엇보다 그렇게 역설적으로 '순결하게 얽혀 있는' 무엇이다. 그
무엇이란, 그렇게 그 자신의 순결한 기원 안에 얽혀 있는 불순
한 어떤 것을 가능 조건으로서 담지하고, 또 그렇게 얽혀 있는
현상 속에서만 그 자신의 순결성이라는 일종의 불가능성을 표
상한다. 그리고 아마도 김민기는 이 점을, '내 나라 내 겨레'라
는 말이 서 있는 이 가장 착종적인 지점을, 무의식적으로라도
가장 예민하고 민감하게 감지하고 있었을 것이다(에둘러 묻자
면, 왜 '우리나라 우리 겨레'가 아니라 '내 나라 내 겨레'인가, 나
는 이 가장 무의식적으로 보이는 소유격의 차이에 가장 의식적
으로 주목한다). 그 나라 그 겨레란 가장 순수하게 동일자적으
로 보이는 바로 그 순간에 오히려 가장 불순한 여러 차이들로
구성되어 있는 무엇이다. 일견 당연하게 보이는 이 하나의 가능
하고도 순수한 신비는, 그 신비의 가장 신비한 토대로서, 근본
적으로 어떤 불가능성과 불순성을 갖는다. 그 호명은 바로 그러
한 형용모순으로 가득찬, 따라서 또한 텅 비어 있는 어떤 것이
다. 그러나 이렇듯 텅 비어 있음이 그 이름 자체가 무의미하다
는 사실을 의미하는 것은 결코 아니다. 상황은 반대이다. 오히
려 그 이름은, 그렇게 텅 비어 있음으로 해서, 바로 그 무의미로
인해서, 거꾸로 하나의 중심적이고 핵심적인 의미를 획득한다.
그리고 바로 이 (무)의미가 또한 하나의 아포리아이다. 이러한
이름과 그것이 지닌 의미의 가능성은 바로 그 이름이 기반하고
있는 하나의 공허, 그 무의미와 불가능성으로 인해 비로소 '가
능'해지는 어떤 것. '나라'와 '겨레'가 텅 빈 중심으로 기능하는
민족주의적 신비의 정체가 바로 여기에 있다.

  그러므로 또한 바로 여기서 "세계가 주목하고 있다"라
는 문법에 언제나 주의할 것, '세계의 주목'이라는 이 민족주의
적 구걸과 세계주의적 공갈의 문법은, 또한 언제나 '우리'라는
이름을 그 자신 최고의 인질이자 최상의 볼모로 잡고 있는 것
이므로. 따라서 나와 당신은 이렇듯 '우리'를 둘러싼 모든 국가
주의적이고 민족주의적인 '문법'에 주의를 기울여야 한다(그
리고 바로 그렇기에 다시 한번 그 문법이란 정치적이기에 앞서
무엇보다 가장 미학적인 것이다). '우리'는 모든 국가주의와 민
족주의를 경계한다고 말하지만, 그것들은 그렇게 '의식적으로'
경계할 수 있을 만큼 가시적인 형태로만은 드러나지 않는다. 말
하자면, '우리'는 바로 이 가장 비가시적인 '우리'라는 이름에
대해 이렇게 말해야 한다: 세계가 주목한 G20 개최국의 '자부
심'이란, '너희들'의 자부심일지는 몰라도 '우리'의 자부심은 결
코 아니다('우리'는 그런 국가에 대해 아무런 자부심도 느끼지
못한다). 그 자부심에 먹칠을 했다고 말하는, 그래서 그 '낙서
의 저작권자'를 법정에까지 세울 수 있었던 저 이명박 시대의

'쥐 낙서'는, '너희들'에 대한 모욕일지는 모르겠지만 '우리'에 대한 모욕은 절대 아니다. 여기에는 하나의 이상한 역설이 존재한다. 모욕을 당했다고 느끼는 건 분명 '우리'가 아닌데도 불구하고 기이하게도 그 모욕에 대한 단죄는 '우리'의 이름으로 행해지는 것이다. 법정에서 '김정일 장군 만세'를 외치는 어떤 이의 구호가 '너희들'의 국가에는 엄청난 위협이 될지는 몰라도, '우리'의 사회에서는 '이명박 대통령 만세'라는 말과 똑같은 허구성과 역겨움을 자아내는 몹쓸 유머일 뿐이다('우리'는 '너희들'이 그렇게 자랑해 마지않는, 표현의 자유가 허락되는 민주주의 국가 안에 살고 있다, 라고 '너희들' 스스로가 말하고 있으며, 사실 솔직히 말하면 그러한 표현의 자유란 '너희들'이 생각하듯 그렇게 어떤 '허락'을 통해 가능해지는 것이 결코, 절대 아니다). 구조조정과 정리해고를 통해 도달할 수 있다고 말하는 국가경제의 발전과 효율성과 경쟁력은 '너희들'의 국가를 위해 필요한 것일지는 모르겠지만 '우리'의 나라를 위해 필요한 것은 아니다('우리'의 나라를 위해 가장 필요한 것이 있다고 한다면 그것은 바로 '너희들'에 대한 정리해고와 구조조정이라고 '우리'는 말하겠다). 상황은 그렇게 반복되며 오히려 심화되고 있다. 페미니즘 역시 어떤 '허락'의 기제 안에서 바로 그 기제의 괴물과 싸우고 있는 중이다. 소위 '진보'의 이름으로 행해졌던 모든 사유와 행위를 독점했던, '독재 세력'의 또다른 적대적 공범 '민주 세력', 그리고 바로 그 민주 세력이 드러내고 있는 성차별적 구조 속의 여러 한계와 절망, 이 모든 것과 싸우는 주체는 단지 '여성'이라는 이름을 넘어 또다른 '우리'라는 이름의 아직 정확히 주체화된 적이 없었던 새로운 미학-정치의 주체를 요구하고 있는 것이다.

　　따라서 슬프게도, 아직 그러한 '우리'를 위한 나라는 없다. 그러므로 '우리', '국가', '겨레', '민족'이라는 이름과 호명으로 획책되는 모든 일반적 미학의 형태를, 나는, 당신은, 고로 '우리'는, 경계한다(다시 한번 강조하지만, 이 대명사/이름들은 민족주의 혹은 민주주의가 지닌 정치적으로 올바른 술어들이 아니라 가장 낭만적인 미학의 국가-민족주의적 혹은 유사-민주주의적 개념들이며, 따라서 '우리'가 가장 경계해야 하는 것은, 국가주의적이고 민족주의적이며 스스로 민주적임을 표방하는 모든 정치의 가시적인 형태가 아니라, 모든 국가주의적이고 민족주의적이며 민주주의적인 어떤 미학의 비가시적인 형태이다). 누군가 우리를 '우리'라고 호명할 때, 그렇게 동일하고 통일적인 이름인 것처럼 '우리'를 부를 때, 역설적으로 우리는 바로 그 '우리'로부터 가장 멀리 떨어지고 가장 격렬하게 벗어난다. 또는 이렇게 말할 수도 있다. '우리'라는 아직 주체화되지 않은 주체란, 이미 호명된 바로 그 '우리'라는 이름으로부터 가장 강렬하게 벗어날 때에만 비로소 '우리'라는 이름을 획득하고 쟁취할 수 있다. 그러므로 '우리'의 이름 안에 아직 우리는 없다. '우리'라는 이름은 오히려 우리를 배제하고 소거하는, 곧 그 이름 안에 '우리'를 포함시킴으로써 반대로 제거하는, 어떤 배타적 포획의 역설적 이름이다. 그러므로 우리는 이 '우리'라는 주어와 이름으로부터 무엇보다도 먼저 가장 강렬하게 벗어나야 한다. 하지만 과연 '어떻게'? 그리고 과연 '누가'?

　　우리에게 지극히 국지적이고 부분적으로 보이는 하나의
사건을 통해 (필요 이상으로) 너무나 유명해진 그림, 로이 리
히텐슈타인(Roy Lichtenstein)의 작품, 〈행복한 눈물(Happy
Tears)〉(1964). 이 그림을 둘러싸고 벌어졌던, 그러나 벌써 망
각된, 한 사회적 소동으로부터 잠시 '거리'를 두고, 이 '행복한
눈물'을 말 그대로 소위 '미학적'으로, 그리고 동시에 '행복하게'
바라보자. (그러나 그것은 가능한가.) 그런데 바로 지금, 나와
당신의 이러한 시각은, 정치적인 것인가 미학적인 것인가. '우
리'는 이 물음에 답할 수 있을까, 그것도 이 가장 착종적인 눈
물 앞에서? 이것은, 외형적으로 그 질문이 종용하듯 보이는 것
처럼, 그 자체로 과연 하나의 '선택적' 물음인가. 다시 말하자면,
이것은 하나의 아포리아이다. 그리고 또한 내가 (민족주의적)
'눈물의 계보학'이라는 내 고유의 문제 설정으로 접근하고자 하
는 부분이 바로 이러한 불가능성의 지점이다. 말하자면, 우리
는 '우리'라는 이름으로 재단되는 저 모든 민족주의적/전체주
의적 기획으로부터 이성적으로 거리를 유지한다, 또는 유지하

려고 애쓴다. 하지만 '우리'의 몸은 그러한 민족주의적/전체주의적 음성과 문장과 이미지에 너무나 '자연스럽게', 그리고 너무나 '당연하게', 감동의 눈물로써 반응한다. 마치 남자가 '남자'라는 '자연적' 성별 규정에 '자동적으로' 반응하듯이. 이 신비에 어떻게 직면해야 할 것인가. 나는 나의 '반(反)민족주의적' 머리로써 나의 이러한 '반(半)민족주의적' 가슴을 단지 부끄러워해야 하고 절제해야 하는 것인가. 다시 한번 강조하자면, 그러나 이러한 '유약한' 눈물은 우리의 '강직한' 이론으로써 간단하게 제거될 수 있는 성질의 것이 전혀 아니다. 우리의 눈물은 그렇게 제거되고 무시되어야 할 것, 그렇게 제거되고 무시될 수 있는 것이 아니라, 오히려 직시하고 직면해야 할 어떤 것, **치료되어야 할 것이 아니라 진단되어야만 하는 어떤 것**이다. 왜냐하면 그 눈물은 좁은 의미의 정치적 이성에 의해서가 아니라 바로 그러한 정치적 이성이 기반하고 있는 가장 근본적인 분할의 미학에 의해 가능해지는 것이기 때문이다. '우리'라는 이름으로 통합되어 불리는 우리가 무엇보다 직시하고 직면해야 하는 것, 가장 근본적으로 진단해야 하는 것은, 바로 이 '우리'라는 이름과 그 호명을 가능케 하는 어떤 불가능성의 미학이다.

　　따라서 여기서 '미학'이란 우리가 느끼는 미감의 원인이나 아름다움의 정의를 연구하는 가치중립적 학문을 가리키는 이름이 전혀 아니다. 미학은 예술철학이 아닌 것이다. 미학은 여기서 더이상 하나의 분과로서의 예술철학이기를 그친다. 그것은 오히려 우리가 어떤 것을 어떤 이름으로 부르는가, 그리고 왜 그 이름이 정당하거나 부당하다고 생각하는가 하는 물음

을 묻는, 이름들에 대한 이름들의 질문, 이름들을 묻고 부르는
이름들의 반문, 그 가장 편향적인 이름들의 정치성을 묻는 가
장 편향적이고 당파적인 물음, 그 물음들의 계보에 관한 일종
의 성명학이다. 왜 '우리'는 "우리가 간직함이 옳지 않겠나"라
는 가사 안에서 호명되는 '우리'가 무언가를 그렇게 '간직하는'
것이 '옳다고', 곧 '아름답다고' 생각하는가(그러므로 이 물음
안에는, 미학과 정치 사이의 전치, 윤리와 불가능성 사이의 역
전이 놓여 있다). 또한 반면 '우리'는 "이 땅에 순결하게 얽힌 겨
레여"라는 호명에 왜 가장 감정적으로 반응하면서 동시에 가장
이성적으로 거부감을 느끼는가(그러므로 내 글이 대상으로 삼
는 독자란, 단순한 '국민', 온건한 '민족주의적' 국민이 아니라,
'민족주의' 그 자체를 불편해하고 있는 모든 반(反/半)민족주의
자들이며, 동시에 스스로를 아무런 반성 없이 그저 '남성'이라
는 성별로 표상하는 '남자'가 아니라, 그 자신이 사회적이고 문
화적으로 어떤 성차별의 구조 속에서 스스로가 여성에게 가해
자가 되는 기제를 자신도 모르게 옹호해왔는가를 돌아보고 불
편해하며 수치심을 느낄 수 있는 또다른 이름의 '인간'이다). 따
라서 '순결하게 얽혀 있다'라는 모순적 규정은 '나라'와 '겨레'
라는 가장 당연하게 보이는 정치적 이름들을 둘러싼 가장 미학
적인 역설이 아닌가. 아마도 나와 당신의 가장 비밀스러운 신
비, 나와 당신을 '우리'라는 이름으로 애써 묶는 이 환상적인 신
비의 가장 신비스러운 토대가 바로 이러한 미학적 분할의 역설
위에 있을 것이다. 하여 나는, 당신과 함께, 이 역설로부터, 이
이름 아닌 이름들로부터, 그렇게 시작하려고 한다. 아마도 끝이

없는 시작들만 존재할 수밖에 없을 이 길 위에서, 나는, 당신에게, '우리'라는 이름이 아니라, 나와 당신의 이름으로, 말하자면, '우리'의 고유명, '우리'라는 고유명으로, 그렇게 여러 개의 시작(들)을 요청하고 있는 것이다.

5. 호명되지 않는 이름, 고유명을 위하여: "당신의 이름은 무엇입니까?"

이 시작의 길(들)을 잠시 에둘러 가보자, 아마도 순결하게 얽힌 형태로, 그렇게 에둘러서. 이 국가는 사람들을 어떻게 취급하며 그 '국민'들의 이름을 어떻게 부르는가? '그들'의 성명, 나이, 성별, 소속, 성향 등을 물으면서, 곧 '우리'의 ID(identity)를 확인하면서, 다시 말해 국민의 관등성명을 요구하면서. 언제나 남성을 단지 '남성'으로서만 확인하고, 또한 여성을 그저 '여성'으로서만 단언하면서. 국민국가라는 정체(政體)와 그 남성 중심 체제라는 미학은 바로 이러한 정체성(identity)을 창안하고 확인하며 종결시키는 체제이며, '순결하게 얽혀 있는' 것을 마치 그저 '순결한' 것으로 혹은 전혀 '얽혀 있지 않은' 것의 이름으로 부르고 환원시키는 호명의 체제이다. 국민국가가 국민 혹은 민족의 이름을 호명하는 방식, 또는 남성 중심 체제가 남성 혹은

남자의 이름을 호명하는 방식은 기본적으로 관등성명의 원칙
과 형태를 따르는데, 여기서 '관등성명'이란 단순한 이름이 아
니라 어떤 위계를 지닌 이름들이며 또한 그런 이름들의 위계와
차별의 구조를 만들어내는 방식을 가리킨다. 그 위계와 차별적
구조란 근본적으로 국가와 국민 사이의 위계, 남성과 여성 사
이의 차별이며, 국가가 강조하는 국민의 권리와 성 평등의 이
상 또한 기본적으로 이러한 위계와 차별적 구조의 한계와 범위
안에서 통용되는 것이다. 나와 당신은 국가 아래에서 평등하고,
남성과 여성은 체제 아래에서 평등하며, 나와 당신은 이 국가
아래에서 권리를 갖고, 또한 남성과 여성은 이 체제 안에서 권
리를 갖는다. 그러나 동시에 과연, 나와 당신은, 남성과 여성은,
이러한 국가의 바깥에, 이러한 체제의 외부에 설 수 있을까. 바
꿔 말하자면, 이 안의 '우리'는 바로 그 '우리'라는 이름의 밖을
과연 상상할 수 있을까. 국가/체제가 보장해준다고 말하는 평
등이 실은 국가/체제 그 자체를 구성했던 하나의 원리임을, 국
가/체제 안에서[만] 가능하다고 말하는 권리가 실은 국가/체제
그 자체를 폐기할 수도 있는 어떤 '극단'까지[도] 생각할 수 있
는 권리임을, 우리는 여전히 인지하고 확인하며 되물을 수 있
는가. 이는 매우 오래된 질문(들)임과 동시에 근대 이후 단 한
번도 긍정적이고 적극적인 현실의 답변을 얻을 수 없었던 질문
이기도 하다. 그러나 이는 또한 '우리'가 국민국가의 관등성명
에 맞서 나와 당신의 고유명을 다시 생각하기 위해 반드시 다
시 물어야만 하는 질문들이기도 하다. 그것은 가장 근본적이고
급진적인 심급에서의 '평등'의 원리에 관한 물음들이다.

　　"핑클도 아는 '주적'인데 하물며 '우리'가 몰라서야"라는
또다른 폭력의 어법, 혹은 어설픈 퓨전의 유혹. 핑클의 네 멤버
가 분기탱천하여 국방부를 명예훼손으로 기소해야 할 지경이
다. 우리가 서 있는 지평은 이러한 노예의 미학, 열등한 우월의
식의 위에 있는 것. 여기에는 동지와 적을 가르는 국가주의적
편향의 기제와 남성과 여성 사이의 지적 능력에 위계를 두는
성차별적 불평등의 기제가 혼재하고 있다. 훈련소의 한 신병이
이렇게 순진하게 묻는다. "우리의 주적(主敵)은 누구입니까?"
정훈장교는 고심하는 듯 잠시 사이를 두고 다음과 같이 대답한
다. "현재의 주적은 북한이다. 그러나 우리가 통일된다면, 그때
는 주적이 일본이 될 것이고, 다음은 중국이나 러시아가 될 것
이며, 아마도 그다음으로는 최종적으로 미국이 될 것이다." 이
정훈장교는 아마도 한반도를 둘러싼 소위 강대국들의 면면과
그 사이에 위치한 대한민국의 위태로움을 논리적이고도 순차

적으로 부각시키고 싶었겠지만, 이 문장을 통해 알 수 있는 가장 확실하고 근본적인 것은 '주적'이라는 개념의 빈 자리, 그 텅 빈 기능의 장소, '주적'이라는 개념이 가능해지기 위한 어떤 불가능성의 처소이다. 다시 말하자면, 어떠한 구체적인 적이 존재하기에 그것이 '주적'이라는 이름으로 불리게 된 것이 아니라, '주적'이라는 텅 빈 부재의 자리가 존재하기에 그 자리를 채울 것들이 나열되는 것이다. 그러므로 저 당연하게 보이는 기이한 '주적'의 논법은 일상적 전쟁광의 그것, 자신도 모르는 사이에 어느새 잠재적 국제전범이 돼버린 보편적 변태의 그것이다(그렇다면 '우리'는 저 정훈장교를 국가보안법으로 기소해야 할 것인가, 아니면 국제사법재판소에 세워야 할 것인가, 그것도 아니라면 혹은, 국가 그 자체를 이상적 국제법의 재판정에 회부해야 할 것인가, 그것도 아니라면 또는, 남성 그 자체를 여성주의라는 평등의 재판정에 세워야 하지 않겠는가). 예외상태로 규정된 전쟁이 그러한 예외상태를 배제하는 듯 보이는 보편적이고 일상적인 모든 상태들을 오히려 규정하고 있는 이 기이한 주객전도 혹은 본말전도 안에서—그러나 이러한 전도야말로 가장 근본적이며 기본적인 사태, 모든 가능성들이 기초하고 있는 불가능성의 사태인데—우리는 '우리'의 이름을 묻고 발음해야 한다. '우리'라는 이름의 가능성, 우리가 '우리'라는 이름으로 불리는 일이 가능한 것은, 바로 이러한 근본적 예외상태로서의 전쟁이라는 불가능성 위에 있는 것.

가가와 료(加川良)는 그의 노래 〈교훈(敎訓) 1〉(1971)에서 이렇게 노래한다. "도망치세요(逃げなさい)!" 그렇다, 나

의 이 정당한 사유와 행동을 하나의 비겁한 도피로 폄하하며 가치적이고 윤리적으로 평가하는 체제에 대항하여, 왜 나는 도 망치면 안 되는 것인가. 하여, 생각해보는 것이다. 만약 전쟁이 일어난다면, 그러니까 '너희들'이 항상 그렇게 강조하고 협박하 듯이, 만약 이 땅에 전쟁이 다시 일어난다면, 순국의 선혈을 흘 리고 산화하여 국립묘지에 안장될 꿈일랑은 버리고, 그냥 도망 가라.* 도망쳐라, 무조건 내빼라. 무슨 무책임하고 반국가적이 며 비애국적인 말이냐고? 국가가 위험에 처한 전쟁의 상황에 서, 결코 그렇게 도망가거나 내빼서는 안 된다고? 왜 안 되나? 국가와 민족에 대한 책임과 사명이 막중하기 때문에? 그로부터 도망하는 일이 그토록 비겁하고 비윤리적이며 반민족적이고 반국가적인 일이기 때문에? **그러나 국가가 강요하는 피의 호명 을 거부하고 그로부터 도망치는 것과, '우리' 혹은 '국민'의 이 름으로 나와 당신에게 피를 요구하는 것, 이 둘 중에 과연 어떤 것이 더 비겁하며 비윤리적인 것인가.** 자, 이제 우리는 또다른 '우리'의 이름으로 이 질문과 마주해야 한다. 도미야마 이치로 (富山一郎)는 이렇게 쓴다.

> 그리고 반복하지만, 모든 사람은 겁쟁이다. 거기에서는 결기한 자들이 엿보았던 미래를 결기한 자들의 독점물 로 삼는 것이 아니라, 그들의 입장에서 보면 배신자로 간주되는 존재에게서 다시 확보하는 것이 필요할 것이 다. 결기라는 힘이 미래를 여는 유토피아의 순간을 만들 어냈다 해도, 그 미래는 겁쟁

* 가가와 료의 노래 〈교훈 1〉의 노랫말처럼, 도망치세요(逃げなさい). http://www.youtube.com/ watch?v=FSaMY7TRgFI

이의 신체를 매개로 해서 펼쳐져나가야 한다. 거기에 바로 사상의 역할이 있다고 나는 생각한다. 따라서 도망간 자, 굴복한 자를 평가하려 하지 않는 사상은 그 역할을 망각하고 있는 것이라 할 수 있다. 또 그것은 결기의 힘이 무의미하다는 것은 결코 아니다. 목숨을 건 행동을 포함한 겁쟁이의 연대를 생각하고 싶다.[*]

국민국가의 가장 근본적인 예외상태인 전쟁과 가장 취약하고 논쟁적인 의무인 국방과 마주하여, 우리는 '우리'의 이름이 지닌 이 가장 특수한 보편성, 가장 예외적인 일반성, 그 독특성과 단독성에 직면해야 한다. 살과 피를 담보로 '우리'의 이름을 소환하는 저 모든 관등성명의 논리에 반대하여(천안함 사건과 연평도 사건의 '희생자'들을 국가적으로 숭앙하고 예찬하며 동시에 그러한 희생을 '국민'들에게 '잠재적으로' 종용하고 강요하는 저 또다른 폭력의 논리에 반대하여). 그러므로 다시 말해, '우리'의 이름 아래 압살당한 나와 당신의 고유명을 위하여, 도망쳐라, 도망침으로써 직면하라. 그러나 그 도망은 결코 현실로부터의 도피가 아닌 것. 예를 들어, 다른 남성들로부터 '남성'이라는 이름으로 더이상 불리지 않을 상황에 겁을 내면서도 바로 그 남성이라는 이름으로부터 도망치는 것, 그리하여 더이상 '남성'이라는 폭력적 이름이 통용되지 않을 수 있는 세상을 '여성'이라는 이름과 함께 만들어가는 것, 그리하여 페미니즘이 내가 만들어낸 것이 아니라 저들이 내게 부여한 '남성'이라는 이름을 타파하고 페미니즘이라는 말이 더이상 필요 없

[*] 도미야마 이치로, 『폭력의 예감』, 손지연, 김우자, 송석원 옮김, 그린비, 2009, 8쪽.

을 성평등의 세상에서 또다른 '우리'를 새로운 이름으로 호명하고 주체화할 수 있는 계기를 열어가는 것, 나는 이 역시 도미야마가 말한바 가장 위대한 "겁쟁이의 연대" 중 중요한 하나의 실천이라고 생각한다. 그리고 또한 도미야마처럼 나 역시 "거기에 바로 사상의 역할이 있다고" 생각한다.

　　하여, 다시금 저 도망의 길을 에둘러 가 재차 처음으로 돌아가보자. 말하자면, '일본해'라는 이름에 대해 '동해'라는 이름이 지니는 '역사적 정당성'을 주장하기 위해 고지도 등의 사료를 동원하는 것은 전혀 무의미한 일이며 심지어 '반역사적'인 일이기까지 하다. 그리하여 다시 저 (무)국적의 바다, 누구라도 이름 부를 수 있으면서 동시에 아무도 이름 부를 수 없는 바다, 그 바다의 이름으로 나는 다시 돌아오는 것이다. 그것은 이제 더이상 하나의 바다를 가리키는 이름이 아니다. 그것은 또다른 '우리'의 새로운 이름을 위한, 그 새로운 주체화를 위한 보이지 않고 들리지 않는 호명의 자리이다. 차라리 '동해(East Sea)'나 '일본해(Sea of Japan)' 등의 이름을 포기하고, 예를 들면 그 '찬란했던' 월드컵의 전례를 따라, 그 소위 '평화와 희열의 제전'을 아무런 '사심' 없이 돌이키는 척하면서, 그저 또다른 '국적'의 이름 'Korea-Japan Sea'라고 부르면 어떨까. 그냥 그렇게 불러보자. 노파심에서 부연하자면, 이건 전혀 '진지한' 제안이 아닌데, 차라리 일종의 지독히 꼬인 농담과도 같은 속이 뒤틀린 내기에 가까운 것일 텐데, 나는 여기서 저 모든 '진지한' 제안들의 소위 '정치적' 어법을 비웃는, 예를 들어 '한일 월드컵'이라는 저 진지했던 '평화적 합의'의 명명법을 비웃는, 하나의 '뼈 있는 농담'을 하고 있는 것이기 때문이다. 하지만 그냥 그렇게 불러보자, 예를 들어 '한일해'로, 그저 'Korea-Japan Sea'로, 그냥 그렇게, 그렇게 부르고는, 다시 빨간 티셔츠를 입고 열광하자, 그렇게 열광해봐라, 모든 것을 잊고, 모든 것을 잊은 척하면서, 그렇게 그 바다에, 그 바다의 이름(들)에, 축구경기에 열광하듯, 그 외에는 모든 것이 어떻게 되어도 상관없다는 듯, 스타디움과 아레나에서 난동을 부리듯, 그렇게 국가들 사이의 대리전에 열광하며, 그렇게 대리적으로 민족주의적 감정과 그것이 기반하고 있는 미학을 소비하고 소진하면서, 그렇게 무언가를 잃고 또 잊어보자. 아니, 차라리 이건 어떤가, '우리'의 자랑스러운 수도, 세계적인 거대도시 '서울'을 '경성(京城)'이라고 다시 부르는 것은? 재차 노파심에서 첨언하자면, 나는 여기서 '경성'이라는 식민지 시대의 이름을 다시금 환기하며 '서울'이라는 현재의 이름을 통해 어떤 '민족의식'을 새삼 고취시키려는 것이 결코 아니다. 그러나 그럼에도 불구하고, 우리는, '우리'라는 하나의 이름으로 계속해서 불리는 우리는, 여전히 보이지도 않고 들리지도 않는 어떤 식민지 안에서 살고 있다. 그러므로 실은, '서울'이라는 이름을 '경성'이라는 이름으로 다시 바꿔 불러도 무방하지 않겠는가. 그렇지 않다고? 그렇다면 '동해'를 '일본해'라고 명명하고 표기하는 데에는 마치 국가대항전에서와 같이 그토록 열광하듯 반대하면서, 왜 '우리'의 '서울'이 여전히 '저들'의 '경성'임은 보지 못하는가, 그 신음과 비명의 소리들은 듣지 못하는가. '우리'라는 거짓 이름으로 대변되는 '남성'이라는 호명이 '저들'의 체제 안에서 억압적으로 가능했던 것임을, 그리고 그것이 바로 그 체제 덕분에 또다른 이름인 '여성'을 계속해서 고통스럽게 해왔던 것임을, 어째서 보지도 못하고 듣지도 못하는가. 바로 이러한 현실을 보지 못하는 것이 오히려 더 큰 문제가 아닌가. 도망하는 길 위에서, 도망해서 직면하는 이 우회의 길 위에서, 지금 이 질문들은 내게 결코 농담이 아니며 앞으로도 절대 농담이 될 수 없을 것이다.

　　다시 에둘러 가는 또다른 우회로를 내어볼 때, 그렇다면 저 '바위섬'은 뭐라고 불려야 하는가, 혹은 뭐라고 불리지 않아야 하는가. 좀더 에둘러 가보자. 저 '유명(有名)한' 바위섬을, '독도(獨島)'라고 부를 것인가, 아니면 '다케시마(竹島)'라고 부를 것인가. 그것은 얼마만큼 중요하며 또 어떤 이유에서 중요한가. 왜 '우리'는 이토록 이름의 문제들에 매달리는가. 그것이 국적 혹은 국가적 귀속을 표현하는 '국어'의 문제이기 때문에? 우리 고유의 언어라는 또다른 상상의 이름으로 불리는 '민족의 말'이기 때문에? 혹은 국민국가체제의 영토적 경계와 국가적이고 민족적인 자존심이라는 또다른 상상의 공동체성과 관계된

문제이기 때문에? 그러나 우리는 그 이름들의 경쟁 뒤에 숨어 있는 '국민국가'의 '관등성명'이라는 체제 그 자체를 보지 못하고 있으며, 우리는 바로 그러한 진리를 보지 못하는 한에서, 오직 그러한 한에서만, 그렇게 계속 '국민'일 수 있고 또한 '우리'라는 이름을 가질 수 있는 것. 하여, 나는, 여기서, 다시금, 저 유명한, 동시에 악명 높았던, '국가의 소멸'이라는 테제를, 반복해서 주장하려고 하는가. 어쩌면, 그렇다. 하지만, 아니다. 그렇다면 근대 국민국가체제의 말소를, 그 '불가능한' 꿈을 다시 꿈꾸려 하는가. 아니다, 하지만 동시에, 맞다. 나는 국가 자체의 소멸을 요구한다. 무엇으로? 바로 '국민'이라는 정체성을 지닌 '우리'의 이름으로, 그러나 동시에 또한 언제나 그러한 '국민'이라는 정체성을 초과하거나 그것에 미달하고 있는 바로 그 '우리'의 이름으로, 그렇게 역설적으로, 바로 그 가능한 '국민'의 구성원들에 의해서, 오직 그들에 의해서만, 그렇게 불가능해지는 '국가'라는 조건에 대하여. 그리고 나는 또한 남성 자체의 소멸을 요청한다. 어떻게? 똑같이, 바로 '남성'이라는 정체성을 강요받았던 '우리'의 이름으로, 그러나 동시에 또한 언제나 그러한 '남성'이라는 정체성을 폭력적으로 초과하거나 그것에 비루하게 미달하고 마는 바로 그 '우리'라는 거짓의 이름으로, 그렇게 역설적이게도 바로 그 이름들을 파괴하면서, 그 이름의 구성을 탈-구성하면서, 그 이름을 벗어난 다른 이름들의 가능성에 의해서, 그렇게 불가능해지는 바로 그 '남성'과 '여성'이라는 조건과 한계와 폭력과 제약에 대하여, 나는 그 소멸과 해체를 꿈꾸는 것, 여전히, 아직도, 이전에도, 그리고 앞으로도.

    피곤하여 설핏 든 새벽의 잠, 그 꿈속에서, 나는 내가 가
장 원하는 대로, 원하는 모습으로 살고 있었다. 행복했다. 하지
만 나는 곧 한기를 느끼며 꿈에서, 잠에서 깨어났다. 내가 원하
는 삶은 없었다. 그것이 삶이었다. 나는, 그리고 아마도 당신 또
한, 바로 이 삶 속에 있으며, 이 삶 속에 그렇게 '갇혀' 있으며,
따라서 '우리'는, 이 삶으로부터, 다시, 시작할 것이다, 그렇게
다시 시작해야만 할 것이다, 끝나지 않게, 시작할 것이고, 또 시
작해야 할 것이다. 예고하지 않았던가, 이 모든 시작들은, 끝이
없이, 그리고 오직 끝이 없는 한에서만, 이렇게 계속 시도되고
되물어질 성질의 것이라고. 그러나 이러한 예고는 단순한 '경
고'가 아니라 어떤 '연대'를 위한 것, 역시나 다시금 반복하자면,
나와 당신은, 바로 여기, 이 시작점 위에, 함께 서 있다. 이름과
호명의 '미학' 위에, 그리고 그것이 (불)가능하게 하는 고유명
과 국적과 성별의 '정치' 위에, 그리고 또한 반민족주의적 이성
과 민족주의적 감성이 교차하는, 동시에 가장 성차별적인 남성
의 이름과 가장 해방적이고 급진적인 여성의 현실이 충돌하는,
저 '눈물의 계보학'이라는 하나의 아포리아 위에, 그렇게 함께
서 있다.

SNS 시대의
인문학,

개입하며 도래하는
징후의 응시

1. 10년 전

바야흐로 SNS의 시대, 곧 사회적 네트워크 서비스의 시대이다. 나는 물론 이 시대에 대해 지극히 '인문학적'으로 질문을 던져볼 수 있을 것이다. 예를 들어, 인문학은 이러한 시대로부터 어떤 영향을 받아서 어떻게 바뀌고 있는가, 혹은 반대로 인문학은 이러한 시대에 어떤 효과를 미치면서 어떻게 작용하고 있는가, 하는 질문들을 말이다. 말하자면, 마치 원래 '인문학'이란 것이 이러한 '시대적 현상'들에 대한 진단과 소화와 평가를 어쩌면 필연적이고도 의무적으로, 그렇게 당연하고도 자연스럽게 수행하거나 반영해야 하는 학문이라는 듯이 말이다.

그러나 인문학이 저 SNS의 시대라고 하는 어떤 '거대한 흐름'에 대해 어떤 식으로든 언급을 하거나 의미를 부여할 수 있고 또 그래야만 한다면, 그것은 인문학이 인간과 사회의 모든 현상들에 대해서 객관적이고 독립적이며 메타적인 층위에서 무언가를 규정할 수 있는 '당연한' 위치에 있는 학문이기 때문이 아니다. 인문학은 그런 상위의 지고한 학문이 아니며, 오히려 그렇게 생각하는 것으로부터 어떤 오작동이 발생한다. 오히려 반대로 그러한 시대적 흐름 또는 현상들 자체가 특정한 인문학적 '가능 조건'들을 규정하고 또한 그러한 인문학적 '효과'들을 산출하기 때문에 그렇다. 따라서 인문학 자체는 SNS 시대를 해명하거나 규정할 수 있는 어떤 불변하는 상수가 아니라, 오히려 현재의 SNS 시대라고 하는 역사적이고도 기술적인 환경에 내속되어 있는 어떤 종속적인 변수인 것이다. 인문학은 상수로서 평가하는 것이 아니라 변수로서 질문해야 한다. 이 점을 가장 먼저 세심하게 인식해야 하며, 나는 이러한 인식 자체를, 어쩌면 오히려 이러한 인식 자체만을, 비로소 '인문학적'이라고 부를 수 있다고 생각한다.

　　사실 기존의 소위 '인문학'이 인터넷 시대의 도래를 포함하여 현재의 SNS 시대의 등장 안에서 유의미한 것으로 생각해온 주체는 통상적으로 '집단지성'이었으며 그러한 논의의 틀은 현재에도 큰 변함이 없다. 집단지성은 익명적이고 불특정하지만 오히려 바로 그러한 성격들 때문에 특정하게 고정되어 있는 일반적이고 단수적인 주체나 대중적이거나 여론적인 지성보다 훨씬 더 유동적인 자기갱신이 가능하고 정치적으로도 더욱 기동적이며 또한 끊임없이 스스로를 수정하고 교정하는 것이 가능하다고 생각되어온 것이다. 위키피디아, 구글, 다음의 아고라 등이 형성하고 있는 세계가 사실 그러하며 또한 우리는 거기에 그러한 특성들을 기대하고 있기도 하다. 그러나 이러한 집단지성은 실재하는가. 또는 집단지성이란 그러한 실체로서 그 이름에 합당한 어떤 효과를 산출하는가. 혹은, 이 질문을 더욱 '인문학적'으로 적확하게 정식화하자면, 인문학은 이 SNS의 시대에 집단지성이라는 주체의 이름을 소환하고 거기에 의미를 부여할 어떤 정당한 윤리와 적합한 정치를 지니고 있는가. 이것은 어쩌면 우리 시대 인문학의 알리바이, 상이한 형태로든 언제나 있었다고 생각되는 '시대정신', 바로 그 이름으로 부여되는 어떤 환상의 알리바이는 아닐까.

이러한 맥락에서 우리의 시대가 SNS의 시대라는 저 하나의 선언은 크게 세 가지 의미로 이해되어야 한다. 첫째, 사회적 네트워크, 곧 인간관계의 사회적인 망이 단순히 지역적이거나 물리적인 시공간의 제한을 뛰어넘어 다양한 영역과 분과로 '확장'되었다는 의미, 그리고 둘째, 그러한 사회적 관계망이 일종의 '서비스'로서 제공되고 향유된다는 의미, 따라서 셋째, 이러한 SNS가 어쨌든 과거와는 매우 다른 방식의 소통을 가능하게 한다는 의미가 바로 그것이다. 그러나 동시에 이러한 세 가지 의미는 그 자체의 표면적 의의보다는 징후적 효과로서 독해되어야 하며, 또한 일견 가장 중심적으로 보이는 의의로부터가 아니라 그 가장 주변적이며 부차적인 의미로부터 독해되어야 한다.

먼저 첫번째로 '확장'이란 단순히 양적인 공간의 팽창을 뜻하는 것이 아니라 한 사람의 인간관계 안에 '비관계의 관계'까지도 포함되고 포착되었다는 뜻이다. 예를 들어 우리는 트위터에서 단순히 우리와 개인적으로 친분이 있는 사람들만을 따르지/구독하지(follow) 않으며, 또한 페이스북에서 우리가 직접적으로 아는 사람들에게만 친구 신청(friend request)을 하는

것도 아니다. 전통적으로 '비관계' 혹은 '무관계'였던 어떤 인간
관계가 SNS 안에서는 하나의 실체적 관계로 등장할 수 있으
며, 심지어 그러한 비관계/무관계가 이러한 관계의 가장 중요
한 부분을 이루는 어떤 전혀 다른 형식의 인간관계가 가능해진
다는 뜻이다. 거꾸로 말하자면 이러한 새로운 형식의 인간관계
는 기존의 관계망에 대한 근본적 변화를 요구한다.

　　두번째로 그것이 '서비스'로 제공된다는 사실은 그러
한 사회적 네트워크가 근본적으로는 결코 자본주의라는 거대
한 질서 바깥에 존재할 수 없음을 의미한다. 이는 우리가 그 '서
비스'에 가시적이고도 직접적으로 어떤 가격을 지불하거나 대
가를 치르고 있다는 의미가 아니다. 그것이 그 이름 그대로 하
나의 '서비스'인 한에서, 우리는 그러한 네트워크 안에서 그것
을 통해 어떤 식의 '이익'을 얻기를 기대하고 희망한다는 뜻이
다. 그 이익의 형태는 인간관계의 구성(페이스북의 '친구'나 '그
룹')에서 얻을 수 있는 것이든 의견의 확대재생산(트위터의 '인
용'이나 '리트윗')에서 얻을 수 있는 것이든 넓은 의미에서 정
치적인 입장과 위치의 확립과 파괴에 결부된다. SNS를 통해서
인문학이 정치 혹은 정치적인 것에 대해서 다시 사유해야 하는
이유이다.

　　세번째로 SNS는 흔히 '소통'의 현대적 대명사로 불린
다. 그러나 예를 들어 트위터나 페이스북은, 그에 붙어 있는 '사
회적 네트워크'라는 일반적인 이름과 그러한 이름에 걸맞게 예
상되는 소통의 기능과는 어긋나게도, 결코 '대화(dialogue)'의
형식이라고 말할 수 없는 역설적 특징을 갖고 있다. 트위터는

대화라기보다는 '증언(testimony)'의 형식을 띠며, 페이스북 또한 소통이라기보다는 '전시(exhibition)'의 형식을 띤다. 다시 말해 SNS의 이 대표적인 두 형태는 대화라기보다는 차라리 '독백(monologue)'의 형식에 가까운 모습을 띠는 것이다.

특정한 수신자를 상정하고 있는 전화 통화나 문자 송신과는 전혀 다르게, 트위터나 페이스북은 비록 제한된 범위 안에서라 할지라도 결코 특정되지 않은 수신자를, 전혀 정해지지 않은 독자를 대상으로 삼으며 그렇게 발설된다. 여기서는 일반적으로 그러한 발설이 적확하게 기대하고 목표로 할 수 있는 수신자는 존재하지 않는다. (예를 들어 '봇(bot)'의 형태에서 볼 수 있듯이, 그러한 발설은 때로 극단적으로 수신자 자체를 염두에 두지 않는 것처럼 보이기도 한다.) 이것은 전언(message)의 개념을 생각할 때 매우 중요하며 특징적인 성격이다. 그 전언은 특정한 수신자를 갖지 않고 부유하며, 수신자는 오히려 그 스스로 자발적이고도 임의적으로 그러한 수신자가 되기를 선택한 사람이다.

따라서 인문학은 일견 가장 민주주의적이고 가장 평등주의적으로 여겨지는 이러한 '소통'의 구조가 오히려 민주주의와 평등주의 그 자체가 지닌 가장 적나라한 한계의 실체를 가장 징후적으로 드러내는 것은 아닌가 하고 반문할 수 있다. 인문학이 SNS를 통해 물어야 하고 또 인문학 자체가 SNS 안에서 변화해야 하는 지점은 바로 이러한 징후에 대한 해석과 대응에 달려 있다. 이러한 지평에서 소위 보편성을 지향하고 객관성으로 통합되며 중립성으로 교정되는 집단지성에 대한 어떤 믿음이나 희망이 합의나 종합에 대한 일종의 '지독한 환상'에 근거하고 있었던 것은 아닌가 되물어야 한다. 오히려 SNS는 인문학으로 하여금 보편적이지 않고 편파적이 되는 인식의 방법, 중립적이지 않고 당파적이 되는 존재의 윤리, 통합적이거나 체계적이진 않지만 그러한 것을 대체할 수 있는 또다른 종류의 총체성이 지닌 감각의 정치를 요청하며 또한 종용하고 있기 때문이다. SNS는 보편성을 해체하며, 또한 그러한 보편성이 전제하던 통일성과는 다른 형태의 어떤 총체성, 그 불가능한 가능성에 대한 질문들을 인문학에 요구하고 있는 것이다.

인문학적인 입장에서 봤을 때 세심하게 경계해야 할 근본적인 지점은 또 있다. 우리는 우리의 시대를 SNS의 시대로 생각하고 또 그렇게 행동한다. 그러나 SNS가 그렇게 한 '시대'를 대변하는 대표적 현상이라고 말해버릴 때, 우리는 그와 동시에 저 월드와이드웹과 스마트폰이라고 하는, 일견 지극히 보편적이고 당연한 것으로 보이지만 실은 매우 특수하고 특정한 물질적 조건의 유물론적이거나 계급적인 의미를 망각하거나 은폐하고 있는 것이다. 광속의 인터넷과 최신의 휴대전화는 누구나 갖고 있는 것도 아니며 또한 누구나 가질 수 있는 것도 아니다. 그러나 우리는, 우리의 시대를 'SNS 시대'라고 호명할 만큼, 그러한 특수한 물질적 조건들이 마치 우리 시대 구성원들이 보편적이고 일반적으로 지니고 있는 존재 조건인 양 생각하고 행동하는 경향이 있다. 말하자면 이러한 경향이야말로 'SNS 시대'라는 보편적 규정을 훨씬 상회하는 가장 '보편적인' 환상일지 모른다. 인문학이 SNS를 통해 그 안에서 던질 수 있고 던져야 하는 질문들이란 이런 것이다.

트위터라고 하는 지저귐(twitter)의 형식과 대상은, 잠에서 깨 일어나서 먹고 싸고 일하고 놀고 다시 자는 소소한 일상에서부터 개인적인 안부의 교환과 소망의 표현, 사회적이고도 정치적인 발언과 의지의 표명을 통과해 정치, 경제, 문화 등의 거대담론에 이르기까지, 바로 지금 이 순간에도 140자라는 지극히 협소한 공간 안에서 실로 다양하고 방대하게 펼쳐지고 있다. 트위터는 묻는다. '무슨 일이 일어나고 있나요(What's happening)?' (한동안 이 질문은 무심하게도 '새 트윗을 작성하세요(Compose new tweet)'라고 하는 밋밋한 명령형으로 바뀌기도 했다.) 우리는 그 질문이 남겨둔 공란에 우리에게 일어나고 있는 일들을 바로 그 제한적인 140자 안에 적어넣는다. 이 질문은 그 자체로 하나의 대답을, 더 적확하게 말하자면, 그러한 대답이 반드시 지녀야 할 어떤 적합한 대답의 형식을 이미 그 자신 안에 포함하고 있다. 그 대답이란, 그 대답의 형식이란, 곧 '무엇(what)'이다. '무엇'이, '무슨' 일이 일어나고 있는가. 그리고 이러한 '무엇'이 단순히 하나의 '해프닝(happening)'이 아니라 일종의 '사건(event)'이 될 수 있기 위해, 우리가 SNS 안에서 물어야 하고 또 대답해야 하는 것은 어떤 것이 되고 있으며 어떤 것이 되어야 하는가. 누군가는 '자폐적인' 이념의 시대는 가고 바야흐로 '소통적인' 실용의 시대가 왔다고, 추상적인 관념의 시대는 사라지고 현실적인 경제의 시대가 등장했다고 말한다. 그러나 이러한 지저귐만큼이나 공허한 지저귐은 다시 없을 텐데, 왜냐하면 '이념의 시대가 끝났다'라고 하는 시대의

식만큼 강력한 이념이야말로 존재하기 힘든 것이기 때문이다. SNS는 여전히 가장 중요하고 결정적인 우리 시대의 투쟁이 개념과 이념을 둘러싼 이데올로기적 투쟁이라고 말하고 있다. 그리고 아마도 이 말의 가장 결정적이고도 치명적인 수신자는 바로 인문학일 것이다.

2. 10년 후

현재 이 순간 내가 이에 다른 말들을 덧붙일 수 있다면, 바로 지금 우리 사회 안에서 인문학에 대해 과연 무엇을 말할 수 있을까, 여전히 말할 것이 남아 있을까. 바로 이것이 하나의 질문이다. 그러므로 이러한 상황을 전제로 이러한 질문과 함께 시작하는 이 또하나의 글은, 무엇보다 우리 시대 인문학이 스스로 써내려가고 또 스스로 낭독하게 되는 하나의 '유서', 혹은 뒤늦게 첨부하게 되는 하나의 '후기'일 수밖에 없음을 미리 경고하듯 알려둔다.

그러므로 이 미래 같은 현재로부터 한때 현재였던 과거로 시선을 돌려 다시금 저 '인문학'이라는 말을 되짚는다. 우리가 현재 대단히 익숙하게 사용하고 있는 [것처럼 느끼지만 사실은 이토록 '친숙하게' 사용한 지가 그렇게 오래되지 않은] '인문학'이라는 개념의 외연이 저 '인간'이라는 관념과 실제, 그리고 그를 둘러싼 거의 모든 것들에 관한 논의를 여전히 뜻한다고 할 때, 인간과 그 관계라는 개념 자체가 완전히 새롭게 재편되는 듯 보이는 이 SNS의 세계에 대해 인문학이 무언가를 말할 수 있고 또 말해야만 하는 당위의 상황은 일견 지극히 당연하게 보인다. 게다가 인문학 그 자체가 단순한 (다시 말해, 그 어떤 복잡계로부터도 독립적으로 떨어져 있는) 메타-학문이나 메타-이론이 아니라 이미 그 스스로 이러한 환경의 변화와 세계관의 재편에 가장 긴밀하고도 구조적으로 연결되어 있고 또 가장 밀접하고도 직접적으로 영향을 받을 수밖에 없는 일종의 포함관계에 놓여 있는 것이라고 한다면 더더욱, 인문학은 그 자신의 전체이자 동시에 부분인 이 SNS 환경/세계에 대해서 다시금 계속해서 무언가를 말해야 하고 또 그렇게 말할 수밖에 없을 것이다. 무엇보다 인문학이란 가장 기본적으로 그렇게 말들을 계속해서 보태고 쌓으면서 다시 흐트러뜨리고 무너뜨리며 그 위에서 또다시 다른 말들을 세우는 일일 테니까.

　　나는 일찍이 SNS의 가장 대표적인 두 형태, 곧 트위터(Twitter)와 페이스북(Facebook)에 대해 이미 다음과 같은 취지의 다소 극단적/급진적(radical) 규정을 시도한 바 있었다. 트위터는 대화(dialogue)를 가장한 방백 혹은 독백(monologue)의 형식일 뿐이며, 페이스북은 소통(communication)을 가장한 과시 혹은 전시(exposition)의 형식일 뿐이라는 것. 그로부터 시간은 꽤 많이 흘렀으나 상황은 이전과 정확히 똑같거나 오히려 더욱 심화되었다. 우리가 가장 민주주의적이며 가장 평등주의적인 세계의 도래를 현실화시켜줄 것이라고 믿어 의심치 않았던 이 가상적 공간의 형식들은, 일견 집단지성 내부에서 끝없이 계속되는 '멘션'과 '리트윗'의 대화처럼 보였던 것이 실은 '드립'의 헛된 연속과도 같은 자폐적 독백에 불과했던 것임을, 혹은, 일견 열린 소통의 시장 속에서 끊임없이 교환되는 관계의 지속과 확장처럼 보였던 것이 실은 '좋아요(like)'의 무의미한 반복과도 같은 자족적 전시에 불과했던 것임을, 우리에게 매우 명백하게 드러내주었다.

그리고 이러한 명백한 특징들은 우리 시대의 소위 가장 '핫'한 SNS의 형태라고 할 수 있을 인스타그램(Instagram)에 이르러 더욱더 '발전'된 모습을 보여주는데, 그래도 트위터라는 140자의 한계 내에서 그나마 언어로 발화될 수 있었던 독백은 이제 아예 무언(無言)이나 이모티콘으로 대체되었고, 오로지 몇 컷의 사진이라는 이미지만이 중심이 되는 시각의 체제 안에서 그나마 최소한으로 유지되었던 전시라는 공통의 장은 이제 아예 노출이라는 일방적 방향성의 공간으로 대체되었기 때문이다. 인스타그램이 우리 시대 SNS가 지닌 어떤 정적인 상태를 대변한다면, 그 동적인 상태를 대표하는 것은 물론 유튜브(YouTube)일 텐데, 이는 프랑스 철학자 레지스 드브레가 일찍이 그의 매체학적 구분에 의거하여 말했던 시각계(vidéosphère)의 완전한 도래를 표상하는 하나의 완벽한 징후와도 같다. 왜냐하면 유튜브가 중심이 되는 세계야말로 보는 것이 바로 아는 것을 뜻하며 보는 것이 바로 믿는 것으로 화하는 일종의 시각-지식 혹은 시각-종교의 체제를 의미하기 때문일 텐데, 우리의 질문은 바로 이러한 인스타그램과 유튜브로 극대화된 시각계의 매체학적 장 안에 놓인 인문학의 불안정한 위치에 정확히 포개어진다.

우리가 인문학에 대한 전통적이고도 정통적인 규정을

계속 유지한다고 할 때, 인스타그램이나 유튜브와 같은 새로운 형태의 매체들은 그러한 정통적 인문학이 전통적으로 요구해왔던 깊은 심도의 대화나 긴 호흡의 논의를 아예 소멸시키거나 완전히 다른 형태의 시각 또는 세계관으로 대체하는 듯이 보인다. 말하자면 우리는 이러한 시대에 여전히 전통적 의미의 인문학이 지닌 위상을 강조하면서도 동시에 그와는 전혀 맞지 않은 매체 속에서 바로 그러한 인문학의 이상을 '업데이트'하려는 기이한 욕망에 사로잡혀 있는 것이다. 따라서 이러한 매체 환경의 역동적 급변 안에서 나아갈 인문학의 앞날을 단순히 묻는 것이 문제가 아니라, 바로 인문학이라는 우리의 표상 자체가 이러한 역설적이고도 모순적인 상황 속에서 계속해서 요구되고 있다는 이 징후 혹은 증상 그 자체야말로 우리 시대가 직면한 가장 '인문학적'인 상황이라고 말해야 한다. 다시 말해서 이 확장되고 심화된 SNS의 시대에 인문학의 길을 묻는 일은, 마치 그 스스로는 결코 변하지 않는 절대적 개념처럼 보이는 인문학 그 자체를 문제삼는 것이 아니라, 오히려 그러한 매체 환경과 함께 더불어 변화하고 있는 '인문학'이라는 징후 그 자체를 직시하며 바로 그 징후 안에서 변화된 '인간'과 '관계'를 다시금 사유하고 실천하는 일이 될 것이다.

우리는 과거에 어떠한 조건 속에서 이 SNS의 '집단지성'이라는 개념에 어떤 희망을 걸었으며, 또 지금은 어떠한 상황 속에서 바로 그 똑같은 집단지성의 허구를 인지하게 되었는가. 혹은, 우리는 과거에 어떠한 가상 속에서 이 SNS의 '익명성'이라는 개념에 어떤 가능성을 걸었으며, 또 지금은 어떠한 현실

속에서 바로 그 똑같은 익명성의 허상을 인식하게 되었는가. 이 질문들을 다시 다른 형태로 바꿔보자. 일견 서로 평등한 듯 보였던 익명적 집단지성의 실체란 결국 거의 종교적 신열에 가까운 무조건적 믿음을 정당화하는 당파적 확신을 더욱 고착화하는 데에 일조하는 것이 아니었나(그리고 바로 이러한 의미에서 SNS의 장은 단순히 기존하는 서로의 고착된 기호만을 확인하는 공간일 뿐, 새로운 확장이나 접합은 오히려 근본적으로 불가능하게 된 공간은 아닌가, 그래서 결국 마치 '친박'이 오직 '친박'만을 재확인하듯, '문빠'는 오직 '문빠'만을 재생산하는 것은 아닌가), 혹은, 일견 무제한의 정치적 자유의 주체로 보였던 저 익명이란 결국 현실의 자아와 가상의 자아로 분열된 이중 자아의 SNS적 존재 방식 그 자체를 가리키는 또하나의 이름, 그래서는 결국 이름 없음의 익명이 아니라 그 자체로 이미 규정적인 또다른 명칭이 된 것은 아니었나(그리고 또한 바로 이러한 의미에서 저 모든 익명들이란 결국 단지 '우리가 조국이다'라는 대단히 분열적이고 몰염치적이면서도 심지어 탈정치적이기까지 한 기상천외한 구호를 탄생하게 만든 징후적 배경이 되었던 것은 아닌가).

따라서 앞서 경고하듯 덧붙였던 것처럼, 이 모든 물음들은 일종의 유서 혹은 후기가 될 수밖에 없는 것인데, 여전히 질문들은 해결되지 않고 오히려 질문 그 자체로서 심화되거나 악화되며 오히려 전염되듯 확장되는 것처럼 보이기 때문이다. 그러나 다시 한번 말하자면, 거꾸로 우리가 지금 가장 시급하고도 가장 근본적으로 인문학의 위치를 물어야 하는 지점은 바로 여기이다. 매체 '속에서' 단지 따로 변하는 것이 인문학이 아니라, 오히려 그 매체 '속으로' 함께 개입하여 되물어야 하는 것이 바로 인문학이기 때문이다. 여기서 개입이란 무엇인가, 바로 이것이 어쩌면 우리 시대 인문학이 끊임없이 그리고 끝도 없이 물어야 할 하나의 '인문학적' 질문이다. 가상의 정치를 어떻게 현실의 정치로 '끌어올' 것인가 하는 것은 더이상 진정한 문제가 아니다. 거꾸로 이미 또하나의 현실이 된, 아니 차라리 그 자체가 현실을 거꾸로 창조하는 가상의 미학-정치 안에서 어떻게 다른 현실의 미학-정치가 상상되고 창조되며 실행될 수 있는가 하는 물음, 바로 이러한 가장 근본적인 '인문학적' 물음이 인문학 그 자체의 위치를 묻는 가장 미학적이며 동시에 정치적인 물음이 될 것이다. 인문학이란, 우리가 흔히 생각하듯 단지 기존하는 세계를 거스르는 변혁의 도구가 아니다. 인문학을 그러한 자기 계발과 처세술의 만능 부적처럼 '과대평가'해서는 안된다. 인문학이란 SNS라는 상황의 밖에서 작동하는 외부의 것이거나 그러한 상황 자체를 하나의 도구로써만 이용할 수 있는 독립적인 것이 아니라, 바로 그 SNS라는 하나의 '세계'와 함께 걷는, 그렇게 함께 뒤섞이고 함께 뒹굴고 있는, 또한 그렇게 그 세계의 안에서 그 한계와 가능성 곁에서 같이 진행되는 어떤 자가진단의 기술, 병리적 징후의 응시이기 때문이다.

그러므로 다시 돌아보는 SNS 시대를 위한 인문학의 이러한 유서 혹은 후기가 남길 마지막 말은 다음과 같다. 보는 것만이 온 진실이며 보이는 것만이 전 세계를 뜻하게 된 이 시대에, 거꾸로, 보이지 않는 것을 읽어내는 독해의 기술, 오히려,

비가시적 징후를 해석하는 진단과 비평의 방식, 바로 이러한 의미와 이러한 의의에서의 인문학만이 이 구원 없는 가능 세계의 안과 밖으로 하나의 불가능한 구원을 가져다줄 것이다. 더구나 그것도, 미래 없는 장래의 어떤 도래 안에서, 하지만 동시에, 이미 지금 여기에 도착해 있으나 여전히 우리가 계속해서 기다려야 할 어떤 기이한 강림의 방식으로.

6 증상의
발명,

상처의 봉헌,

흔적의 순례①

0. 피해자인가 가해자인가:
종교-도덕적 자기의식과
미학-정치의 자기형식들

빌 비올라, 〈의식(Observance)〉(2002). 의식(儀式)하는 의식(意識), 의식(意識)되는
의식(儀式), 하여 어쩌면, 또다른 의식(衣食)의 조건들, 증상들, 상처들, 흔적들.

저 익숙하고도 생경한 하나의 아포리아를 탐색하기 위해, 이
하나의 움직이는 작품으로부터, 그러나 동시에 또한 움직일
수 없는 작품으로부터, 그렇게 다시 시작해보자. 빌 비올라의
2002년 작품 〈의식〉이 바로 그것. 세로로 길쭉한 화면 안에 상
반신만 보이는 등장인물들이 일렬로 줄을 선 채 자신의 차례를
기다리며 천천히 앞으로 나와 무언가를 목격한다, 아니 차라리,
알현(謁見)한다. 그리고 곧바로 그들의 얼굴은 참을 수 없는 고
통의 표정으로 일그러진다(그들은 자신들의 대열 속에서 그 고

통을 어쩌면 미리 준비하면서 기다리고 있으며, 그들의 고통
은 화면의 가장 앞줄에서 가장 극대화된다). 이들은 장례식장
에 온 것일까, 아니, 그저 그렇다고만 하기에 저 슬픔과 경악의
표정들에는 어딘가 훨씬 더 직접적이고 즉발적인 무언가가 있
다. 그렇다면 그들은 단지 주검을 마주하고 있는 것일까, 예상
치 못한 어떤 급작스러운 참사의 결과를 바라보고 있는 것일까,
아니, 또한 단순히 그런 주검을 마주했다고 말하기에는 어딘
가 부족하거나 과도한 부분이 있고, 갑작스러운 결과와 마주했
다고 말하기에는 말 그대로 하나의 '의식'을 행하는 것처럼 그
들의 걸음은 차분하면서 규칙적으로 일정한 보폭과 리듬을 유
지하고 있다. 어쩌면 이들은 주검이 아닌 다른 무언가를, 그보
다 더 끔찍하고 우울하며 감정을 북받쳐오르게 만드는 무언가
를, 그러나 동시에 그러한 일정한 의식(곧 제의이자 동시에 정
신인 '의식')의 형식을 갖추고 차례로 바라봐야 하는 무언가를,
그렇게 마주하고 있는 것인지도 모른다, 그렇게 일렬로 서서
마치 말 그대로 하나의 '의식'을 치르거나 갖추듯, 그렇게 무언
가를 '의식적으로' 배알(拜謁)하고 있는 것인지도 모른다. 배알
도 없이, 배알하기. 그러나 나와 당신은 모른다, 그것이 얼마나
거대하고 엄청난 것인지를, 혹은 그것이 얼마나 사소하고 보잘
것없는 것인지를, 나와 당신은 결코 알지 못한다, 볼 수 없으므
로, 그 대상을 바로 눈앞에 마주할 수 없으므로, 다만, 단지, 그
대상을 마주하고 있는 인물들을, 그 인물들의 표정들을, 그 고
통 자체의 가장 구체적이고도 동시에 가장 추상적인 형태를 마
주하면서(그러나 '그것' 자체[Ding an sich]는 결코 마주하지

스스로 피해자가 되기를 극구 거부하는, 스스로 가해자라고 고백하며
주장하는, 이 또다른 '피해자'들의 모습을, 나와 당신은 과연 어떻게
이해해야 할까, 이것이 하나의 물음이다. 스스로 피해자가 되기보다는,
스스로가 피해자임을 인정하기보다는, 오히려 그 스스로 나서서 자신이
가해자이자 권력자의 위치에 서고자 하는 전도된 변태적 '주인 의식',
또다른 이름의 '우리'가 마주하고 있는 어떤 끔찍한 주검의 풍경은 바로
이러한 '의식' 속이다. (ⓒ『국민일보』호임수 기자, ⓒ『교육희망』윤근혁
기자)

못한 채), 그 대상의 크기와 넓이와 깊이를 오직 그렇게만 가늠하고 추측할 수밖에 없으므로. 그러므로 문제는 다시 어떤 **시점**(視點, point of view), 어떤 **시선**(視線, gaze), 그리고 어떤 **시각**(視角, perspective)이다. 그리고 또한 이것이, 이 작품에서 나와 당신이 확인할 수 있듯, 하나의 의식(observance)이 또한 바라봄(observation)의 한 형식일 수밖에 없는 이유이다. 반복하자면, 의식(儀式/意識)이란 하나의 제의임과 동시에 하나의 정신이므로.

이 하나의 의식을 향해, 또다른 하나의 의문을 통해, 그렇게 또다시 에둘러 가보자. 하여, 나와 당신은 항상 궁금하다, 역사의 명백한 피해자들은 어째서 거의 언제나 스스로를 명백히 가해자와 동일시하는가, 어째서 그들은 스스로 피해자가 가질 수 있는 '권리'와 '윤리'의 의식을 포기한 채 가해자의 '이익'을 외려 가장 크게 의식하는 듯이 보이는가, 혹은 더 적확하게는, 어째서 피해자들은 스스로 가해자들이 지닌 권리와 권력에 자신들의 권리와 권력을 그렇게 쉽사리 일치시키고 등치시키는가. 왜 그들은 스스로 피해자로서의 윤리적 우위를 버리고 그렇게 쉽게도 자신들을 가해자의 정치적 논리 안에 위치시키는가. 그리고 이러한 전도된 변태적 '주인 의식'은 어떤 '노예의 미학' 위에 서 있는가. 예를 들자면, 왜 '해병대전우회'는, 왜 '어버이연합'은, 왜 '일베'들은, 그렇게 실제로는 자신들의 가치도 아니고 자신들의 가치도 될 수 없는 것을 그토록 자신들의 가치로 신실히 믿고 또 굳건히 수호하려고 그렇게 발악하는가, 다시 예를 들자면, 그들은 정부의 관료나 대변인도 아니고 전

경련의 핵심 멤버도 아닌데, 그들과는 전혀 어떤 경제적 이해
관계를 공유하지 않는 이들임에도 불구하고, 다시 냉정하게 말
해서, 그들의 이익에 복속된 운명 공동체도 아닐 텐데, 어째서
현재의 그들을 바로 그렇게 현재의 그들일 수밖에 없게 만든
가해자의 논리를 오히려 자신들의 논리로 삼아 믿고 따르며 그
때문에 살[고 있는 척하]고 또 그 때문에 죽는[척이라도 하는]
가, 이것이 나와 당신의 오래된 물음이다(그리고 또한 그 답을
오랫동안 알 수 없는 물음이기도 하다).

　　그렇다면 그들은 그저 어떤 특정한 이데올로기의 대변
자인가, 그저 어떤 특정한 지배계급의 대리자들일 뿐이고 나팔
수들일 뿐인가. 요약하자면, 그들은 단지 무지한 꼭두각시이자
몽매한 로봇일 뿐인가. 아마도 단지 이렇게만 생각한다면 아주
많은 것들이 편해질 것이다, 그저 그렇게, 편안해지기만 할 것
이다(나와 당신은 편안해지기를 원하지만, 그러나 결코 이렇게
편안해지기를 원치는 않는다, 그렇다고 믿는다, 그렇게 믿는다
고 말하는, 나와 당신은 또한 얼마나 불편한가, 얼마나 불편한
이름의 또다른 '우리'인가). 그러나 그러한 거친 도매금의 유혹
과 성급한 일반화의 시험에 빠지는 순간, 나와 당신은 저 피해
자들의 가해자-놀이가 지닌 자기기만의 회로와 똑같은 함정에
빠지게 되는 것, 그와 똑같은 수순의 퇴락을 밟게 되는 것, 욕하
면서 배운다고 했던가, 그렇게 나는 그들의 대척점에 스스로를
위치시키며 그렇게 또다른 가상적 축의 대리자이자 대변자로
서 나 자신을 단순히 설정해버리는 것, 그렇게 되어버리는 것,
그럼으로써 '우리'와 '그들'을 공히 가로지르며 아우르고 있는

어떤 구조를 망각하게 되는 것, 그래서 어쩌면 내가 이 '유혹'과 '시험'이라는 기독교적 명명법 혹은 노예-도덕적 분류법 위에 섰을 때부터, 그러한 문법과 구조 위에서 그렇게 입을 떼었을 때부터, 그렇게 구분하기 시작하고 그 구분을 돌이킬 수 없는 가장 최종적인 것으로 스스로 인가했을 때부터, 그렇게 게임은 이미 끝나 있는 것인지도 모르는 것. 그러므로 조심해야 한다, 적들 자체가 아니라 적과 동지를 구성하고 있는 우리의 '미학' 그 자체를, 그 대립의 지점을 구성하고 있는 감각적/감성적 체제의 이데올로기 그 자체를, 가장 조심스럽게 경계하고 가장 예민하게 조심해야 한다. 하지만 어떻게, 얼마나 예민하게 조심하고, 얼마나 세심하게 경계해야 하는가. 무엇보다 먼저, 그러한 조심과 경계는 과연 가능한가, 그리고 어떻게 가능해지는가. 조심과 경계란, 대립하지 않는 대립, 불화 없는 불화의 다른 이름, 곧 '우리' 체제의 또다른 알리바이는 아닌가, 또다른 알리바이 같은 아포리아는 아닌가. 이 모든 것이 저 피해자들의 가해자-놀이를 통해 에둘러 가는 길이 낳는 여러 물음들이다.

빌 비올라, 〈경악하는 다섯 명(The Quintet of the Astonished)〉(2000)

그렇다, 나는 그것을 일단 '가해자-놀이'라고 부른다. 역사의 피해자들이 스스로를 피해자로 인정하는 것이 두렵고도 억울하여 그 사실을 회피하는 방식으로 스스로에게 거는 집단적 최면, 일종의 마술, 따라서 피해자들이 자신들의 정체성과 그에 따르는 권익을 가해자의 그것들과 동일화하게 되는 일종의 영속적 노예 역할의 세뇌 놀이, 나는 이 가장 착종적인 근대의 병증을 이렇게 '가해자-놀이'라는 이름으로 부를 것이다(언제나 흥미롭고도 씁쓸한 것은, 마치 닭이 먼저냐 달걀이 먼저냐 하는 저 오래된 논쟁에서처럼, 근대적인 것과 착종적인 것은 이렇듯 일종의 짝패를 구성하고 있다는 사실, 등이 붙은 배다른 쌍둥이, 욕창마저도 그 자신의 존재 조건으로 내면화하는 그런 쌍둥이 같은 속성들이라는 사실이다). 한 익숙한 영어 표현이 이 상황에 딱 들어맞는다, it works, 말 그대로, 그것은 작동한다, 작용한다, 다시 말해, 그것은 그만큼 효과가 있다, 그만큼 먹힌다, 먹어준다, 무엇이든 잠식하며 무엇이든 소화시킨다. 그러므로 다시 말해, it sucks, 그것은 빨아들이듯 썩어들어가면서 작동하고, 그렇게 작동하면서 다시금 썩어들어가듯 모든 것을 빨아들인다. 이 영속적 노예 역할 놀이인 가해자-놀이가 이렇게 '먹히기에', 이렇게 '썩어들어가듯' 빨리기에, 다음과 같은 일련의 불가능해 보이는 일들이 비로소 가능해진다: 자신들을 전쟁의 소모품으로 사용한 국가와 정부를 향해 그 어떤 격렬한 시위와 항변과 반항을 해도 모자랄 '전우회'가 '대한민국 수호'라는 지극히 아름다운 구호 아래 오히려 자신들에게 씻을 수 없는 상처를 안겨줬던 바로 그 국가와 정부의 편에서 그 모든 반전(反戰)에의 노력들을 '빨갱이 짓'으로 낙인찍고자 발악하는 것. 그리고 자신들을 근대화 과정의 부품으로 이용한 수구의 정치와 경제를 향해 그 어떤 신랄한 비판과 견제를 해도 모자랄 '어버이'들이 '연합'이라는 지극히 분파적이고 당파적인 이름 아래 바로 그들의 정치와 경제의 편에서 그 모든 변혁에의 추구를 '애들 장난'으로 매도하고자 발악하는 것. 또한 자신들을 기형적인 극렬 집단으로 만든 체제 자체에는 정작 눈을 감은 채 '일베'들이 자신들의 분노를 일견 가장 비논리적이고 엉뚱한 방향으로 자신들의 계급적 이익에 반하고 동시에 자신들을 그렇게 만든 구조 자체에 눈먼 채 분출하는 것. 바로 이것, 저것, 그것들.

　　권력이 무엇보다 두려운 것은, 이데올로기가 그 무엇보다 무서운 것은, 그것들이 직접적으로 강제하는 형식이나 외형적 물리력 때문이 전혀 아니다. 그 내재적 작용에는 무언가 '기독교적'인 것이 있다(그리고 그 '기독교적'인 것은, 예전이나 지금이나, 보이지 않는 수많은 신도들을, 그 믿음의 노예들을, 마치 전시품이자 전리품처럼, 영속된 구속의 좀비들처럼 거느리고 있다). 일단 믿음을 가지기 시작하면, 무엇을 믿는지도 모르고, 바로 그 믿음이라는 형식에 함몰되고 압사된다. 그리고 삶 전체를 그 믿음을 위해 바친다. 말하자면, 사는 동안 계속해서 죽어가는 것이다, 그것도 필요 이상으로, 하나의 과잉 혹은 잉여로서/써. 그리고 아마도 이러한 과잉 또는 잉여의 다른 이름이, 그리고 그러한 과잉과 잉여를 설명해주고 옹호해주며 키워주고 길러내는 이름이, 바로 믿음일 것이다. 기독교라는 맘

몬(Mammon)의 자본주의는 바로 이러한 잉여의 가치들을 창출하는 하나의 종교-경제적 체제이며, 바로 그러한 정치경제적 이익을 일종의 믿음의 가치로서 공고히 만드는 미학-정치의 체제이다. 그러므로 우리 눈앞에 놓인 보이지 않는 것의 정체는, 그 비가시적 체제의 정체, 그 눈멀게 하는 체제의 정체는, 아마도 이러한 믿음의 미학일지 모른다. 그 믿음 안에서 우리는 스스로를 아름답다고 생각하므로, 그리고 그 아름다움은 끝끝내 관철되어야 하는 것으로 여겨지므로. 과잉과 잉여는 그러한 환상적 믿음의 요체이자 또한 조건이기도 한 것. 중요한 것은 이제 그러한 과잉과 잉여가 사라져야 할 여분으로 존재하는 것이 아니라 현대의 존재 그 자체를 가능케 하는 하나의 절대적 필요악이라는 거대한 부정성으로 등장했다는 사실, 바로 그것일 것이다. 또다른 이름의 '우리'는, 아직 주체화되지 못한 모든 비가시적 주체들은, 바로 이러한 현대적 체제 그 자체의 상징과 실재를 모두 (불)가능케 하는 기이한 특이점에 주목해야 한다. 과거 '근대적' 시공간은 하나의 특이점에서 발생한 일종의 '빅뱅'이었고 또 그렇게 이해될 수 있었으나(따라서 그 과정은 결코 되돌릴 수 없는 비가역적인 것이었다), '현대적' 시공간의 과잉과 잉여는 오히려 여러 수다한 특이점들을 생성시키고 소멸시키는 일종의 '블랙홀' 혹은 최종적 해결책(final solution)이 된 것인지도 모른다. 아마도 그럴 것이다. 마치 그 자신도 남성 지배 체제의 한 '피해자'일 뿐인 남성이 피해자로서의 자신의 정체성을 완전히 망각한 채 오히려 페미니즘이 자신들을 '잠재적 범죄자'로서 공격한다고 무지하게 오해하면서, 여성과 함께 연대하여 힘을 합쳐 맞서서 부서뜨려도 모자랄 체제에 대해 오히려 그 스스로 부역하고 동조하면서 가해자이자 권력자라는 하나의 상상적이고 그릇된 정체성을 그저 그대로 공고히 유지하며 그 자신이 앞서 노예로서 고착되는 것, 이 역시 동일한 미학-정치의 맥락에서 진단되고 비판되어야 할 중요한 '가해자-놀이'의 한 현상이다. 아마도 그럴 것이다. 이 하나의 뿌리를 갖는 여러 의문들을 물고 늘어지기, 먹히거나 먹어주지 않고, 배알 없이 배알하지 않고, 썩어들어가거나 빨려들어가지 않고, 그렇게 물고서 놓아주지 않기, 그 체제를 작동하도록 가만히 놓아두지 않기, 아마도 이것이 나의 우회로들 안에서 가장 강력한 아포리아와 그 아포리아를 실천하는 가장 강력한 동기를 제공할 것이다.

여기서 평양이란 이름은 지도에는 존재하지만 심리적으로는 존재하지 않는 지명, 모든 것들을 추방해서 가둬둘 수 있는 부재의 공간을 가리키는 이름이다. 하여 '어버이'들이여, 마음에 안 드는 것들은 죄다 저 북한으로 옮겨놓고, 그렇게 삐라 뿌리듯 풍선 띄우듯 고이 보내놓고, 이 아름다운 대한민국에서 부디 만수무강하시라. 그러나 동시에 기억하시라, 그대들의 정신과 의식은, 저 멀리 뿌려댄 삐라만큼이나, 그렇게 멀리, 다시는 돌아오지 못할 곳으로, 그렇게 실종되었음을, 그렇게 멸종되었음을.
(ⓒ『오마이뉴스』 권우성 기자)

　　그렇다면 이 아포리아 앞에서, 다시금 또다른 시작으로 돌아가보자, 지겹도록 돌아가서는, 그렇게 반복해서 물어보자, 그렇게 재차 시작하고 또 시작해보자. 〈의식〉에 등장하는 인물들이 바라보고 있는 것은 무엇인가. 그것이 도대체 얼마나 끔찍하고 슬프며 혐오스럽고 고통스럽기에, 저들의 얼굴을 저토록 수심 가득히 일그러뜨릴 수 있었던 걸까. 그들은 정말 배알 없이 배알하는가, 실체 없이 일그러지는가, 썩어들어가고 빨려들어가며 그렇게 작동되는가, 보이지 않는 것 앞에서 그 스스로를 가시적인 것으로 현시하고 재현하고 있는가. 그러나 바로 여기서 나는 질문을 또다시 바꿔본다, 그렇게 다르게 또한 시작해본다. 나는 〈의식〉의 등장인물을 통해 똑같이 표정을 일그러뜨리고 있는 나 자신을 발견한다. 그러니 이제, 화면 자체가 화면 안에 보이지 않는 어떤 비가시적 대상을 가시적인 것으로 (그러나 여전히 '비가시적 가시성'으로) 드러낸다고 하는 저 하이데거(Heidegger)식의 은폐와 개시의 '근대적' 미학은, 우리 그만 잊기로 하자. **어쩌면 문제는 비가시적인 것을 가시적인 것으로 드러내는 정치가 아니라, 가시적인 것 안에서〔조차〕 놓치고 있는, 아니 오히려 그것이 지극히 가시적인 것이라는 사실에서 오는 어떤 역설적 비가시성의 미학, 바로 그것인지도 모른다.** 문제는 보이지 않는 구조라기보다는 우리가 보고 있으면서도 보지 못하는 어떤 표정들, 저 구조의 효과들이다. 보이지 않는 것은, 그것이 물리적으로 보이지 않기 때문에 비가시적인 것이 아니라, 그것이 뻔하고 분명하게 보이고 있음에도 그 보임 자체를 불가능하게 만드는 구조와 체제에 의해서 비가시적

인 것이 되는 것이다. 그리고 바로 이것이야말로 내가 끊임없이
끈질기게 물고 늘어지며 말하고 있는 미학-정치의 이데올로기
가 지닌 실체 없는 실체이다. 그러므로 '그들'의 시선이 가닿아
있을 것이라고 상정된 미지의 대상에 대한 질문이 아니라(그
질문은 반드시 실체와 비-실체에 대한 우리의 오래된 대비와
구별의 논의가 겪었던 저 모든 패착으로 다시금 빠져들 것이
다), 바로 그들의 표정에 대한 질문, 곧 그들이 피해자인지 가
해자인지를 가려내는 질문, 혹은 더 적확하게는, 그들이 왜 피
해자 혹은 가해자라는 정체성과 자기의식을 갖게 되는가 하는
인식의 질문, 그 가장 미학적이고 감각적이며 감성적인 분할에
대한 인식의 질문이, 바로 여기서 나와 당신에게 더욱 유효하
고 절실해지는 것이다. 하여 다시 묻자면, 그렇게 다시 또다른
우회로를 가장하여, 가장 직접적이며 핵심적으로 되묻자면, '우
리'는 보이지 않는 것을 어떻게 보이게 만들 수 있을까, 들리지
않는 것을 어떻게 들리게 만들 수 있을까, 결국, 사유할 수 없고
실천할 수 없는 것을 어떻게 사유 가능한 것과 실천 가능한 것
으로 바꿀 수 있을까. 바로 이 지점에 '우리' 미학-정치의 목숨
을 건 도약이 명확히 숨어 있다, 은밀히 드러나 있다.

1. 미학인가 정치인가: 새로운 투석전과 오래된 패션 사이의 선택 불가능성

하여, 나는 이 길을 다시 한번 에둘러 갈 것이다, 반복하자면, 두렵도록 지겹게, 지겹도록 두렵게, 그렇게 빙 둘러서 갈 것이다. 그러므로 사실 나는 처음부터 의도적으로 일종의 역전된 길, 어떤 전도된 우회로들을 취했던 것인데, 왜냐하면 '우리'가 언제나 가장 일차적이고 일차원적으로 비난해 마지않았던 것은 가해자인 척하는 피해자가 아니라 오히려 피해자인 척하는 가해자였기 때문이다. 사실 피해자인 척하는 가해자는 가해자인 척하는 피해자보다 현상적으로도 심리적으로도 '우리'에게 훨씬 더 익숙하다, 그렇게 훨씬 더 익숙한 비판과 비난의 대상이 되곤 했다. 예를 들어 '우리'에겐 '우리나라'와 소위 가깝고도 멀다고 일컬어지는 '이웃 나라' 일본의 어떤 역사 인식이 바로 그런 양식화된 비난의 대표적 대상이 된다. '우리'는 그들의 '역

사 인식'이 어딘가 잘못돼 있고 심지어 대단히 부정하고 부당하
다고 생각하는 것이다. 그리고 일반적으로 이러한 '정의'는 매
우 타당한 것으로 여겨진다. 역사적 정의는 따로 있는데 왜 그
들은 그것을 못 보거나 외면하는가, 이것이 바로 '우리'의 오래
된 물음, 하지만 사실 애초부터 잘못 제기된 물음인 것. 왜 '역
사적 가해자'인 일본은 자주 정확히 그 반대로 '역사적 피해자'
의 몸짓을 취하는가. 왜 제국주의 최대의 가해자인 일본은 그
반대로 그렇게 자주 자신을 최대의 전쟁 피해자로 항변하는가.
이것은 분명 적반하장이 아닌가. 이렇듯 우리는 이러한 몸짓 자
체가 매우 잘못돼 있다고 일반적으로 생각하는 것이다. 이것이
'틀린' 생각은 아닐 것이다. 그러나 이 생각은 너무나 '직접적'
이다. 예를 들자면, 왜 야스쿠니신사는 언제나 그러한 피해자
의 신성한 처소이자 그 피해자의 혼을 달래는 상징이자 대표로
서 표상되고 통용되며, 또 '우리'는 왜 그러한 표상의 방식과 태
도에 대해 언제나 분개하는가. 그러나 소위 전승국들의 중심인
미국의 모든 정치적/군사적 행동들은 왜 역사적으로 자유민주
주의를 수호하려고 했던 노력들로 정당화되는가. 히로시마와
나가사키에 원폭을 투하했던 미국 제국주의의 반인륜적 폭력
성과 일본 제국주의가 20세기 전반에 자행했던 '똑같은' 반인
륜적 폭력성을 대비시키면서 우리가 처하게 되는 저 오래된 윤
리적/선택적 딜레마의 원인이 바로 여기에 있다. 그러므로 여
기서의 문제는 폭력 자체를 부정적인 것으로 소거하고자 함(비
폭력)이 아니라, 어떤 폭력을 선택할 것인가, 어떤 폭력의 편에
설 것인가 하는 문제로, 더욱더 부정적인 맥락으로, 정의의 폭

력과 불의의 폭력이 있다는 이분법으로, 그렇게 단순화하고 추락한다. 다시 반복해 말하자면, 그러한 단순화는 일종의 추락이다. 그러나 이러한 추락의 입장에서 반추하여 생각해본다면, 저 딜레마야말로 실은 완전히 잘못 제기된 딜레마, 사실은 전혀 딜레마가 아닌, 오히려 같은 동전의 양면일 뿐이다. 이러한 도덕적 딜레마가 가능해지는 것은 윤리적 선택이나 정치적 입장 때문이라기보다는 하나의 동일한 미학, 동일한 감각/감성의 지도 때문이다. 그 미학, 그 지도란 일종의 놀이이며, 이 놀이의 이름이 바로 가해자-놀이인 것, 또는 그런 가해자-놀이를 가능케 하는 감각적/감성적 체제인 것. 이는 이러한 가해자-놀이가 하나의 매력적인 기호이자 이익으로 작동하는 미학-정치의 지도 때문인 것이다.

하여 다시 에둘러 가자면, 어떤 민족주의를 선택할 것인가라는 문제, 바로 이 '해소되어야 하는 해소 불가능'의 문제가 저 동일한 미학과 감각의 현상적 징후와 증상을 구성한다. 일견 가장 극단적인 대척점에 서 있는 듯 보이는 두 국가/민족주의는 어떻게 동일한 하나의 미학 위에서 구성되는 서로 다른 두 개의 정치인가, 나와 당신이 던져야 하는 질문이 바로 이것이며, '실천적 아포리아'로서가 아니라 '아포리아의 실천'으로 대면하고 대처해야 하는 진정한 딜레마 역시 바로 이것이라고 말할 수 있다. 그러므로 어떤 민족주의를 선택할 것인가 하는 질문은 말 그대로 하나의 선택을 종용하는 질문이라기보다는, 혹은 그러한 선택이 가능한 질문이라기보다는, 바로 그 선택 자체가 착종되어 있는 것임을 드러내주는, **그 선택 자체가 이미**

현대사에 대한 기존의 자국 역사관을, 일본은 소위 '자학적' 사관이라는 말로, 한국은 소위 '냉소적' 사관이라는 말로 비판하곤 한다. 그러면서 자국의 역사에 대한 '부정적'인 인식을 넘어 소위 '긍정적'인 가치를 부여해야 한다고 한목소리로 이야기한다. 실로 너무나 아름다운 동맹관계, 너무나 바람직한 한일관계이지 않은가, 그렇지 않은가, 그렇지 않겠느냐고, 나는, 당신과 함께, 물어본다, 물어보는 것이다. 그러니까 바꿔 말하자면, 일본이 '피해자가 되고자 하는 가해자'라면, 한국은 '가해자가 되고자 하는 피해자'는 아닌가. 다시 한번 말하자면, 이 얼마나 사이좋은 이웃 나라들인가, 이 얼마나 환상적으로 완벽한 상호보완의 사이인가. 다시 말하자면, 이 둘은, 등이 붙은 배다른 쌍둥이, 야누스의 서로 다른 곳을 바라보는 한 머리의 두 얼굴은 아니겠는가. 바로 이러한 점에서 이 둘은, 완벽하게 근대의 증상과 징후와 병증을, 사이좋게 공유하고 있는, '동병상련'과 '초록동색'의 국가들이지 않은가.

선택 불가능한 일종의 '선택적 (불)가능 조건'임을 알게 해주는 하나의 징후이자 증상이다. 예를 들어, 한편으론 과거사에 대한 사과와 유감 표명의 반복을 '자학적' 사관으로 폄하하고 새로운 역사관의 수립을 주창하는 '일본 제국주의'의 기도와, 또 한편 으론 대한민국 성립기의 여러 부정적인 조건과 결과에 대한 비판적 시점을 '냉소적' 사관으로 규정하고 역시나 새로운 역사관의 수립을 꿈꾸는 '대한민국'의 기도 사이에는, 어떤 동일한 미학, 근본적으로 동질적인 하나의 감각적/감성적 지도가 놓여 있다. 그 둘은 일단은 서로를 극도로 배척하는 듯 보이겠지만, 결국 그 둘은 자신들만 모른 채 그저 서로를 보완하고 보좌하는 '적대적 공범자'들일 뿐이다. '우리'는 그것을 가장 먼저 민족주의적 미학이라고 쉽게 이름 부를 수 있겠지만, 나와 당신은 무엇보다도 그렇게 쉽게 불리고 그렇게 쉽게 부를 수 있는 이름들을 가장 먼저 경계해야 한다. 반복하자면, 가장 두렵게 조심하고 가장 날카롭게 경계해야 한다. 이 미학이란, 이 감각/감성의 지도란, 피해자에 대한 가해자의 힘이 지닌 미학, 역사적 피해자(약자)이기를 거부하고 역사적 가해자(강자)에 오르고자 하는 **힘의 미학**이다. 사람들은 말한다, 강한 것이 아름답다고. 이 때문에 '우리'는 대한민국이라는 국민국가의 성립 자체에 내재해 있는 불가능성들을 비판적으로 검토하는 모든 주장들에 그렇게 자생적이고 즉발적인 거부감과 경기를 일으킬 수 있는 것(예를 들자면, 그렇게 이야기하는 당신은 과연 '대한민국 국민'인가라고 묻는 국가-폭력적인 되물음, 그렇게 이야기할 거라면 차라리 북한에 가서 살지 그러냐고 내뱉는 국가-폭력적인 비아냥거림), 따라서 일본은 스스로를 가해자이자 죄인으로 여기는 '자학적' 사관에 대해, 한국은 스스로를 피해자이자 약자로 여기는 '냉소적' 사관에 대해, 그렇게 '민족주의적'으로 열기를 띠며 '이제는 그 어두운 통로로부터 빠져나오자'라고 말하면서 짐짓 역사적으로 '진지한' 태도를 취할 수 있는 것(또다시 반복하자면, '우리가 간직함이 옳지 않겠냐'고 말하는, 그 말속에 깊이 숨어 도사리고 있는 '가장 약한 강자'의 지극히 착종된 모든 어법들). 가해자인 척하는 피해자와 피해자인 척하는 가해자는 그렇게 동전의 양면을 구성하고 있는, 동일한 미학과 동일한 감각의 두 얼굴일 뿐이다. 다시 에둘러 다른 길을 내자면, 남성 지배 체제의 최대 피해자로서의 여성을 향해 스스로를 또다른 피해자라고 강변하기만 하는 남성(피해자인 척하는 가해자 남성), 그리고 그 정확히 반대편에서 모든 남자는 가해자가 될 수밖에 없다고 말하면서 남성과 여성 사이에서 가능하고 또 가능해야 할 모든 섬세한 차별의 구분법을 무화시켜버리는, 그래서는 결국 여성의 해방과 성의 평등이라는 이상 자체를 불가능한 것으로 만들어버리는 또다른 남성(가해자인 척만 하는 피해자 남성), 이 둘 역시 동일한 미학-정치의 지도 위에 서 있는, 그래서는 그 지도 위에서 포착되거나 포섭되지 못하는 모든 비가시적인 사건과 주체화의 여러 다양한 계기들을 그저 불가능성에만 머물게 만드는, 야누스의 두 얼굴이다.

그러나 나와 당신은 이 모든 것이 동일한 구조의 심리적 기제라는 사실에 머물러서는 안 된다, 이 모든 것이 동일한 미학과 동일한 감각적 체제의 산물이라는 사실에 머물러서는 안

된다. 나와 당신은 한 번 더, 가능하다면 두 번 이상, 불가능하게도 세 번 이상, 그렇게 에둘러 가야 한다. 나는 이 모든 것들을 통해, 우리는 모두 똑같기 때문에, 똑같이 착종되어 있기 때문에, 이 모든 것들을 인정하고 감내하며 받아들여야 한다고 말하는 것이 아니다, 결코 그런 것이 아니다. 이 모든 것이 강자의 미학에 복속되어 있는 것이기에, 한국의 민족주의와 일본의 민족주의는 똑같은 것이며, 남자들이란 모두 똑같은 것이라고 말하면서, 그 똑같다는 사실은 어쩔 수 없는 것임을 확인하고 확증하려는 것이 절대 아니다(내가 앞서 문제삼았던 저 '동해'와 '일본해'의 이름들, '독도'와 '다케시마'의 이름들을 기억하라). 바로 이렇듯 에두르는 모든 길을 위해 나와 당신은 또다른 길을 에둘러 가야 한다. 이 모든 우회로들의 미로를 통과해서 또다시 다른 미로를 향해 나아가야 한다. 예를 들어, 우리는 계속 투표할 것이다, 우리의 이름을 대변하는 민족주의적이고 국가주의적인 대변자들을 선출하기 위해, 우리가 자부심을 갖고 있는 '민주주의'라는 체제를 최대한으로—그러나 사실은 결국 '최소한'으로—이용해서, '우리'를 대변할 수 없는 가장 불가능한 것을 위해, 하지만 동시에 '국민'의 이름으로 모든 것을 가능하게 한다고 말하는 그 최고의 거짓말을 위해, 그렇게 계속 후회하며 투표할 것이고 투표하며 후회할 것이다. '우리'는 '우리'라는 이름의 순결한 겨레를 위한 대변자를 선출하는 것이 아니라 '우리'라는 이름의 실체 없는 실체를 위한 지배자를 계속해서 선출할 것이다. 이것이 소위 '우리의 민주주의'가 언제나 현재진행형으로 과두제(oligarchy)일 수밖에 없으며 또한 가장 비민주적이고 반민주적인 체제일 수밖에 없는 가장 현상적이고 현실적이며 근본적인 이유이다. 일전에 (그러나 이는 또한 사람들의 기억에서 사라졌으므로, 역사의 뒤안길로 묻혀버렸으므로, 또한 '오래전에') 성희롱 파문으로 국회에서 제명될 위기에 처했던 강용석 (전)의원을 소위 '구출'하는 대오의 선봉에 섰던 김형오 전 국회의장이 짐짓 예수의 의장을 침탈하여 자랑스럽게 국민을 훈계하듯 말했던 것처럼, '누가 당신에게 돌을 던지겠는가'? 내가 당신을 위해 친절하게 이 말을 '번역'해드리자면, 그러니까 결국은 '돌을 던지지 말라는 것', 당신도 똑같은 존재이기에 '돌을 던질 수 없을 것'이라는 말이다. 그들은 당신이 '결코 돌을 던질 수 없을 것'이라는 사실을 알고 있다, 알고 있는 것처럼 말하며 그러한 '앎'을 강요하고 고착시킨다, 그렇게 '그들'에게 돌을 던지는 일은 애초에 금지되어 있다는 것이다, '그 정도 일'로 돌을 맞을 거면 그들은 애초에 돌에 맞아죽거나 그 돌들에 깔려죽었을 터라는 것이다. 그러니 이를 다시 내가 '친절히' 번역해서 말하자면, 이 말은 결국, 그들 자신이 애초에 죽었어야 할 존재들이라는 뜻, 애당초 사라졌어도 벌써 한참 전에 사라졌어야 할, 그런 종류의 인간들이라는 뜻이다. 역설적으로 그들은 그렇게 스스로를 변호하는 일이 성공하는 것처럼 보이는 지점에서 가장 적나라하게 그들 스스로의 절멸 필요성을 가장 성공적으로 증명하고 있다. 바로 스스로의 이 말들이 그 자신의 당위적 죽음을, 그 절멸의 당위성을, 가장 효과적이고 성공적으로 역설하고 있기 때문이다. 그들은 죽었어도 벌써 죽었어야 했던 존재, 사라졌어도 벌써 사라졌어야 했던 존재였다. 그러나 아무도 그 사실을 이야기하지 않았다. 그런 의미에서 그들은 '용자'이다, 자신들의 존재와 부재의 조건 자체를 스스로 '고백'할 정도로, 그 자신들이 완전히 사라져야 할 존재임을 스스로가 앞서서 드러낼 만큼, 그들은 그 정도로 그만큼 '용자'들이다. 그러니 나와 당신은 그런 사람을 국회의장으로, 또 그런 사람들을 국회의원으로 뽑을 수밖에 없었던 것이다. 이미 죽었어야 할 좀비들을 우리 머리 꼭대기에 두기를 그렇게 간절히 원할 수밖에 없었던 것이다. 내가 너무 먼 과거의 이야기를 한 것인가. 그렇다면 현재는 어떠한가. 우리 사회의 모든 '김지은'들이 외친다, 그것은 단지 과거에 끝난 일이 아니라고, 현재도 여전히 계속되고 있고 오히려 심화되거나 악화되고 있는 일이라고. 박원순 서울시장의 죽음이 또한 말하고 있다, 우리가 그렇게 절실한 것으로 숭상하고 실천했던 모든 '진보'의 움직임들은 그 그림자 속에서 그 자신을 부정해버리고 죽여버릴 만큼의 모순과 괴리를 드러냈다고, 그리고 그 역시 과거에 이미 결산된 어떤 역사가 아니라 현재에도 여전히 지속되고 있는 하나의 미결산된 현실이라고. 그러니, 부디 열심히 하시라, 당신이 그렇게 좋아해 마지않는 그 민주주의, 그러한 진보, 열심히 하시고, 또 부디 열심히 후회하시라, 후회 없이 후회하시라. 이 민주주의 안에서는 그 누구도 결코 돌을 던질 수 없다, 그 누구에게도 돌을 던질 수 없다, 당신이 투표로 뽑고 당신을 대표한다고 말하는 그 어느 누구에게도 결코 돌을 던질 수 없다. 그것이 우리가 그토록 추구해온 민주주의의 고른 '평등성'이다. '그 정도 일'로 국회의원 못 할 게 없다고 여기는 어떤 미학, 성희롱이나 성적 편견 따위야 국민의 대리인인 국회의원 일을 수행하는 데 아무런 장애도 되지 않는다고 생각하는 어떤 미학, '그 정도 일'은 결코 추한 것이 아니라고 판단하는 어떤 미학, 바로 그 미학은 저 전 국회의장 개인의 지극히 '개인적인' 취미 판단도 아니고, 한 시의 시장의 단순히 일시적인 윤리적 일탈도 아니며, 권력적 위계에 의한 성적 착취와는 아무런 관계도 없는 순전한 불륜도 아닌, '우리'라는 이름 전체의 미학을 대변하는 것이기에, 그리고 또한 지금 이 순간에도 그토록 수많은 음지에서 암약하고 있는 모든 'n번 방', 모든 '웰컴투비디오', 모든 '손정우'들을 그들이 그렇게 해도 거의 아무런 제재를 받지 않고도 살아갈 수 있게 만들어주는 사회의 풍경이 바로 '우리'가 자랑하는 저 민주주의적 체제의 한 '미학'이기에. 그렇게 '우리'라는 이름 그 자체를 구성해주고 있는 총체적인 감각/감성의 체제가 낳은 하나의 징후적 결과이자 증상적 효과이기에, 그리고 '우리'의 민주주의와 진보란 다름 아닌 바로 그러한 미학과 그러한 감각/감성의 체제 위에 그토록 '아름답게' 서 있는 것이기에, 그러한 '아름다움'의 이름을 참칭하여 그토록 '추악하게' 서 있는 것이기에, 그렇게 어떤 '우리'는 바로 그러한 '추함'이 오히려 거꾸로 합리적으로 가장 '아름답다'고 생각하는 존재들이기에. 국회라는 입법과 대변의 공간은, 행정부라는 그 집행과 실천의 공간은, 그리고 사법부라는 그 해석과 적용의 공간은, 그 가장 '대변적인' 대의민주주의와 의회민주주의의 공간은, **결코 우리 '정치'의 반영이 아니라 결국 우리 '미학'의 반영이기에.**

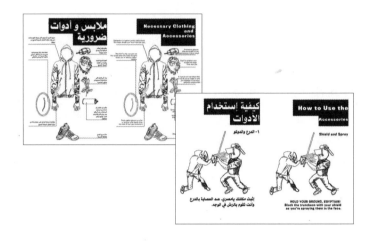

말하자면, 'MUST HAVE' 아이템. 그러니까, 나와 당신에게 바로 지금 필요한 옷가지와 액세서리들, 그리고 그 아이템들을 사용하는 방법: 이집트의 활동가들이 제안한 이 매뉴얼에 따라 나와 당신도 이제 이 시대를 선도하는 국제적 패션 리더가 될 수 있다. 나와 당신의 미학을, 고유명의 패션을 쟁취하자, '우리'라는 이름의 전체적이고 국가적인 미학이 아니라! 성희롱 정도는 아무것도 아닌 나라에서, 대의민주주의의 근간인 대선에 대한 국가정보원의 '다소간의' 개입 정도야 정말 아무것도 아닌 나라에서, 성폭력이 난무해도 그에 대한 처벌은 집행유예가 대부분인 나라에서, 심지어 세계 최대의 아동 성착취 사이트 운영자도 1년 6개월의 형량만 살면 자유의 몸이 될 수 있는 나라에서, 이 정도 패션이야말로 정말로 아무것도 아니지 않은가. 그러니 '한국인'들이여, 이 국적의 이름을 가진 '우리'들이여, 조금만 더 노력을(encore un effort)! 정말 이 정도는 아직 '아무것'도 아니기에. 이집트 활동가들이 깜짝 놀랄 만한 패션과 미학을, 이제 세계적이고 국제적으로 되돌려줄 때이지 않은가. 세계화에 입각하여 경제적으로? 혹은 정치적으로? 아니, 국제주의에 입각해서, 그것도 가장 미학적으로! 그러나 우리는 또한 알고 있다. 이 패션 아이템이 이미 '오래전'의 것임을, 지금 그 패션은 꽃피우기도 전에, 이미 말살당하고 있음을, 그것은 그렇게도 '오래된 미래'였음을, 그러나 동시에 또한 저 패션의 물결은, 저 미학과 감각의 재편은, 현재 이 땅에서 시도되지 않고 있는 말 그대로의 날것임을, 그리하여 언제나 끈질기게도 바로 우리에게 불가능한 가능성들의 계기를, 그 계기의 사건화를, 아직 주체가 되지 못한 모든 아무개들의 주체화를 요청하고 요구하며 종용하고 강제하는 새로운 미학-정치의 시도임을.

그렇다면 여기, 하나의 매뉴얼이 있다, 이미 오래된, 그렇게 '오래된' 것으로 여겨진다는 사실이 차라리 어떤 슬픔으로 느껴지는, 그런 하나의 사용설명서가 있다. 나와 당신으로 하여금, 돌을 들어, 그 돌을 던질 수 있게 하는, 그 투석을 가능케 하는, 하나의 불가능한 매뉴얼, 불가능한 사용설명서, 불가능한 미학과 감각의 지도가 있다. 나는 지금부터 당신과 함께 이 매뉴얼을, 이 미학을 공유하려고 한다. 투석하기 위해서, '최소한' 돌을 던지는 것이라도 가능하게 하기 위해서. 그러나 이 미학은 아직 완성되지 못했다, 아니, 완성되기는커녕, 나와 당신이 현재 알고 있고 지켜보고 있듯이, 거의 말살 직전에 있다, 혹은 심지어 탄생조차도 하지 못했다. 말하자면, 이 매뉴얼은 정치적 투쟁의 사용설명서가 아니라 미학적 패션의 사용설명서이다. 우리는 어떻게 옷을 입어야 하는가? 우리의 미학은 우리의 정치를 '코디'하며, 또 그렇게 '코디'할 수 있어야 한다(가능의 당위, 그러니까 다시 뒤집어 말하자면, 그러한 당위의 근본적 불가능성). 그리하여 나는 다음과 같은 패션을 제안한다. 옷이 날개라고 했던가, 아마도 나와 당신은, 이 옷을 입고 실제로 날아다닐 수는 없겠지만, 그렇게 정말로 우리의 등에 진짜 날개를 달지는 못하겠지만, 어쩌면 나와 당신은 이러한 옷을 입을 때에만, 이러한 패션에 대한 기호를 심각하게 고려할 때에만, 이러한 '의식주'의 미학 위에 여유롭지만 동시에 절실하게 설 때에만, 비로소 돌을 들어 던질 수 있을 것이다, 아니, 그렇게 단지 돌만이라도 던질 수 있을 것이다. 이 '여유로움'의 미학이란, 그리고 동시에 이 '절실함'의 미학이란, 경제적인 풍요로움이나 정치적이기만 한 시급함에 기반을 두는 것이 아니라, 오직 **아무개들의 아무것도 아님**에 기반하고 있는 것, 그리고 동시에 그 **모두의 모두임**, 그 전체가 무기 아닌 무기로서 지닌 어떤 **무능의 전능성**과 **거리의 관계성**에 기반하고 있는 것, 또한 이 심각함의 놀이란, 그저 소위 '포스트모던적'이기만 한 어떤 무책임의 탈주가 아니라, 가장 근본적이며 미학적인 지평에서 감행할 수 있는 **정치적인 것의 놀이, 감각적인 것들의 분배를 위한 놀이**이다. (그러므로 여기서의 '놀이'란 그저 해도 되고 안 해도 되는 여분의 '여흥' 같은 것이 아니라, 오로지 그렇게 할 수밖에 없고 또 그렇게 해야만 하는 일종의 '내기(enjeu)'가 된다.) 그러므로 이 미학이 요구하는 것은 단순히 힙합 패션에 대한 장르적 선호가 아니다. 어떤 의미에서 사실 옷은 아무래도 좋다(또한 이것이 바로 이 '패션의 미학'이 지닌 '역설적 정치'이다). 그저 돌을 던질 수만 있으면 된다. 그러한 투석이 자기의식적 '역사'와 자기지시적 '도덕'을 파괴시키는 '반민주적' 폭력이라고 말하는, 오히려 그들 스스로가 가장 반민주주의적인 인간들에게, 그러한 투석은 가능하며 필요하고 또 언제나 실행될 수 있다는 점을 환기시키는 옷이면 된다, 그런 미학이면 된다. 그러나 과연 그런 미학이 가능할 것인가, 최소한, 가능한 것으로 '보이기'라도 할 것인가. 나는 당신과 함께 이 가장 불가능한 질문을 던지면서, 마찬가지로 불가능한 패션 한 자락을, 가능한 형식으로 제안해보는 것이다. 언제나 실패의 예감과 함께, 그리고 더 잘 실패하자는 저 모든 희망의 절망적 다짐과 함께. 말하자면, 당신은 어떤 옷을 입을 것인가, 어떤 의장을 취할 것

인가, 그러니까 다시 말하자면, 당신은 무엇을 아름답다고 생
각하며 또 그러한 아름다움 위에 어떠한 정치를 상상하고 수행
할 것인가. 왜 합의 자체가 불가능한 구조 안에서 합의라는 환
상에 매달리는가, 언제까지 대의민주주의의 이름 아래에서 가
장 비민주적이고 반민주적인 삶을 구가할 것인가. 죽여야 하는
것들을 언제까지 살려둘 것인가, 왜 나와 당신은 '우리'라는 이
름으로 우리를 죽이고 있는 자들을 폭파시켜서는 안 되는 것인
가. 저 고귀한 '비폭력'의 이름으로? 저 고상한 합의의 '민주주
의' 체제라는 이름으로? 저 고매한 '민족'과 '국가'의 이름으로?
그러나 다시 한번 말하자면, 저 모든 에둘러 온 우회로들의 끝
에서 다시 한번 힘주어 말하자면, 고귀한 것은 남루한 것과 함
께, 드물고 탁월한 것은 헤프고 나약한 것과 함께 도래한다, 마
치 아무도 아닌 아무개들이 '누군가'로 주체화되는 모두이듯
이, 또한 그 모두가 행할 수 있는 역설적 무능의 전능성과 거리
의 관계성이 바로 그 주체화가 노정하는 아포리아에 대한 가장
강력한 실천이듯이. 나와 당신이 함께 물어야 하는 최종심급으
로서의 '미학적' 물음이, 그리고 '우리'라는 이름을 걸고 우리가
물어야 하는 가장 '감각적'이고 '감성적'인 혁명의 질문이, 따라
서 그 '우리'가 함께 감행해야 하는 상상적이고 상징적이며 실
재적인 '정치적인 것'의 놀이가, 그 지도의 제작과 그 풍경에 대
한 진단과 비판이, 바로 이것이다.

7 증상의 발명,

상처의 봉헌, 흔적의 순례②

2. 증상의 발명

론 무엑(Ron Mueck), 〈배를 탄 남자(Man in a Boat)〉(2002).

나 혹은 당신, 우리 동시대인을 태운 배 한 척이, 벌거벗은 채, 어딘가로
항해한다, 아니, 차라리 부유한다. 나, 당신, 우리는, 앞쪽을 향해, 넌지시,
고개를 빼고, 의혹의 시선을 던진다. 회의하는 율리시스, 맨몸으로
팔짱을 낀 채, 의심하는 율리시스, 제자리에 가만히 서 있는 배, 그러나
또한 그것을 항해이자 전진이라고 생각하는 배, 그 위의 나, 혹은 당신,
그리고 그렇게 모든 우회로를 거쳐 돌아왔다가는 다시 시작하듯 떠나는,
'우리'라는 주체 아닌 주체의 모습.

2-1. 아직 오지 않은 21세기를 위해, 아직 가지 않은 20세기로부터: 동시대인에게

그렇다면 이 절체절명의 '미학적(esthétique)' 물음을, 이 시급한 '감각/감성적인 것의 지도 제작법(cartographie du sensible)'에 대한 질문을, 이 아무개들의 아무것도 아닌 '정치적인 것(le politique)'의 놀이를, 어디에서부터, 어떻게, 무엇으로부터 시작해야 할 것인가. 이것이 또한 우리의 의식(observance) 앞에 놓인 또다른 물음일 것, 그리고 아마도 가장 근본적이며 또한 가장 불가능한 질문일 것이다. 그러므로 무엇보다 내가 이 글을 새삼스레 다시금 시작하려고 하는 점을, 그러니까 내가 이 글이 내는 길을 또다른 우회로를 따라 다시금 새롭게 에둘러 밟으려고 하는 점을, 다시 말해 이 글을 하나의 용서(pardon)를 구하는 일로부터 또다시 시작하려는 점을, 말 그대로 미리 용서해주시기 바란다. (이렇게 하여 나는 다시금 저 '용서'의 주제로, 더 정확하게 말해서, 이 '용서할 수 없는 것에 대한 용서'라는 역설적 문제로 되돌아왔다.) [이 책을 쓰는] 나는 [이 책을 읽고 있는] 당신의 이름을 알지 못한다. 당신의 성별도, 당신의 사회적 위치도, 당신의 심리적 상태도 알지 못한다. 다시 말하지만, 나는 내 글의 독자인 당신의 존재에 대해 전혀 알지 못한다. (그러나 내가 이러한 나의 무지를 통해 다시 또다른 우회의 길을 내고 닦으려는 이유는, 나의 이 글쓰기가 지니는 어떤 수행성(performativity) 안으로 꼭 '당신'의 이름을 기입하고 싶기 때문이다.) 내가 바로 지금 이 순간 알 수 있는 유일한 정보가 있다면, 당신이 일차적으로 이 21세기 초의 시

공간을 나와 함께 살고 있는 '동시대인'이라는 것뿐이다(이 구
체적인 시간의 숫자가 언젠가는 달라질지라도, 여전히 '당신'이
이 책을 읽는 바로 그 순간, 당신은 이 책과 '동시대인'일 것이
라는 사실은 변하지 않을 것이다). 이는 매우 협소하고 일시적
인 규정처럼 보이지만 대단히 포괄적이고 보편적인 범위의 규
정이기도 하다. 그럼에도 불구하고 이러한 '막연한 보편성' 안
에서 이렇게 내가 당신에게 '구체적으로' 이 글을 띄우고 있는
것은, 그렇게 수신자도 모르는 채 계속 이렇게 발신하고 있는
것은, 아마도 우리가 같은 '시대'를 살고 있을 것이라는 미약한
확신과 불확실한 연대감 때문일 것이다(그리고 이러한 '연대감'
이 없었다면, 그보다 더 정확하고 중요하게도, 이러한 연대감
이 지닌 저 '불확실함'이 없었다면, 아마도 이 글은 아무것도 아
닐 것이다, 말 그대로 아무것도 아닐 것이다). 물론 백번 천번
용서하고 또 용서해서, 만약 우리가 공유하고 있는 시간을 어떤
'시대'라는 이름으로 부를 수 있다면 말이다. 물론 '시대'라는 말
을 쓸 수 있기 위해서는 '세대' 혹은 '공동체'라는 이름을 쓸 수
있을 어떤 공통의 의식이나 기억이 필요할 것이다. 그런데 나와
당신이 공유하고 있는 의식 혹은 기억이란 아마도, 20세기에
상상했던 무언가 대단히 신나고 왠지 무척이나 찬란할 것만 같
았던 21세기에 대한 꿈, 그리고 그 20세기 말의 꿈이 기이하게
뒤틀리고 이상하게 좌절돼버린 21세기 초의 어이없을 정도로
무참한 현실, 혹은 심지어 20세기라는 시공간을 전혀 직접적
으로 경험하지 못한 채 오직 21세기의 이 모든 결과와 효과만
을 느끼고 바라보게 된 어떤 '던져짐'의 경험이 주는 모든 절망

과 회의, 바로 이러한 꿈과 현실에 대한 모든 [의식되지 못한] 의식들 혹은 [기억되지 못한] 기억들일 것이다. 성급하기 그지 없는 일반화의 위험을 무릅쓰고 고백하자면(그리고 이 '성급한 일반화'의 위험이란, 그 자체로 또 얼마나 일반적인 것인가), 다른 이유가 아니라 바로 이러한 이유에서, 이미 앞서도 아감벤의 언어를 빌려 언급했던바, 나는 앞으로 당신을 나의 '동시대인(le contemporain)'이라 부르고자 한다, 이러한 호명을 새삼스레 하나의 우회로로 삼아, 또한 그렇게 에둘러 가고자 한다.* 하여 이 글은 동시에 나의 동시대인인 당신에게 띄우는 우정의 편지이자 동시에 절교의 편지가 될 것이다. 그렇다, 이 글은 우정과 연대의 편지이자 동시에 절교와 적대의 편지이다. 그리고 나는 무엇보다 이 편지가 이러한 이중적이고 역설적인 관계의 편지라는 사실에 대해 또한 용서를 구하고자 한다. 그렇다, 이 편지는 나와 당신을 향한, 그리고 나와 당신이 살아가고 있는 시대를 향한, 그런 용서의 편지, 그러나 용서할 수 없는 것을 용서해야만 하는, 그런 굴욕과 수치의 편지, 그러나 동시에 그런 영광과 쾌락의 편지, 그런 기이하고 역설적인 역사/이야기(histoire)를 위한 편지이기도 할 것이다, 분명 그럴 것이다.

그러나 우정과 연대의 편지임을 차치하고라도, 왜 이것이 절교와 적대의 편지일까. 나는 동시대인인 당신과 '다른' 시간을 살고 있기 때문이며, 동시에 그와 반대로 나는 나와 같은 시간을 살고 있는 당신을 '다른' 시간으로 떠나보내려고 하기 때문이다. 그렇

* 조르조 아감벤은 '동시대인'이라는 말을 다음과 같이 정의한 바 있다. "동시대인이란 자신의 시대에 시선을 고정하고서 그 시대의 빛이 아니라 그 시대의 어둠을 지각하는 사람이다." Giorgio Agamben, "Qu'est-ce que le contemporain?", *Nudités* [traduit par Martin Rueff], Payot & Rivages, 2009, p.28. 본서의 1장 "시적 정의와 용기"의 10절 참조.

다, 나는 당신을 그렇게 떠나보내려 한다. 당신은 무척이나 이
중적이다, 마치 나처럼. 나와 당신은 민주화라는 일견 당연해
보이는 정치적 과정이 그 어떤 시대보다 확고하게 안착된 것처
럼 보이는 시대를 살고 있지만, 동시에 그 민주화라는 여정이
그 어느 때보다도 불안한 행보를 보이며 전례 없는 (비)가시적
위협을 당하고 있는 시대를 그저 침묵 속에서만 살아가고 있기
때문이다(그렇다, 우리는 분명 침묵 속에서 굴욕을 당하거나
그 동일한 굴욕을 즐기고 있으며, 사실 그 침묵 또한 '충분'하지
조차 못하다). 또한 나와 당신은 예술이 그 어떤 시대보다도 문
화적이고 사회적으로 가장 안정된 상태에서 향유되고 권장되
는 사회 안에서 살고 있지만, 동시에 그 어느 때보다도 예술 그
자체가 가장 큰 의심을 받고 가장 널리 위험을 당하며 가장 많
은 문제들에 봉착해 있는 사회를 그저 타성 속에서만 살아가고
있기 때문이다(그렇다, 예술의 시대이자 문화의 시대라고 넉살
좋게 스스로를 고백하고 선전하고 있는 이 시대는, 그 어느 때
보다 예술과 문화가 더러운 시궁창에서 황폐화되고 있는 시대
이기도 하다, '시대'라는 말을 쓸 수 있다면 말이다). 나는 그런
당신과 절교하고, 또 그런 나와 적대하고자 한다. 그럼에도 동
시에 이것은 왜 우정의 편지일 수밖에 없을까. 나는 우리의 이
러한 '시대'와 '사회'를 그저 손쉽게 떠나보내거나 폐기할 수만
은 없기 때문이다. 무엇보다 그것은 불가능하다. 그렇게 속 편
한 제거, 안정적 폐기는 있을 수 없다. 나와 당신은 이 시대와
사회 안에 깊이 뿌리박혀 있다. 그러한 의미에서 나와 당신은
'동시대인'이기 이전에 무엇보다 먼저 '공범'일 것이다. 우리 모

두는 바로 이 '우리' 체제의 공범들이다. 우리는 자본주의와 민주주의라는 최종의 (것으로 '최종적으로' 상정된) 정치경제적 제도로부터의 이탈을 결코 쉽게 상상할 수 없다. (오히려 우리는 그것에 기생하고 그것을 증식시키는 그런 기생충들이자 그런 공범들이다.) 그것은 부정한다고 스스로 사라지는 그런 존재가 아니다. 우리는 단순한 말로써가 아니고서는 그 체계로부터 단 한 발짝도 떼기가 어려운 것이다. 나와 당신은 그런 의미에서 일종의 '구속적 우정'으로 묶여 있는 '공통적 범죄'와 '공동의 죄의식'의 관계 안에 있다. 나와 당신은 이런 시대와 이런 사회 안에서 서로 언제나 충돌할 위험에 노출돼 있는 일종의 잠재적이고 영원한 적(敵)이라는 의미에서, 그리고 오직 바로 이러한 의미에서만, 지극히 단단하고 끈끈한 우정으로 묶여 있는 그런 공범의 존재들이다. 이러한 우정과의 절교를 함께 실행할 수 있는 우정, 이러한 연대와 적대를 함께 작동시킬 수 있는 연대, 그런 우정과 연대가 가능할까. 그리고 이 물음은 또한 내가 다시금 힘주어 당신을 동시대인이라고 부르고자 하는 이유에 대한 대답이기도 하다. 이 대답이 나의 또다른 우회로가 될 것이다. 당신은 나와 그러한 절교의 우정을 나눌 수밖에 없는, 이러한 절교를 통해 저러한 우정을 이어갈 수밖에 없는, 이러한 연대를 통해 저러한 적대를 지속시킬 수밖에 없는, 그런 동시대인인 것이다. 그러므로 무엇보다 이 글이 그런 불가능과 그런 역설들의 편지가 될 수밖에 없(었)다는 사실에 대해 다시 한번 용서를 구한다. 용서에 대한 용서, 용서할 수 없는 것에 대한 용서, 이 모든 용서(들)의 (불)가능성. 내가 이미 말했듯이, 그리

고 내가 이미 수차례 암시했듯이, 이 글은 하나의 용서를 구하
는 일로부터 시작됐고, 다시금 다른 용서를 구하는 일로 마무
리될 것이다. 만약 이 글이 마무리될 수만 있다면, 아니, 차라리
이 글이 시작될 수만 있다면, 그렇다, 나는 그렇게밖에 말할 수
없는데, 정말 그럴 수만 있다면. 우리는 만나고 다시금 헤어질
것이며, 헤어지며 다시금 만날 것이다. 그러나 지금은, 무엇보
다 먼저, 헤어져야 하고 떠나야 한다.

　　나는 무엇보다 먼저 미술관 안에서 당신에게 절교를 선
언하고자 한다. 왜 미술관인가. 말하자면, 나는 나와 당신을 함
께 설레게 했던 그 수많은 시각적이고 시간적인 약속들에 대해
이별을 고하고자 하는 것이다. 내가 이미 부드럽게 경고했듯이
(그러나 그것이 진정 '경고'라면, 경고가 도대체 얼마나 '부드러
울' 수 있을까), 이러한 이별은 결코 쉽지 않을 것이다, 모든 이
별이 그러한 것처럼. 오늘날 우리가 제작하고 향유하고 있는 미
술은 여전히, 그 어느 때보다도 더, 미술관 속에 갇혀 있고 또
한 그 안에 닫혀 있다. 미술관이라는 공간 바깥으로의 탈출을
외치고 그러한 공간의 생산적 해체를 종용하는 모든 미술들 역
시 더욱 광범위하게 확장된 '미술관'이라는 개념적이고 사회적
인 틀 속에 묶여버린다. 미술관은 이 시공간의 블랙홀의 다른
이름이 된 것이다. 세계는 미술관이 되었고, 반대로, 미술관은
세계가 되었다. 아마도 말로(Malraux)가 의미했던 것보다 훨
씬 더 넓은 의미에서, 세계는 아마도 '상상의 미술관(le musée
imaginaire)'이 된 것인지도 모른다. 나는 이것을 '**미학적 유사
(流砂)**'라고 부르고자 한다. **미술관은 세계의 유사(類似)임과**

동시에 세계라는 유사(流砂)가 되었다. 모든 것이 저 흐르는 모래 속으로 빨려들어가는 체제, 나와 당신은 그 체제 안에서 그 모래를 먹으면서 살고 있다. 마치 수백만 년 전처럼 느껴지기까지 하는 그리 멀지 않은 과거에 루카치가 말했던 '별들이 우리가 가야 할 길을 비춰주던 시대'는 이제 존재하지 않는다. 별들의 인도를 잃고 모래처럼 방향도 없이 흐르고 으스러지기만 할 뿐인 체제, 그것은 굴욕이자 동시에 쾌락이라고 말할 수 있는 어떤 체제이다. 어쩌면 이것이 미학적 체제라고 하는 우리 세계, 우리 시대의 가장 부정적이고 불가능한 얼굴일 것이다. 우리의 시대에 미술과 미술관은, 그런 모래 속에서, 그토록 너무나 가깝고 밀접한 우정 속에서, 그렇게 근친상간과도 같은 사랑 속에서, 그렇게 살아 숨쉬며 또한 죽어 내뿜고 있다. 유사(流砂)라는 명명과 유사(類似)하게, 나는 이러한 관계를 또한 '미술관 속 동물원'이라는 이름으로 부르고 싶은 마음이 든다. 그러나 주의할 점은, 그 동물원 안에서 구경거리가 되는 동물은 결코 미술품이 아니라는 사실이다. 그 사파리 속에서 구경거리가 되는 동물들은 바로 나와 당신, '우리 동시대인들'이다. 나와 당신은 미술관 안에서 예술작품들을 경험하는 동물들로서 표상되고 재현되며 따라서 전시되는 중이다. 미술작품들은 오히려 그렇게 전시되는 우리 동물들을 말없이 바라보는 존재가 되었다. 우리가 그저 침묵 속에서 시대라는 전시품을 그저 타성으로 바라보고 있는 것과 지극히 상동적인 형태로, 미술작품들은 우리 동물적 동시대인들을 침묵 속에서 응시한다. 우리, 동시대인, 동물들. 미술을 관람하는 나와 당신, 우리 동시대인들이 전시품이 되는 공간, 그곳이 바로 21세기의 미술관이자 동물원의 형태, 20세기에 우리가 꿈꿨던 낙원이자 동시에 지옥의 모습이다. 나는 이러한 낙원과의 우정에 절교를, 이러한 지옥과의 사랑에 이별을 고하고자 하는 것이다. 그러나 다시 묻자면, 과연 그것이 가능할까, 이러한 착종된 연대, 이러한 전도된 적대는, 과연 가능할 것인가.

그래서 나는 또한 묻는다, 에두르면서, 또 하나의 우회로를 내면서, 그렇게 묻는다. 떠나보낼 수 없는 것을 떠나보낸다는 것은 어떤 의미이며 그것은 과연 어떻게 가능할 수 있을까. 나는 여기서 유행가 가사에 등장하는 범속한 사랑의 역설을 말하고 있는 것이 아니다(나는 방금 그저 범속하다고 스쳐지나가듯 말했으나, 동시에 나는 다른 것이 아닌 바로 저 유행가의 이렇듯 스쳐지나치듯 간과되는 바로 그 가사의 중핵을 말하고 있는 것이기도 하다, 분명 그럴 테다). 이별할 수 없는 것과 이별한다는 것, 하여 용서할 수 없는 것을 용서한다는 것은 또한 어떤 의미일까. 아니, "용서할 수 없는 것을 어떻게 용서하는가? 그러나 그것 외에 다른 무엇을 용서할 것인가?"라는 데리다의 반문처럼,[*] 용서란, 어쩌면 용서할 수 없는 것을 용서하는 것, 바로 그것만을 말한다는 사실은 과연 또한 어떤 의미일까. 내가 미술관 안에서, 미술관을 떠나며, 미술관 밖으로, 당신을 떠나보내며, 그렇게 묻고 싶은 물음이 바로 이것이다. 나를 용서하지 말고, 또한 당신을 용서하지 말기를. 타성 속에서 침묵하는 나와 당신을 용서하지 말기를. 진정 용서할 수 있기 위해서라도, 이 모든 것을, 일단은, 결코 용서하지 말기를. 이것이 또한

[*] Jacques Derrida, Anne Dufourmantelle, *De l'hospitalité*, Calmann-Lévy, 1997, p.41.

마르셀 뒤샹(Marcel Duchamp), 〈L.H.O.O.Q.〉(1919).

그러니까 오랜만에, Elle a chaud au cul, 엉덩이가 뜨거운 그녀의 이름은
모나리자, 하지만 이 가장 무거운 그림과 이 가장 가벼운 농담 사이의
결합은, 그리고 그 결합이 지니고 있던 가장 절망적인 희망의 긴장감은,
깊이 그 자체에 반대하고 드물고 고귀한 것 자체에 혐오감을 표현하는
새로운 반달리즘의 등장과 함께, 그 새로운 반지성주의의 모든 폭력적
무지와 함께, 이제는 너무도 예전의 일이 되어버렸다.

내 용서의 기도이다.

2-2. 깊이와 표피, 현학성과 대중화 사이: 드물고 고귀한 것을 혐오하는 새로운 반달리즘

그러나 나와 당신은 오히려 떠나보내서는 안 될 것들을, 어쩌면 그렇게 쉽없이 떠나보내고 있는 것인지도 모른다. 파트리크 쥐스킨트(Patrick Süskind)의 소설 『깊이에의 강요』에서처럼, '작품에 깊이가 없다'는 말이 남기는 어떤 흔적으로서의 상처, 무의미로서의 의미를 다시 생각해보는 것이다. '깊이'를 요구하는 것은 예술의 오래된 알리바이인 것, 깊이가 없다는 최악의 비난과 깊이를 가늠할 수 없다는 최상의 찬사가 그렇게 미술사(美術史/事)의 모든 항목들을 구성해왔던 것. 그러나 돌이켜보면, 현대미술이란 또한 바로 이러한 깊이와의 싸움, 깊이를 요구하는 예술적 체제와의 깊은 싸움이기도 했다. 복기하듯 되짚자면, 이미 엎어진 바둑판을 겨우겨우 수습하여, 그렇게 어렵사리 복기하듯 되짚어보자면, 현대미술이란 곧 깊이에 반대하는 표면, 심층에 대비되는 표층, 심도 있는 의미에 대항하는 '얕은'(혹은 어쩌면 더 '깊은') 무의미에 대한 전반적인 강조이자 지속적인 환기였던 게 아니었나 싶기도 하다. 깊이에 대한 오래된 '요구'가 일종의 '강요'였다고 비판할 수 있었던 이유 중 하나는, 오히려 현대미술이 지닌 이러한 일견 '해방적' 측면 때문이었던 것이다. 보이는 것 안에서 보이지 않는 것을 요구하던 깊이의 담론, 가시적인 시각예술 안에 존재해야만 한다고 상정되던 비가시적인 '본질'을 강요하던 깊이의 담론은, 현대미술에 의해서 결국 '벌거벗은 임금님'이 입었던 옷이었음이 드러났던 것, 나는 이것이 또한 우리를 '동시대인'이라고 묶어 부를 수 있는 가장 강력한 예술적 조건들 중 하나라고 생각하는 쪽이다. 그러므로 현대미술이 문제삼았던 저 '재현'이란, 어쩌면 재현의 감춰진 본질, 곧 재현이란 궁극적이고 근본적으로 언제나 어떤 '재현할 수 없는 것(l'irreprésentable)'에 대한 재현이며 그러한 보이지 않는 진리에 대한 추구여야 한다는 숨겨진 본질이기도 했다. 말하자면 현대미술이란, 그러한 재현의 은폐된 논리에 대한 반대이자 저항이며 전복이기도 했던 것. 이 오래된 '상식'이 왜 다시 문제인가. 무엇보다 재현할 수 없는 것은 없기 때문에, 더 정확하게 말해서, 재현할 수 없는 것이란 결국 모든 재현의 알리바이들이자 아포리아들이기 때문에.

　　그러나 조금만 더 '깊이' 생각해보면, 비교적 오랜 시간 이어져온 깊이에의 요구가 강요로서 너무 강조되고 내재화되었기 때문일까, 그러한 '깊이에의 요구'가 일종의 강요로서 완전히 해석되고 부정되며 혁파되기도 전에 최근 우리 동시대인들이 목격하는 것은 '깊이'라는 개념에 대한 다소 말초적이고 즉발적인 저항, 즉 '어려움과 난해함에 대한 즉각적 저항'이다. 여기에는 어떤 심각한 지성의 괴리가 놓여 있다. 그 괴리란, 담론과 대중 사이의 거리, 이론과 실제 사이의 뒤틀림, 미술과 관객 사이의 어긋남일 텐데, 바로 이러한 틈새를 한마디로 표현하자면 '어려운' 예술을 한사코 피하고자 하는 어떤 '반동(reaction)'이라고도 할 수 있을 것이다. 이 난해함과 심각함과

진지함에 대한 반동은 생각보다도 대단히 거세다. 이론으로서
는 진부하지만 실천으로서는 여전히 신선한 것, 이는 마르크스
주의에만 해당되는 말일 뿐만 아니라 현대예술에도 해당되는
말일 것이다. 이 말 속에서 '신선하다'는 것은 결코 긍정적인 지
표가 될 수 없는 어떤 것인데, 하여 묻자면, 왜 '어려운' 현대미
술은 이론으로서는 진부하나 실천으로서는 여전히 신선'할 수
밖에' 없는 걸까. 이는 어쩌면 '모던'이라는 말의 어원과 그 효
과와도 모종의 역사적 관련을 맺고 있지 않을까. 이는 대중이
란 존재가 언제나 늦게 도착하기만 하는 존재이기 때문은 아니
다. 엄밀한 의미에서 언제나 느리게 도착하기만 하는, 항상 뒤
늦게 이해하기만 하는, 그런 둔감하고 무지한 대중이란 곧 '없
는' 존재, 또는 그렇게 만들어질 필요가 있었던 존재, 언제나 그
렇게 있기를 요구당하는 존재일 뿐이다. 그러나 또한 반대로,
어려움/난해함에 대한 저항은 대중의 지식 혹은 집단지성이 확
장된 결과인 것도 아니다. 많은 이들이 소위 '포스트모던 시대
의 민주주의'를 이야기하지만, 혹은 인터넷 강국 '대한민국'의
진취적 현실을 강조하면서 지식의 대중화와 그 보편적 확장에
대해 떠들곤 하지만, 어려움에 대한 저항은, 그렇게 강화되고
보편화된 민주주의적 지식 대중이 사변적 이론과 현학적 예술
에 대해 가하는 통쾌한 파괴의 망치 같은 것이 전혀 아니기 때
문이다. 상황은 오히려 정반대이다. 그것은 어쩌면 차라리 새로
운 반달리즘(vandalism)에 가까운 것일지도 모른다. 깊이에의
강요를 부정하는 자리에 들어선 것은, 예를 들어 뒤샹이 '소망'
했던 것처럼 무의미에 대한 '깊은 표면적' 이해, 혹은 '깊이'라

는 예술적 환상에 대한 파괴, 해체, 재구성을 통해 도달할 수 있
는 예술에 대한 또다른 '표층적' 이해가 아니라, 오히려 뜬금없
이 새로 힘을 얻고 자신감을 갖게 된 어떤 반달리즘, 곧 새로운
반(反)지성주의이자 반(反)예술주의였던 것이다. (여기서 반드
시 '새누리당', '한나라당', '미래통합당' 등의 여러 이름으로 불
렸던 오래된 범죄 집단이나 '일베'라는 이름의 신종 구국청년
단, 혹은 '문빠'라는 저속한 이름으로 비판받는 또다른 종교 집
단을 떠올릴 필요까지는 없을 텐데, 이미 그러한 범죄 집단과
구국청년단과 종교 집단의 '사상'과 '정신'은 일반적으로 도래
한 저 새로운 반달리즘의 징후를 가장 잘 드러내주는 대표적인
증상들일 뿐이기 때문이다.) 그 어떤 영역보다도 지성을 가장
많이 필요로 하는 예술의 영역에서(그렇다, 예술은 흔히 오해
되듯 감성으로만 똘똘 뭉친 '낭만적'인 영역이 전혀 아닌 것) 그
영역이 필요로 하고 요구하는 최소한의 지성조차 거부하는 것,
이것이 바로 저 어려움에 대한 가장 발작적이고 즉각적이며 단
말마적이고 무조건적인 저항의 실체는 아닐까.

바꿔 말하자면, 철학과 예술은 결코 대중화될 수 없는
담론, 바로 그러한 대중화에 언제나 가장 격렬하게 저항하는
담론이다. 반복하자면, 그것(들)은 결단코 절대 대중화될 수 없
으며 바로 그러한 대중화로부터 이탈하려는 충동과 욕망을 자
신의 동기이자 추진력으로 삼는다. 이는 철학과 예술이 대중
화 '따위'가 범접할 수 없는 어떤 고상함과 위계적 성격을 반드
시 유지해야 한다는 말이 결코 아니다. 그런 뜻이 아니다, 오히
려 그 반대이다. **드물고 고귀한 것은 언제나 헤프고 남루한 것**

과 함께 도래한다. 어쩌면 푸코가 『앎에의 의지』에서 물었던 가장 근본적인 질문, 곧 '성은 과연 해방되었는가'라는 반문을 나와 당신은 우리의 맥락에서, 곧 우리 동시대인의 문맥에서 다시 물어봐야 한다.[*] 이 문법을 이용해 바꿔서 묻자면, '예술은 과연 해방되었는가', 다시 말해 '예술은 저 고고한 담론과 감상의 독점으로부터 해방되어 대중의 눈과 손에 주어지게 되었는가'라는 의문 말이다. 아마도 나와 당신은, 저 푸코의 물음을 다시 조금 더 바꿔서, '왜 우리는 예술이 현학적 깊이에의 강요로부터 벗어나 대중화라는 해방에 도달했다고 그렇게 열정적으로 믿고 또 말하는가' 하는 물음을 던져야 하는 것인지도 모른다. 사실 예술은 해방되거나 대중화된 것이 결코 아니다. 이러한 '예술의 해방'을 말할 수 있고 또 말해야 하는 이유는, 다만 그렇게 말해야 하고 또 그렇게 말하고 싶은 어떤 미학적 체제 속에서 우리가 살고 있기 때문이다. 이 점이 중요하다. 우리는 그만큼의 열정을 지니고 그렇게 말할 수 있고 또 말하고자 하는 미학적 체제 안에 살고 있는 것이다. 바꿔 말하자면, '깊이에의 요구'가 깊이에의 강요로 치환되어 해석되는 세상에서는, 반대로 그러한 '예술의 해방'이라는 담론이 또한 일종의 강요로서 요구되고 있기 때문이다. **그러므로 증상은 발견되는 것이 아니라 언제나 발명되는 것이다.** 증상은 비가시적이었던 잠재성이 가시적인 현실성으로 나타나는 것이 아니라, 오히려 비가시적인 현실성이 어떤 가시적인 침묵을 필요

[*] 푸코는 다음과 같이 일갈하며 문제틀의 지형 자체를 숫제 바꿨던 바 있었다. 예를 들면 다음과 같은 문장이 그렇다. "내가 제기하고자 하는 물음은, 왜 우리는 억압받는가 하는 것이 아니라, 우리의 가장 가까운 과거에 대해, 우리의 현재에 대해, 그리고 우리 자신에 대해, 왜 우리는 그만큼의 열정과 그만큼의 원한을 지니고서 '우리는 억압받는다'고 말하는가 하는 것이다." Michel Foucault, *Histoire de la sexualité 1. La volonté de savoir*, Gallimard, 1976, p.16.

로 할 때, 바로 그때 발명되는 무엇이다. 따라서 나와 당신, 우리 동시대인들은, 철학과 예술을 쉽게 풀어주겠다는 핑크빛 약속을 항상 경계해야 하며, 그런 약속을 하는 저자와 작가를 언제나 의심의 시선으로 지켜보아야 한다. 따라서 근래 철학의 대중화나 예술의 보편화를 예찬하는 모든 수사들은 철학과 예술의 가장 큰 적(敵)들이며(나는 그 적들에게 손을 흔들며 인사를 건넨다, 안녕, 안녕, 그 가장 악랄한 적들은 또한 언제나 가장 선량한 친구처럼 보이기도 하기에), 철학을 대중화하고 예술을 보편화한다고 주장하는 자칭 '철학자' 또는 '평론가'야말로 철학과 예술의 가장 큰 파괴자들이기 때문이다. 물론 철학과 마찬가지로 예술 역시 어떤 방식으로든 파괴되어야 하는 것이지만, 또한 동시에 이런 방식으로 파괴되어서는 결코 안 되는 것이기도 하다. 대중화란 예술의 민주주의가 아니다, 결코 아니다. 단순한 대중화란, 예술이라는 가상의 파괴, 곧 '진정한' 예술의 이해와는 전혀 상관없는 어떤 것이다. 그것은 오히려 깊이에의 강요가 재현했던 부작용을 더욱 나쁜 방향으로 몰고 가는 무한한 악순환인 것, 그렇게 심화시키고 악화시키는 어떤 지속적인 퇴행의 회로일 뿐이다. 소위 예술의 대중화와 예술에 대한 이해는 서로 비례하는 것이 아니다. 오히려 대중화라는 환상(그렇다, 그것은 또하나의 환상, 더욱 커다란 환상일 것이다)이 심해지면 심해질수록 예술에 대한 이해의 능력, 예술의 감상에서 지성과 감성을 창발적인 방식으로 교배시키는 능력은 그에 반비례하여 오히려 줄어들게 된다. 마치 어떤 종류의 알레르기와도 같은 이러한 어려움과 난해함에 대한 '체질적' 저항, 이것

이 바로 현대미술이 가장 동시대적으로 직면하고 있는 가장 현
대적인 병증일지도 모른다. 이렇듯 무지하고 폭력적인 반달리
즘과 어떻게 싸울 것인가, 아니 싸울 의지조차 비웃는 듯이 보
이는 이 '적 아닌 적'과 어떻게 싸울 것인가, 이것이 바로 문제
이다. 저 새로운 반달리즘과 반지성주의에 대항해 일종의 불가
능한 씨름을 벌여야 하기 때문이다.

　　바로 여기서 나는 외젠 들라크루아(Eugène Delacroix)
가 그렸던 야곱과 천사의 싸움을 떠올린다. 그 그림에서처럼,
이 씨름은 지극히 물질적이고 육체적인 어떤 것이다. 이 씨름
은 결코 절대적인 자(그것이 신이든 대중이든, 그런 '절대적인'
자)에 대한 윤리적 위탁이나 종교적 굴복이 아니다. 미술은, 예
술은, 언제나 불가능한 씨름이며 또한 오직 그런 불가능한 씨
름이 되어야 한다. 그 씨름은 언제나 '불가능'해 보이지만, 바로
그 불가능이 없다면 겨루려는 마음 자체가 '불가능'했을 터. 그
러므로 이 글은 또한 바로 그 씨름에 거는 어떤 불가능한 내기
의 계약서이기도 하다.

외젠 들라크루아, 〈천사와 싸우는 야곱(Lutte de Jacob avec l'ange)〉(1854~1861).

이것은 오래된 계약(구약)의
이야기이지만, 저 씨름만은 새로운
계약(신약), 곧 불가능한 신성의
내기라는 새로운 계약서를 포함한다.

3. 상처의 봉헌

3-1. 일상적인 것과 비일상적인 것 사이의 상처로서의 미학적 균열

나는 다시금 에둘러 또하나의 우회로를 탄다. '불가능한 내기'라고 말하고 나니, 어쩐지 시작부터 지고 들어가는 가망 없는 도박 같은 것이 연상된다. 아마도 그럴 것이다. 그렇다면 이토록 분명히 어떤 실패가 이미 예정되어 있는 듯 보이는 이 도박을, 어쩌면 세상에서 가장 절망적으로만 보이는 이 내기를, 나와 당신은 반드시 실행해야만 하고 또한 목격해야만 하는 것일까. 그러나 동시에 또한 가장 역설적으로 말하자면, 어쩌면 나와 당신은, 그러니까 '우리 동시대인'은, 그러한 실패를 통해서만 어떤 성공에 도달할 수 있고 또 도달해야 하는 것인지도 모른다. 아니, 가장 역설적인 것보다도 더욱 역설적으로 말하자면, 어쩌면 더 큰 실패를 위해서, 더 잘 실패하기 위해서, 더욱더 '성공적으로 실패하기' 위해서, 이 불가능한 도박에 가능한 내기를 걸어야 하는 것인지도 모른다. 그리고 이 기이하고 역설적인 내기의 이름을 나의 방식대로 표현하자면, 아마도 그것은 '사유의 악보' 혹은 '즉흥의 지도'가 될 것이다. 이는 내가 나의 '미학-정치의 지도 제작법'을 가리키는 또다른 이름들이 된다.

　　이것은 무슨 뜻일까. '사유의 악보'와 '즉흥의 지도'란 역설적이면서도 이중적인 표현일 수밖에 없는데, 먼저 악보는 음악을 적는 방식, 즉 표기의 한 방식이다. 그러나 언어적이지도 않고 언어만으로 환원될 수도 없는 음악을 '적는' 기보의 방식이란 언제나 그 자체의 성격상 지극히 한계적일 수밖에 없다. 음악은 악보에 적혀 있는 대로 연주되지도 않고 또 그렇게 연주되기를 요구받지도 않는다. 만약 그래야 한다면, 예를 들어 베토벤(Beethoven)의 9번 교향곡은 한 번 이상 녹음될 필요가 전혀 없을 테니까. 악보에 표현되지 않는, 표현될 수 없는 많은 것들이 음악 안에 존재하며 따라서 많은 해석들이 존재하는 것도 가능해진다. 따라서 악보 자체는, 물론 음악이 아니다. 그것은 단지 음악의 얼개, 전개와 변주의 가능성을 응축한 하나의 길잡이일 뿐이다. 사유의 사태 또한 마찬가지가 아닐까. 나와 당신은 지금도 이렇게 문자로 된 표기의 한 양식을 '읽고' 있는 중이다. 당신은 나의 독자이자, 동시에 나는 당신의 독자이다(그리고 또한 바로 이러한 의미에서도, 함께 서로의 어둠을 감지하고 읽어낸다는 의미에서도, 나와 당신은 동시대인이다). 그러나 마치 악보가 하나의 특정적인 음악을 결정짓는 것이 아니듯이, 지금 내가 쓰고 당신이 읽고 있는 이 글 또한 단 하나의 사유를 지시하고 있는 것이 아니다. 사유의 악보는 언제나 계속해서 새로운 변주들을 기다린다. 사유는 그 자체로 자신의 변종과 잡종과 변형을 기도하고 종용하는 것이며 그러한 것이 되어야 한다. '즉흥의 지도' 또한 마찬가지라고 할 수 있을 것이다. 그것은 마치 '바다의 지도'를 그리는 일처럼 일견 순전히 불가능한 작업처럼 느껴진다. 계속해서 유동하면서 불규칙한 파고를 일으키고 그 자체 위에서는 그 어떤 확고한 경계선도 그릴 수 없는 바다는 지도 제작의 '불가능한 대상'이다. 단단하게 고정되어 있는 듯 보이는 지표와는 달리 바다는 언제나 넘실대며 변화무쌍하게 움직이고 있으므로, '바다의 지도'를 그린다는 일은 그렇게 일견 그저 불가능한 것으로만 보인다. 그러나 또한 나와 당신은 저 바다의 지도를 그릴 수 있고 또 그려야만 한다. 악보가 되지 않고 악보로 만들 수도 없는 사유의 악보를 그리듯, 채보되지 않고 채보할 수도 없는 즉흥의 지도를 제작하는 일, 그것은 어쩌면 이미 실패가 예정되어 있는 작업으로 가는 일종의 불가능한 내기이기도 하다. 필연적으로 즉흥일 수밖에 없는 예술의 우연 안에서, 우리는 아마도 필연적으로 실패할 것이다. 그렇게 실패할 것임에 틀림없다. 우리는 그렇게 반드시 실패하고야 말리라. 그러나 나는 이 말을 절망이나 체념이 아닌 어떤 결의에 의거해 발설하고 있다. 그리고 바로 이 점이 가장 중요하며 결정적이다.

　　이 기이한 실패의 작업을 또다시 에둘러, 이제 서서히 우리가 익숙하게 받아들이고 이용하며 생각하게 된 미학과 정치라는 개념 혹은 그 둘 사이의 상호작용으로서의 미학-정치에 대해 다시금 생각해보게 된다. 이제 우리에게는, 단순히 미학이 어떤 정치의 반영이라는 사회주의 리얼리즘의 테제보다, 정치야말로 어떤 특정한 미학, 곧 감각적인 것의 지도가 반영된 형태라는 테제가 더 익숙하게 느껴지기까지 한다. 그러나 바로 이 익숙해진 어떤 지점에서 새삼 묻자면, 우리는 이러한 테제를 단순히 머리로만 이해하고 있는 것은 아닐까. 만약 문제가 그렇다면, 나와 당신은 우리의 체제 안에서 감각의 악보와 감성의 지도를 바꾸고 새롭게 제시하는 작업이 어떤 것인지를 끊임없이 묻고 있어야 한다. 하지만 실제로 우리는 그러한 물음들을 계속해서 묻고 있는가. 비록 그것이 쉽게 실패를 예상할 수 있는 불가능한 작업처럼 보인다고 할지라도 말이다. 그러나 나와 당신은, 예술가로서, 예술의 향유자로서, 예술의 친구이자 적으로서, 과연 이러한 미학과 정치의 관계를 그 자체로 '실천'하고 있는 걸까, 아니, 그 이전에, 그러한 '실천'은 그 자체로 과연 가능한 것일까. 우리는 그 불가능성 자체 안에 도사리고 있는 가능성의 실패(나는 절대 '실패의 가능성'이라고 쓰지 않았다)와 진실로 직면하여 대화를 나누고 있는 걸까. '우리'는 그것을 마주할 준비가 되어 있는가. 내가 지금 정말로 우리에게 묻고 싶은 것은 바로 이러한 물음이다.

　　미의 개념과 진리의 개념은 일견 서로 다른 영역을 차지하고 있는 것처럼 보이지만, 우리는 사실 진리의 개념조차도 미의 개념에 기반하고 있는 여러 근본적인 사태들을 자주 목격하곤 한다. 예를 들어 현대의 이론물리학자들은 우리의 세계

(우주)를 11차원으로 이루어진 시공간으로 예상하고 이해하고 있다. 그렇다면 왜 사람들은 우리에게 감각적으로 '확실하게' 느껴지는 4차원의 시공간(3차원의 공간과 시간의 한 차원) 이외에 여분의 7차원을 상상하고 또 도입할 필요를 느꼈을까. 현재 우리의 물리학이 알고 있는 자연의 네 가지 힘, 곧 중력과 전자기력과 강력과 약력을 통합할 수 있는 하나의 이론, 통일적이고도 아름다운 단 하나의 이론, 그런 절대적이고 유일무이한 이론이 '아름답다'고 생각하기 때문이다. 이 우주를 하나의 원리로 설명할 수 있을 대통합 이론은 진리이기 이전에 무엇보다 미적이다. 우리의 물리학은 그러한 '하나의' 이론과 그러한 '하나의' 진리가 '아름답다'고 생각하는 미학적 체제 위에, 바로 그 안에 있기 때문이다. 만약 진리의 개념만이 문제가 된다고 한다면 현대의 이론물리학자들이 굳이 세계를 11차원으로 생각할 필요가 전혀 없을 텐데, 왜냐하면 하나 이상의 여러 가지 이론들이 존재하고 또 그것들을 통해 세계의 각각의 현상들을 이해하고 해석하면 그로써 족하기 때문이다. **하지만 여기서는 미의 개념이 진리의 개념을 압도하고 있다.** 하나의 완벽한 이론이 '아름답다'는 것, 그런 유일무이한 통일 이론이야말로 이 '조화로운 부조화'의 우주가 지니는 물리 법칙일 수 있으며 또 그래야만 한다는 것, 바로 이러한 미적인 생각이 오히려 진리의 추구를 규정하고 조건짓고 있는 것. 미(美), 즉 아름다움에 대한 강박은 여기에서 과학의 무의식을 이루고 있다. 따라서 볼 수 있는 것, 들을 수 있는 것, 생각할 수 있는 것은 미리 정해져 있거나 이미 세워져 있는 객관적인 물리적 조건이 아니다. 그것은

오히려 나와 당신이 볼 수 있고 들을 수 있고 생각할 수 있는 것을 규정하는 하나의 거대하면서도 미세한 체제, 곧 한 시공간의 미학적 체제에 근거하고 있는 대단히 감각적이면서 감성적인 이데올로기의 체제인 것이다. 그렇다면 이 미학적 체제 안에서 예술은 어떤 작업을 해야 하며, 또한 실로 어떤 실패를 준비해야 하는 것일까.

예술은 비일상적인 것이 아니라 일상적인 것과 비일상적인 것이 순간적으로 갈라지는 계기, 그 계기 안에 존재하며 또한 그러한 계기를 만들어내는 하나의 사건, 하나의 상처이다. 바로 그 사이의 분열과 균열을 만들어내는 제작자이자 또한 그것을 목격하는 증인이기도 한 것. 나는 일전에 한 공연장에서 진행된 강연/워크숍에서 미리 정해놓은 10분 정도의 시간 동안 참여자들 모두에게 자신의 휴대전화를 꺼내 알람을 맞추게 했던 적이 있었다. 그리고 그 10분 정도의 정해진 시간적 조건 안에서 무작위로 알람 시간을 정해 울리게 했고, 그 알람을 끄는 것도 참여자들 각각의 의지에 맡겼다. 말하자면 나와 당신은 그 조건화된 10분의 시간 동안, 그 시간 동안만 존재하는 어떤 우연의 음악을 만들어냈던 것이다. 알람 소리들이 간헐적이고 무작위로 울리며 또한 그 정지 또한 우연적이며 갑작스러웠다. 주변의 소음들 또한 그 알람 소리들이 커지고 꺼질 때 함께했고, 그렇게 존재하던 일상의 소음들이 일상적인 것과 비일상적인 것의 틈새를 10분 동안 드러냈으며, 그렇게 10분의 시간이 흐르고 난 뒤 그 모든 소음들은 다시금 '들리고 있으나 들리지 않는' 일상으로 되돌아갔다. 아마도 이것은 매우 사소한, 어쩌면 아무런 영향도 남기지 않는 단순히 미미한 해프닝일지도 모른다. 일견 그것 이전과 비교해, 그것 이후에 남은 것은 아무 것도 없는 듯이 보인다. 아마도 그것은 그저 단지 저 여분의 7차원 같은 것일지도 모른다. 그러나 그 이전과 그 이후는 분명 어딘가 달라져 있다. '상이한' 척도를 '공유'하는, 비-리듬의 리듬들, 비정형의 정형들, 이것은 일상성(日常性)과 이상성(異常性) 사이의 경계, 그 경계에서 일어나는 사건, 그리고 그 사건이 남기는 어떤 상처를 들려주고 또 보여준다. 그리고 또한 이렇게 말할 수도 있을지 모른다, 시간적 선후관계를 떠나서, 어쩌면 그 이전조차도 이미 다른 것이었음을 알게 되는 어떤 균열이 남게 될 것이라고, 혹은, 그 이후가 그 이전에 영향을 미치는 기이하고 역전된 분열이 순간적으로 모습을 드러내게 될 것이라고. 이렇게 사라지는 순간은 분명 하나의 실패일 테지만, 그러한 실패일 수밖에 없을 테지만, 그러나 동시에 '아름다운' 실패이기도 하며, 그 돌이킬 수 없이 지나간 모든 것을 통해 일견 똑같이 보이지만 어딘가 달라져 있는 현실의 사건들을 감각적으로 느끼고 감성적으로 이해하는 변화의 조건이기도 하다.

3-2. 미학적 전장 위에서: 모래의 미학을 위(爲)하여, 혹은 모래의 미학에 반(反)하여

그러나 다시 한번 되새겨 생각해보자면, 그렇게 다시금 에둘러 다른 우회로에서 생각해보자면, 과연 '아름다운 실패'라는 것이 가능할까, 가능할 수 있을까, 가능하다는 것이

가능할까. 그것은 어쩌면 흔하며 또 흔할 수밖에 없는 실패들에 띄워 보내는 판에 박힌 위로, 그러니까 비가역적이며 또 비가역적일 수밖에 없는 저 실패의 과정들을 그저 자위하고 위장하는, 그리고 실패하며 또 실패할 수밖에 없는 어떤 불가피성을 미화하는, 그런 단순한 위안과 위로의 수사인 것은 아닐까. 그것은 근본적 틈으로서의 상처를 단순히 봉합하기만 하는 무책임하게 긍정적일 뿐인 맹목적 치유의 과정은 아닐까. 무엇보다 실패가 이미 예정되어 있는 듯이 보이는 어떤 일에 대하여, 특히나 그것이 '예술'이라고 한다면, 그러한 비극적 예술에 대하여, 동시대인인 나와 당신이 그렇게 큰 힘을 쏟거나 큰 애를 쓸 필요가 과연 있는 걸까. 게다가, 그런 일은 아무런 상관도 없는 양, 하면 된다는 생각만으로, 하지 않을 수 없다는 맹목만으로, 그렇게 삶을 계획하고 구획해가는 '동시대인'들이 오히려 넘쳐나는 듯 보이는 세상에서? 그러나 다시 한번 돌이켜 생각해본다면, 이미 삶 자체가, 나와 당신이 동시대인으로서 살고 있는 이 시공간 자체가, 어쩌면 언제나 실패를 예정하고 또 노정할 수밖에 없는 하나의 거대하고도 사소한 비극이 아니었던가 하는 물음, 그리고 그 시공간 안의 동시대인이란, 그런 비극의 전장에서 가장 불가능한 일들을 가능하게 하려고 그렇게 큰 힘을 쏟고 그렇게 큰 애를 쓰고 있는, 거대하고도 사소한 착각과 착란의 주체가 아니었던가 하는 물음, 그런 물음 아닌 물음들에 생각이 미치게[及/狂] 된다. 그러므로 나와 당신의 미학, '우리 동시대인'의 미학이란, 어쩌면 저 착각과 착란의 미학, 그 가장 비극적인 힘의 미학이 아닐까 하고, 다시금 새삼스럽게 또다른

실패의 길을 예고하면서, 그렇게 예상하고 그렇게 넘겨짚어보
는 것이다.

바로 이러한 착각이 하나의 착란으로 미치는 지점, 이렇
듯 미치는 거리[街/間] 위에서, 시간적으로 아주 오래된 시, 그
러나 여전히 어떤 뒤틀린 울림을 가장 동시대적으로 건네주는
시, 김수영의 「어느 날 고궁을 나오면서」를 문득 다시금 떠올리
게 된다. 새삼스럽게 옮겨 적자면, 김수영은 이렇게 쓰고 있다.
"왜 나는 조그만 일에만 분개하는가 / 저 왕궁 대신에 왕궁의
음탕 대신에 / 50원짜리 갈비가 기름덩어리만 나왔다고 분개
하고 / 옹졸하게 분개하고 설렁탕집 돼지 같은 주인년한테 욕
을 하고 / 옹졸하게 욕을 하고"* 김수영이 썼던 저 "왕궁의 음
탕"이라는 시어를 입안에 넣어 굴려보면서, 나는 어쩌면 가장
부자연스럽도록 자연스럽게, 하나의 이름을, 그것도 가장 단독
적이면서도 (그래서 또한) 가장 보편적인 동시대의 이름을, 그
렇게 떠올리게 된다. 그 이름은 바로 '대한문'이다. 그리고 대한
문 앞 쌍용차 노동자 분향소에서 1인 시위자들이 들었던 피켓
의 문구를 보면서 항상 생각하게 된다. 거기에는 "얼마나 더 죽
어야 합니까?"라는 반문의 문구가 적혀 있지만, 그것은 '얼마
나 더 죽어야 | 합니까?'라고 삼단으로 접혀 있는 바람에, 언제
나 가운데 문구 '나 더 죽어야'가 부각되어 그렇게만 읽게 되는,
그렇게만 읽히는 어떤 경험이 있었다. '나 더 죽어야', 어쩌면
이토록 '본의 아니게' 문제의 핵심을 에둘러 찌르는 조각난 문
장 앞에서, 갑자기, 슬퍼진다, 불현듯, 울컥한다. 도대체 얼마나
더 죽어야 문제가 해결될 것인가, 라고 되묻는 반어의 의문은,

* 김수영, 「어느 날 고궁을 나오면서」,
『김수영 전집 1: 시』, 민음사, 1981 [구판],
249쪽 / 2003 [개정판], 313쪽.

누군가 더 죽어야 한다는 일견 끔찍한 당위의 결의가 되므로, "나 더 죽어야" 무언가가 바뀔 것만 같은 절체절명의 절망을 예고하고 예견하는 듯한 극단적인 예언의 언어가 되므로. 그러나 그것은 반드시 수행해야 하는 긍정의 지표는 물론 아니다. 그리고 그렇게 해야 한다고 필연의 부정을 종용하는 문구는 더더욱 아니다. 그러나 그럼에도 불구하고, 아니 어쩌면 바로 그래서, 바로 그렇기 때문에 더더욱, 이것이 나를 울컥하게 만든다.

이것에 울컥하게 되는 이유는, 내가 바로 이것 안에서 어떤 '무력함' 자체를 표상하면서도, 그 무력함의 한계를 실감하면서도, 그와 동시에 그것을 또한 끝까지 안고 가려는 어떤 비극적 의지의 모습을 보기 때문이다. (그리고 나는 앞서 이러한 '무력한 전능성', '무력함에서 나오는 가장 비극적인 의지'의 모습을, 김진숙의 이야기를 통해, 시선과 시점과 시각에 관한 이야기를 통해, 그 거리의 관계성을 통해, 이미 언급했던 바 있다.) 그것은 (우리가 저 '본질'이라는 말을 정말 쓸 수 있다면) 어떤 의미에서, 그리고 그 가장 결정적인 의미에서, 대단히 '본질적'이며 또한 본질적이라는 의미에서 '비가역적'으로 보이기 때문이다. 다시 말해 이러한 실패의 사태는 그 자체로 하나의 '비극'이지만, 이러한 '비극적' 상황이란 단순한 폐기나 지양의 대상이 아닌, (김진석의 표현을 빌리자면) 어떤 '포월(匍越)'의 대상, (나만의 표현으로 말하자면) **나선형의 왕복운동으로 끊임없이 끌어안고 가야 할 비변증법적 변증법의 대상**이기 때문이다. 따라서 저 문장은 단지 피켓 위에 적힌 시위의 문장이라기보다는, 삼단으로 접혀 조각난 언어들, 그래서 그 자체로 한 편의 시 또는 파편의 시어들로서, 그것이 그렇게 시처럼, 시어들처럼, 내게 다가오게 되는 경험을 하게 된다. 그 시어는 죽어 있는 시집 안에서가 아니라, 나와 당신이 어느 날 고궁을 나오면서, 여전히 그렇게 하나의 고궁을 걸어나오면서, 무심코, 그러나 결코 회피할 수 없이, 그렇게 맞닥뜨리게 되는, 여전히 살과 피를 지닌 시어, 단순한 50원짜리 갈비의 기름덩어리를 거대한 해변의 모래알들로 뒤바꾸는 시어, 그래서 나와 당신 앞에 대한문과는 비교도 안 될 정도의 거대한 모습으로 버티고 서 있게 되는 시어, 하여 그 어떤 반자본주의적 혁명의 언어보다도 가장 자본주의적 삶 그 자체의 허위를 여전히 가장 예리하게 파고들어오고 있는 그런 시어이다. 예를 들어 반자본주의를 종용하는 가장 도발적이고 혁명적인 전시회가 오히려 가장 성공적인 자본주의적 상품성을 띠게 되는 역설을 나와 당신은 자주 목격하게 된다. 1980년대 민중예술은 가나아트라는 배경이 없었다면 불가능했을지도 모르고, 현재 그 민중예술의 '주요' 작품들은 거의 모두 삼성이 리움미술관에 보유하고 있다는 현실도 한편에 있다. 이것을 단순히 시대적 모순이나 역사적 자가당착이라고 말해야 할까, 아니면 오히려 야누스 같은 예술의 이면적 진리라고 말해야 할까. 나와 당신, 우리 동시대인은, 과연 이러한 사실에 대해 어떻게 말해야 할까. 다시 말하자면, 한낱 1원짜리도 안 돼 보이는 이 몇 마디의 시어 앞에서, 그러나 또한 하나의 거대한 문처럼 우리 동시대인 앞에 서 있는 저 묵직한 시어 앞에서, 나와 당신은 무슨 말을 하고 무슨 짓을 해야 하는 걸까.

덕수궁미술관 안에서 근현대의 유명한 작품들이 삶의 여유를 종용하고 강요하며 예술을 사랑하는 이들의 발길을 반강제적으로 끌고 있을 때, 덕수궁 바깥 대한문 앞에서는 죽음이 오히려 전시회의 예술작품처럼 전시되고 있었다. 그러니 정작 예술의 현장, 미학의 전장은 저 고색창연한 덕수궁미술관이 아니라 바로 그 앞 대한문이었던 것이다. 그러나 덕수궁미술관의 소위 '예술작품'들을 관람하고 나오는, 그렇게 어느 날 고궁 안으로 걸어들어가 다시 고궁 밖으로 걸어나오는 소위 '예술 애호가'들에게, 정말 하나의 현재적이고 동시대적인 '예술'로서 전시되고 있는 그 실재의 전시장 자체는, 게다가 그것도 삶 그 자체를 매체와 매개로 삼아 죽음마저 전시하고 있는 하나의 비극적 전장 자체는, 눈에 들어오지 않는 '보이지 않는 것'일 뿐이다. 마치 그것이 보일까 봐, 그것이 '예술 애호가'들의 눈에 들어올까 봐 노심초사하며, 그 '전시장'을 겹겹이 둘러싼 닭장차들의 태도처럼, 우리네 '예술 애호가'들인 시민들에게 그것은 결코 '보이지 않는 것', '보여서는 안 되는 것', 그래서 어쩌면 가장 비밀스럽고 가장 핵심적인 이 시공간의 예술, 따라서 가장 동시대적인 예술이 된다. 이 가장 비밀스럽고 현재적인 예술 앞에서, 나와 당신은 어떤 태도를 취해야 하는 것일까. 우리는 그것을 그저 모른 척해야 할까, 아니면 그것을 '감상'해야 할까, 그것도 아니라면 그 '예술' 한복판에 '참여'해야 할까. 우리의 동시대에, 가장 실제적이고 현재적으로, 우리의 상징적 세계 안에, 가장 거대하고도 사소한 하나의 구멍, 실재의 구멍이, 대한문 앞 분향소에, 사소해 보이지만 또한 거대하게, 그렇게 입을 벌리고 전시되고 있었다. **그것은 상처의 봉헌이었고, 또한 그것은 죽음의 전시장, 그러나 그렇게 가장 큰 '실패'인 죽음마저 전시하는, 그렇게 전시함으로써 가장 큰 '성공'이라고 하는 삶 그 자체가 과연 무엇인지를 되묻고 있는, 하나의 예술적이고 미학적인 전장(戰場)이었다.** 그렇다, 미학의 체제란 단순하게 고요히 감상될 수 있는 전시가 아니라 바로 그 안에서 그 실패를 감수하며 다시 또다른 실패를 감행해야 하는 감각적/감성적 투쟁의 전장인 것이다. 그리고 그것은 다시금 저 모래의 미학이라는 무기 아닌 무기의 모습으로 다가온다. 김수영은 마지막으로 이렇게 쓰고 있다. "모래야 나는 얼마큼 적으냐 / 바람아 먼지야 풀아 나는 얼마큼 적으냐 / 정말 얼마큼 적으냐". 대한문 앞에 펼쳐진 전시장에서 우리가 '보이는 것'으로 (재)발견해야 할 것은, '보이지 않는 것'을 '보이는 것'으로 바꿔야 할 것은, 바로 이 **모래의 미학**이다. 이 모래는 '보이지 않을' 만큼 작고 또 작지만, 그러나 또한 그 모래는 온 땅을 뒤덮을 만큼 그렇게 수많고 거대하게 '보이는' 것이기도 하다. 하여, 이 모래의 미학적 전장에서 '우리'에게 다시금 필요한 것은, 저 비가시적인 것의 가시화라는 시적 용기이다.

쌍용자동차 노동자들의 투쟁을 잊었는가, 그 모든 죽음들을 결단코 잊었는가. 마치 누군가는 우리에게 세월호의 모든 죽음들에 대해 '이제 충분하다', '이제 그만하면 됐다', '이제는 지겹다'라는 말들로 그 모든 망각을 종용했듯이. 나와 당신, 우리 동시대인들의 동시대에, 바로 지금 현재, 가장 미학적인 투쟁의 전장이 펼쳐지는 곳, 아니, 숫제 그 자체가 이미 하나의 작품으로서 전시되며 참여되고 있는 것, 그곳과 그것은 바로 우리의 대한문이[었]고 우리의 세월호이[었]다.

4. 흔적의 순례

4-1. 모래의 미학과 인민의 예술   그리하여 다시 묻자면, 다시
또다른 우회로로 에둘러 가
자면, 이 모래의 미학이란 과
연 무엇일까, 그것은 어떤 '가능한' 미학일 것인가. 내가 그냥
그저 그렇게 '모래의 미학'이라고 말한다면, 당신은 첨단의 금
융자본주의 경제 아래에서 언제나 힘겹게 진행되는 '개미 투자
자의 미학' 같은 것이나, 빛바랜 혁명의 노래 속에 울려퍼지곤
하는 '민중의 미학' 같은 것, 혹은 대중문화의 '범람'을 이야기
하기에도 이미 한참 쑥스러울 정도로 말 그대로 '대중' 그 자체
가 되어버린 이 시대를 위한 '대중문화의 미학' 같은 것을 연상
할지도 모른다. 그러나 우리의 동시대를 위해 내가 당신과 나
누고 싶은 이야기는 그런 이야기가 결코 아니다. 그런 이야기들

은 '우리 동시대인'이 아닌 다른 이들이 하게 내버려두자. 이 모래알에 관한 이야기를 계속하기 위해서, 일견 예술의 현장과는 한참 거리가 멀게 보이는 우리네 일상의 지하철 공간 안으로 들어가본다.

　　　우리는 지하철 안에서 욕을 한다. 속으로 욕을 하든, 낮은 소리로 혼잣말처럼 욕을 중얼거리든, 아니면 아예 큰소리로 욕을 내뱉든, 어쨌든 우리는 지하철에서 욕을 한다. 지하철에 타자마자 짐부터 던지면서 야구 주자 뺨치게 도루하듯 달리는 아줌마들에 대해, 다른 이들은 아무 상관도 없다는 듯 별로 크지도 않고 볼품도 없는 성기를 자랑하며 다리를 쩍 벌리고 자리에 앉는 아저씨들에 대해, 대통령 선거가 끝난 후 마치 (자신들이 응원하는 축구팀이 경기에서 이긴 날의 미친 훌리건들처럼) 제 세상을 만난 듯 크게 떠들면서 안하무인으로 추태를 부리는 노인들에 대해, 그렇게 욕을 한다. 이러한 인간 군상 안에는 나와 당신, 곧 우리 동시대인들이 생각하는 '민중'은 없다, 아니, 없어야 한다. 민중은 그런 모습일 수 없으며 그런 모습이어서도 안 되는 것이다. 우리는 분명 그렇게 생각하며, 그렇게 욕을 한다. 물론 이것은 당연하게도 우리가 지니고 있는 민중에 대한 어떤 오래된 당위의 환상일 수 있으며 분명히 그럴 것이다. 그래서 혹자는 이러한 태도에 대해 이렇게 말할 것이다, 그런 식으로 민중을 부정하는 것은 민중의 자연스러운 모습에 가닿지 못하는 지독한 엘리트주의일 뿐이라고, 민중의 실상을 본연의 형태로 파악하지 못한 도덕적 결벽증일 뿐이라고, 가장 낮은 수준의 근본적 민중의 진상을 도외시하는 가장 높은 이상

의 존재론일 뿐이라고, 그렇게 말하며 또 그렇게 그들만의 욕
을 할 것이다. 그렇게 말하면서, 그렇게 욕하면서도, 또한 그렇
게 계속 그 '소중한 민중'을 오직 그 상태로만, 될 대로 되라는
식으로, 그렇게만 놓아둘 것이다. 달라지는 것은 아무것도 없
고, 오히려 더욱 뒤틀리고 썩어가는 것들만이 난무하고 창궐
할 것이다. 나와 당신은, 우리 동시대인은, 저 아줌마들과 아저
씨들과 노인들을 증오한다. 그러나 우리는 그 증오를 단 한 번
도 느끼는 그대로 발설하거나 표출한 적이 없었다, 마치 그렇
게 하지 않는 것이 어떤 예의의 징표이자 어떤 이성의 증거인
것처럼 말이다. 그러나 이러한 증오는 정치적 대립을 위한 것
도 아니고 사회적 차별을 위한 것도 아닌, 단순한, 그러나 동시
에 그렇게 단순하지만은 않은, 말 그대로 어떤 미학적 증오이
다. 우리가 그렇게 증오하는 대상은 미학적으로 부도덕하고, 미
학적으로 비윤리적이며, 미학적으로 반정치적인 것이다. 이것
은 우리가 그저 일상의 자잘한 풍경들이라고 부르는 것들의 예
일 뿐이지만, 볼 때마다 눈살을 찌푸리기는 하나 또한 그저 그
렇게 간과하고 마는 그런 보잘것없는 순간들의 예일 뿐이지만,
이 일상적 예들은 우리의 예술을 초과하며 지배하기까지 하는,
미미한 듯 보이나 가장 강력한 영향력이기도 하다. 이 역시 모
래알, 어쩌면 대부분의 모래알들일 것이다. 그러나 왜 우리는
그것에 대해 아무런 말도 못하는 것일까, 그런 모래알들은 반
드시 사라져야 할 것들이라고 왜 '미학적으로' 단언하지 못하
는 것일까. 모래알들의 고단한 삶에 대한 어떤 깊은 이해와 연
민 때문에? 아니면 모래알들은 그들만의 삶이 있고 나와 당신

은 우리들만의 삶이 있다는 어떤 깊은 경멸과 분리의 감각 혹
은 자포자기의 심정 때문에? 우리는 우리와 함께 이들을 '인민'
이라고 부르고 있는가, 아니면 그들만을 외따로 '민중'이라고
부르고 있는가.

　　　하여 다시금 새삼스럽게도, 가장 멀리 에두르는 우회로
안에서, '인민'의 예술을 생각해보는 것이다. 그것은 물론 프로
파간다의 예술은 아닐 것이다, 그러나 그럼에도 불구하고 그것
은 또한 어떤 프로파간다가 되어야 하기도 한다. 그것은 또한
물론 사회주의 리얼리즘 같은 것은 분명 아닐 것이다, 그러나
또한 그럼에도 불구하고 그것은 다시금 어떤 사회주의적 예술,
어떤 리얼리즘적 예술이 되어야 하기도 한다. 이때의 프로파
간다란, 그리고 이때의 사회주의적이고 리얼리즘적인 예술이
란, 과연 무엇일 수 있을까. 아마도 이것은 현재 나와 당신, 우
리 동시대인이 '예술'이라는 아주 오래되고도 또한 여전히 새로
운 저 이름을 둘러싸고, 혹은 그 이름에 둘러싸여, 계속해서 묻
고 있고 또 계속해서 물어야 하는 질문인지도 모른다. 그러므로
우리 동시대인의 프로파간다란, 아직 오지 않은 세계, 아직 도
래하지 않은 체계, 그러나 또한 반드시 와야 하고 꼭 도래해야
만 하는 상태, 그것에 대한 프로파간다가 되어야 한다. 또한 우
리 동시대인의 사회주의란, 우리 동시대인의 리얼리즘이란, 20
세기 말에 몰락한 현실 체제를 기리는 한 맺힌 푸닥거리도 아
니고 가시적인 현상들에 구태의연하게 집착하는 어떤 사조에
대한 복고적인 회귀도 아니며, 아직 오지 않은 사회주의, 한 번
도 도래한 적이 없었던 사회주의, 그리고 아직 오지 않은 현실

(reality)에 대한 리얼리즘, 그러나 또한 반드시 올 것이고 계속 오고 있으며 또한 꼭 올 수 있는 현실에 대한 리얼리즘이 되어야 한다. 민중이라는 집단적 허상으로 포장된 보편성의 상찬(賞讚)이 아니라, 아직 오지 않은 인민을 불러들이는 독특성의 초혼(招魂) 같은 것.

　　　지하철은 오늘도 어김없이 피곤한 사람들을 싣고 달릴 것이다. 마치 그 시간은 없는 시간인 것처럼, 그 시간은 출발지와 목적지 사이에서 단순히 시간의 경유만을 표시할 뿐인 무의미한 필요악의 시간인 것처럼, 그렇게 지하철 안의 시간은 여전히 무심하게 흘러갈 것이다. 나와 당신은 욕을 할 것이고, 그 욕의 대상이 되는 다른 이들은, 아무렇지도 않게 그들의 삶과 생각을 이어갈 것이다. 그러나 그 자잘하다 못해 치졸하기까지 한 일상의 보이지 않는 시간 속에, 나와 당신, 우리의 동시대인들이 극복해야 하고 채워야 하며 또한 비워내야 하는 시간이 놓여 있다, 그리하여 다시금 보이는 것으로, 보일 수밖에 없는 것으로, 그렇게 드러내야 하는 시간이 또한 놓여 있다. **그 시간은 존재하나 몫이 없는 시간, 몫은 있으나 존재하지 않는 것처럼 보이는 시간, 몫과 존재를 부여받기를 기다리고 있는 시간, 그러나 동시에 그 어떠한 예정된 형태도 갖고 있지 않은 비정형의 시간이다. 그 시간 안에서 예술은, 현상적으로 존재하는 '민중'을 그려내는 과도하게 '도덕적'인 작업이 아니라, 현상적으로는 존재하지 않지만 그렇게 존재해야만 하는 비가시적인 것, 그것을 가시적으로 만드는 '윤리적'인 프로파간다의 작업, 사회주의의 작업, 리얼리즘의 작업, 따라서 어떤 '인민'의 작업이 되**

어야 하는 것인지도 모른다. 과거의 용법이나 습관과는 전혀 다르게, 인민의 예술, 그런 것이 존재할 수 있고 또 존재해야만 한다면, 그것은 지금 우리가 현상적으로 그런 이름으로 부르고 묶을 수 있는 '인민'의 것이 아니며 그래서도 안 된다. 나와 당신, 우리 동시대인이 생각하고 실행할 예술은, 결코 그런 인민의 것, 그런 민중과 대중의 것이 되어서는 안 된다. 그러나 또한 동시에 우리 동시대인은 어떤 '인민의 예술'을 꿈꿔야 한다. 민중이나 대중이라는 거대한 집합의 수사에 안착하지 않는 예술, 그럼에도 인민의 예술이라 이름 붙일 수 있는 어떤 예술, 이 모순적이고도 역설적인 예술의 규정들 사이에서, 여전히 어떤 모래알들이 움직이고 있다. 그것은 여전히 자잘한 알갱이이면서 동시에 거대한 덩어리이지만, 그러한 양가적이고 온정적인 규정을 넘어서, 이 모래알의 절망과 동시에 절멸을 마주해야 한다. 모래알은 몇 번을 쓸어도 잔존한다, 잔존할 수밖에 없다. **하지만 이 수사는 '민중'의 끈질긴 생명력 따위를 예찬하는 수사가 결코 아니라, 그럼에도 불구하고 이 모래알들을 모조리 쓸어내야만 하는 불가능한 작업을 위한 '인민'의 결의를 뜻하는 것이다.** 이러한 예술이 가능할 수 있을까. 과연? 언제나 실패할 수밖에 없는 내기 안에서, 게다가 이토록 불가능한 꿈을 꾸는 작업을 통해, 하나의 예술이 과연 가능할 수 있을까. 내가 당신과 함께 묻고 싶은 물음이 바로 이것이다.

4-2. 산책자의 공통감각적 국가와
순례자의 이질감각적 국경 사이에서:
하나의 전쟁

하여, 나는 당신과 함께 바로 그렇게 묻는 것이다, 나와 당신의 이름으로, 우리 동시대인의 이름으로, 바로 그렇게 묻는 것이다, 그러니까, 언제나 성공은커녕 오히려 실패가 예정되어 있다 못해 보장마저 되어 있는 어떤 내기, 불가능성의 조건들 속에서 항상 가능성의 실패를 겪다 못해 반대로 노리기까지 해야 하는 어떤 시도, 그런 전도된 내기와 역설적 시도 안에서, 하나의 예술이, 그것도 '인민의 예술'이라는 것이, 과연 가능할 수 있을까. 이 물음은 그 자체로 불가능하게 보이기만 한다. 기억하겠지만, 나는 이 글을 하나의 용서를 구하는 일로부터 시작한다고 썼다. 아마도 당신은 그 사실을 벌써 잊었는지도 모른다, 그리고 그렇게 잊는 것이 오히려 여러모로 더 나을지도 모른다. 왜냐하면 용서란, 용서를 하는 쪽에서나 용서를 받는 쪽에서나, 항상 지극히 불편하고 언제나 심각히 불평등할 수밖에 없는 일이기 때문이다. 아니, 좀더 적극적으로 말하자면, 용서는 그렇게 불편하고 그토록 불평등해야만 하는 것, 오히려 그래야만 그때서야 비로소 '용서'라고 이름 부를 수 있는 것, 그것이라고 말해야 하는 것인지도 모른다. 나는 당신에게 우리의 우정을 확인하며 동시에 절교를 고한다는 의미에서, 이 역시나 역설적이고 전도된 행위에 대해서 그렇게 용서를 먼저 구했던 것이다. 나는 동시대인인 당신에게 이런 불가능한 몸짓을 건네야 한다, 스러질 수밖에 없는 모래의 몸짓을, 그럼에도 불구하고 그 모래로밖에는 쌓을 수 없는, 유약하고도 견고하며,

일시적이면서도 영속적인, 어떤 미학적 증오와 연애의 몸짓을.

　　모래의 미학은, 바로 이러한 역설과 이중성을 담보로 하는 무엇이다. **왜냐하면 모래의 미학은 프로파간다가 되어야 함과 동시에 또한 프로파간다가 되어서는 안 되기 때문이다.** 한편으론 그렇게 되어야 하고 또 한편으론 그렇게 되어서는 안 되는 것이 아니라, 동시에 그렇게 되기도 해야 하고 또 그렇게 되지 않기도 해야 하는 것이라는 의미에서 그렇다. 아마 이것이야말로 그 어떤 것보다도 가장 지독한 역설일 것. 그렇다면 이것은 일종의 진퇴양난, 사면초가의 상황일까. 어쩌면 그럴지도 모른다, 지금의 나와 당신, 우리 동시대인이 느끼며 겪어내고 있는 시공간인 바로 이 '동시대'라는 상황 자체가 무엇보다 그러하기에. 그러므로 이 모래의 미학이란 저 역설과 이중성뿐만 아니라 어떤 용서를 담보하고 가야 하는 무엇이기도 하다. 그렇다면 무엇을 용서해야 할까. (데리다의 말처럼, '용서할 수 없는 것'을? 그러나 그것은 또한 무슨 의미인가.) '미학'이라는 유사성(類似性)의 이름으로만 포장된 채 미학적 유사(流砂)로만 흘러가고 있는 우리 동시대 예술의 조건과 환경을 끌어안음과 동시에 그것들을 근절해야 한다는 역설을, 또한, 그 모래 쪽으로 빨려들어가기도 하고 그 모래를 먹기도 하면서 살아가고 있는 모래알들로서의 '인민'의 현실을 적극 인정하면서도 동시에 그 현실과 결단코 단절해야 한다는 역설을, 그리고 바로 이러한 의미에서, 깊이와 난해함을 등가적인 것으로 치부하면서 어려움에 대한 즉물적 저항밖에는 안 되는 어떤 반달리즘을 마치 일종의 미학적 '해방'인 것처럼 착각하는 저 대중이라는 모래알들의 절망을 절감함과 동시에 또한 그 모래알들을 절멸시킬 수 있는 철저한 의지를 가져야 한다는 역설을, 바로 이 역설들을 용서해야 한다는 것이다. 그러므로 나는 당신에게 어떤 도덕적 잘못이나 위법행위에 대한 용서를 구하려는 것이 결코 아니다. 나는 이러한 용서를 바라는 것이 아니라 **요구**하는 것이다. 이러한 용서는 제안되거나 권고되는 것이 아니라 무엇보다 먼저 그렇게 '요구'되는 무엇, 그렇게 '요구'될 수밖에 없는 무엇이다. 그러므로 이 용서는 저 흔한 도덕이나 온정에 기대는 것이 아니라 어떤 윤리적 선택을 요구하는 것. **그리고 이 선택이란, 다시 한번 역설적이게도, 선택할 수 없는 선택, 불가능성을 그 자신의 핵심적 조건으로 삼고 있는 어떤 가능성의 선택이라는 의미에서, 그리고 바로 그러한 의미에서만, 오직 '윤리적'일 수 있다.**

　　그렇다면 이러한 선택은 어떤 모습을 취할 수 있고 또 취해야 하는 것일까. 이것은 매우 어려운 문제이지만 또한 우리 동시대인이 예술 안에서 가장 정치적으로, 그리고 정치 안에서 가장 예술적으로 맞닥뜨릴 수밖에 없는 문제이기도 하다. 그것은 우리 동시대인에게 불가피하며 필수불가결하기까지 하다. 이 '윤리적 선택'의 문제, 이 '불가능성의 가능성'이라는 문제를 나와 당신은 결코 피해갈 수 없다. 바로 이러한 의미에서, 우리는 어떤 지극히 구속적인 우정, 곧 처절한 적(敵)이라는 의미에서 역설적으로 가장 철저한 친구가 되는 어떤 우정 안에 있다. 그리고 바로 이것이 내가 나와 당신을 함께 '동시대인'이라고 호명하고자 하는 이유였다. 우리가 '동시대인'이 될 수 있는 것은, 단순히 나와 당신이 같은 시대, 같은 지역을 공유하고 있기 때문이 아니라, 이 가장 극단적이며 근본적인 적대의 전선 위에 서 있는, 때로는 서로 마주보기도 하고 때로는 같은 방향을 함께 바라보기도 하는, 그런 동지이자 그런 원수이기 때문이다. 그러므로 우리가 공유하고 있는 것은 어떤 안온한 공통감각이 아니라 하나의 전선(戰線), 그것도 가장 미학적으로 민감하며 문제적인 하나의 전선일 것이다. 이 전선은 하나의 미학적 체제를 드러내며 또한 숨기고 있다. 그리고 이러한 재현과 은폐 그 자체가 이곳이 전선이 될 수 있는, 전선이 될 수밖에 없는 이유이기도 하다.

그렇다면 왜 '동시대인'으로 보이는 사람들 중의 어떤 이들은 과거로의 퇴행에 그렇게 무비판적으로 몸을 맡기는 것처럼 보이는 것일까. 도대체 어떤 이유와 동기에서 저 억압과 독재와 개발만능의 과거가 지금보다 훨씬 더 '살기' 좋았다고 말할 수 있는 것일까. 여기에는 분명 어떤 '미학'이 있다. 이러한 죽음과도 같은 정치적 (무)감각이 오히려 좀비처럼 살아 숨쉬며 날뛸 수 있는 사회적 배경에는 어떤 미학/감성(esthétique)이 놓여 있는 것이다. 우리의 전선은 바로 이 미학, 이 감성, 이 미학적 체제 그 자체인 것. 우리가 우리 스스로 민주주의라고 자부하는 현재의 정치, 그러나 동시에 결코 민주주의라고 말할 수 없는 기이하고 왜곡된 모습을 띠고 있는 현재의 정치는, 그런 어떤 뒤틀린 미학 위에 놓여 있는 것. 그러므로 나와 당신이 예술로서 전쟁을 해야 하는 전장, 이론으로서 투쟁을 해야 하는 거리, 행동으로서 예술을 해야 하는 미술관은 다른 곳이 아니라 바로 이곳, 바로 이 미학적 체제의 위와 아래이다. 모래의 미학은 모든 것이 위기에 놓여 있다고 말한다. 이것은 그 어떤 것이라도 우리 모래알들을 쉽게 쓸어버릴 수 있다고 말하는 미학, 우리 모래알들은 그 어떤 것에도 쉽게 쓸려버릴 수 있다고 말하는 미학이다. 예를 들어 북쪽을 추종하는 세력이 면면히 암약해와 언제든지 우리 모래알들을 쓸어버릴 수 있다고 말하는 그런 미학이다. 독재가 아니라면, 가장 반민주주의적인 정치가 아니라면, 모래알들은 살 수도 없을 거라고 말하며 또 그렇게 믿고 있는 미학이다. 민주주의가 가장 심각하게 손상되었는데도 오히려 반대로 그것이 민주주의라고 뻔뻔하게 말하는 미학이다. 한국의 경제는 위기에 처해 있다고 말하는 미학, 그리고 그러한 위기에서 벗어나려면 억압과 독재의 과거가 유령처럼 회귀해서 죽은 자가 산 자를 다스려야 한다고 믿어버리는 미학이다. 나는 당신에게 이러한 미학을 위한 용서를 (요)구하는 것이 결코 아니다. 나는 오히려 정반대의 것을 요구한다. 이러한 기만적 위기의 '미학'을 미학의 진정한 '위기'로 바꿔낼 수 있는 미학적 증오와 연애의 몸짓, 저 굴종과 노예의 미학을 전복시킬 수 있는 미학적 절멸의 의지, 그 몸짓과 의지에 대해서 미리 용서를 구하는 것이다. 왜냐하면 우리는, 반드시, 승리할, 것이기, 때문이다. 우리는, 언제나 패배하면서, 항상 다시금 더욱 잘 실패하면서, 그렇게 승리할 것이기 때문이다. 이 미학적 싸움이란, 그 시작과 함께 종반전을 맞이하고 있는, 그런 기이한 절체절명의 투쟁인 것. 마치 베케트(Beckett)의 희곡 『종반전(Fin de partie)』에 등장하는 두 인물의 다음과 같은 대화처럼. 클로브(Clov)가 묻는다. "왜 이렇게 매일이 희극적이지?"
함(Hamm)이 대답한다. "타성이지. 아무도 모를 일이야."* On
ne sait jamais! 정말 어떤 일이 일어날지 아무도 모를 일인 것!
불가능한 내기가 가능해지는 이유가 또한 바로 이것이다. 우리
동시대인이 가장 장소-특정적으로 특정지어야 할 장소, 그 미
학적 전장이 또한 바로 이 불가능한 내기의 자리가 되는 이유
이다.

　　그러므로 여기서 두 가지의 유형을 구분해보는 것은 어
떨까. 한편에는 **공통감각적인 도시와 국가, 그 공동체의 풍경을
여유롭게 거니는 산책자**가 있다. 이 산책자는 저 도도한 자본주
의 문명의 국내용 증인이자 저 도저한 민주주의 문화의 내수용
목격자이다. 그러나 다른 한편에는 **이질감각적인 국경, 바로 그
공동체와 공동체 사이의 선을 위태롭게 넘나드는 순례자**가 있
다. 이 순례자는 국가라는 절체절명의 울타리를 목숨을 걸고 뛰
어넘는 국제주의자, 단순한 증인이나 목격자가 아닌 자의적/타
의적 참여자이다. 산책자가 미학적 풍경 위 혹은 아래에 있는
어떤 정치를 보는 사회주의적 심미주의자라면, 순례자는 정치
뒤 혹은 앞에 도사리고 있는 미학 혹은 감각적인 것의 체제를
보는 윤리적이고 의지적이며 심지어 (그 가장 근본적이고 극단
적인 의미에서) 종교적이기까지 한 테러주의자이다. 산책자가
될 것인가, 순례자가 될 것인가. 물론 이 물음은 결코 어떤 선택
을 종용하는 물음이 아니다. 이 선택은 그 자체로 선택 불가능
하다. 그러나 동시에, 말하자면, 나와 당신은, 우리 동시대인은,
흔적의 순례를 떠날 준비를 해야 한다, 아무 준비 없이, 즉각적

* Samuel Beckett, *Fin de partie*,
Minuit, 1957, p.47.

으로, 그렇게. 본다는 것, 느낀다는 것, 사유한다는 것, 행동한
다는 것, 이것들은 시각과 시점과 시선의 문제를 지나 공통의
감각과 이질의 감각이라는 문제를 통과해 미학적 체제의 지각
과 변형을 위한 사유의 작업, 사유의 실천으로 나아간다. **순례
한다는 것, 그것은 감각의 지도를 새로 그린다는 것, 미학과 정
치의 새로운 지도 제작법을 꿈꾼다는 것, 그러나 안온한 산책
안에서가 아니라 위험천만한 경계 위에서 그렇게 한다는 것을
의미한다. 발명된 증상을 진단하고, 그 증상에 도리어 상처를
내 균열을 열며, 그 균열이 만들어낸 흔적을 순례하는 것. 아마
도 이것이 나와 당신, 우리 동시대인 앞에 놓인 사유의 작업, 미
학과 정치의 지도를 다시금 새롭게 짜고 제작하기 위한, 하나의
지침일 것이다.** 이것이야말로 내가 '실천의 아포리아'와 대비하
여 **'아포리아의 실천'**이라고 부르는 사태이자 행위에 다름 아니
다. 이 불가능과 마주할 수 있을 것인가, 이 불가능성과 마주하
고 맞닥뜨려 움직이는 것이 과연 가능할 것인가. 나는, 당신과
함께, 바로 이 물음을, 묻고 있다, 깊이 묻었다가, 그렇게 다시
꺼내고 있다.

불가능의

묶음과

이름들,

8

우회로의
주체와
지명들

0

물음은, 깊이 묻히거나, 가볍게 물어졌다가, 다시금 얕게 꺼내지거나, 거대하게 뱉어진다. 그렇게 다시 꺼내지거나 뱉어진 물음, 그 하나의 문장은 무엇인가. 우리의 시대는 불가능의 시대이다. 그것도, 불가능한 물음의 시대이다. 왜 모든 것들은, 무언가에 계속 쫓기듯, 아니 무언가를 계속 그렇게 밀어내지 않으면 안 된다는 듯이, 그토록 빨리 유통되고 소비되며 망각되는가, 하는 물음을 던져봐야 아무 소용도 없다. 오히려 우리의 시대는, 그런 질문들이 아무런 소용도 없게 되어버린, 그런 시대라고도 말할 수 있다. 바로 그 질문조차도 그렇게 무언가에 쫓기듯, 아니 다른 무언가를 밀어내며 그 자신도 밀려나듯, 그토록 쉽게 잊히고 사라진다. 질문(들)은 오직 그렇게 파괴되고 교체되기만을 위해 존재하는 것만 같다는, 그런 느낌을 받는, 그러나 또한 바로 그런 느낌 속에서 허우적댈 수밖에 없다는 느낌을 받는, 그런 시대이다. 아마도 나와 당신은 바로 이 느낌에서부터, 그렇게 솔직하게, 그러니까 무지하고 무력하리만치 솔직하게, 그렇게 다시 시작해야 하리라. 반복하자면, 우리의 시대는, 무엇보다, 불가능의 시대이다.

1

어떤 시대를 하나의 '시대'로, 그리고 동시에 '하나의' 시대로 규정하는 행위가 지니게 될 어쩔 수 없는 자승자박과 자포자기와 자가당착의 위험을 무릅쓰고, 그렇게 또한 무력하리만치 솔직하고 솔직하리만치 직접적으로 말하자면, 우리의 시대는 속도에 대한 물음이 불가능한 금기에 부쳐지는 시대, 곧 우리 삶의 속도를 묻는 모든 물음들(그 속도의 정당성을 증명하거나 그 부당함을 성토하는 모든 물음들)이 바로 그 속도 자체 안에서 덧없이 울리며 소멸되고 마는 시대라는 의미에서뿐만 아니라, 마치 세계의 속도를 객관적인 관찰자의 입장에서 측정할 수 있다는 근본적 전제 위에 서 있는 모든 질문들이 양자역학적 상보성의 원리 안에서 일종의 불확정성과 불확실성으로 귀결하게 될 수밖에 없다는 의미에서도 또한, 그러한 불가능의 시대이기도 하다. 그렇다면 질문을 던진다는 것은, 현명하고 점잖은 사람들이 흔히 충고하듯, 현존하는 체제의 이데올로기를 단지 공고히 할 뿐인 어떤 공모밖에는 안 되는 것인가, 혹은, 그것은,

보다 진중하고 보다 고명한 사람들이 흔히 경고하듯, 다른 질
문을 위한 또다른 질문을 만들어내는, 그 존재 자체가 하나의
의존적인 부속품에 불과한, 어떤 공범적인 행위일 뿐인가. 그러
므로 나와 당신은, 이 불가능한/불가능의 시대에, 이러한 또다
른 불가능의/불가능한 질문을 묻고 있고 물을/묻을 수 있으며
또한 물어야/묻어야 한다. 아마도 그럴 것이다, 그럴 것이었다.

2

그렇다면 나는 또하나의 우회로를 내어 그렇게 또다른 곳으로
에둘러 가야 한다. 이 모든 불가능한 것들의 이름을 묻기 위해,
그 확정되지 않은 지명들을 확인하기 위해, 그러나 어떤 지도
위에 하나의 지점으로 표시하기 위함이 아니라, 단지 확률적으
로만 그 존재가 표시되는/표시될 수 있는 전자처럼 하나의 불
확정적 범위로 그 '지명'을 표현하기 위해, 그리하여 그 부를 수
없는 이름들을 (비로소) 부르게 되는/부를 수 있는, 하나의/여
럿의 미학-정치의 지도를 제작하기 위해, 그렇게 나는 또다른
우회로를 통과해 또다른 걸음으로 에둘러 가야 한다. 아마도 그
럴 것이다, 그럴 것이었다. 그 우회로는 또한, 내가 당신과 함께
지금껏 에둘러 왔던 모든 우회로들과 마찬가지로 하나의 이미
지를, 그리고 몇 개의 이미지들을 통과하고 경유할 것이다. 말
하자면, 불가능의 시대에 불가능한 물음은 종국적으로 다음과
같다. 나와 당신은, 우리의, 우리에 대한, 우리를 위한 저 이미

지들을, 과연 어떻게 이해할 것인가, 어떻게 받아들이고, 또한 어떻게 사용하며, 그리고 어떻게 폭발시킬 것인가. 나와 당신은, 우리의, 우리에 대한, 우리를 위한 이 경험들을, 어떻게 인식하고 판별하며 실천할 것인가. 이 하나의 질문을 위해, 이미 희미하고 희박하게나마 예고했던 바대로, 나는 아비 바르부르크의 길을 따라, 그리고 그가 놓은 길에 다시금 우회로를 놓는 조르주 디디위베르만의 또다른 길을 따라,* 나의 우회로를 '잔존(Nachleben/survivance)의 회로', 혹은 '남아 있는 것들의 후생(後生)이라는 우회로'라고 부를 것이다. 나와 당신은 유령의 이미지를 지나, 정서의 이미지를 거쳐, 징후의 이미지에 가닿을 것이다.

3

봉준호 감독의 영화 〈설국열차〉의 한 장면을 떠올린다, 그 하나의 이미지를 떠올림으로써, 바로 그 이미지를 하나의 우회로로 삼아, 그렇게 에둘러 간다. 그렇게 떠올리며, 그 우회로와 함께, 바로 그 하나의 장면과 함께, 그 장면을 관통하여, 그 장면에 머물며, 동시에 바로 그 장면에서 떠나며, (어쩔 수 없이) 눈을 돌리며, 그러나 동시에 (이 역시 어쩔 수 없이) 그것을 마주하며, 눈을 똑바로 뜨고 마주하며, 그렇게 하나의 질문이, 불가능에 대한 하나의 질문이, 그 자체로 불가능한 하나의 물음이, 열린다,

* Georges Didi-Huberman, *L'image survivante. Histoire de l'art et temps des fantômes selon Aby Warburg*, Minuit(coll. "Paradoxe"), 2002 참조.

일어난다, 그렇게 발생한다. 그러나 동시에, 철학이 (그 이름이, 이 '철학'이라는 이름이, 무엇보다 바로 그 자체가 이미 '불가능한' 이름인 이 철학이, 그렇게 '가능한' 것으로) 물어야 할 질문, 어쩌면 철학 그 자체일 질문은, 바로 이러한 불가능이며, 오직 이러한 불가능일 뿐이다. 하여 다시금 우회로를 내며, 나는 다시 묻는다, 질문이란 무엇인가. 바로 답하자면, 질문이란 불가능한 무엇이다. 그러므로 불가능을 질문하지 않는 것은 그 자체로 질문이 아니다. 질문은 무엇보다, 불가능을 묻는 질문, 그 자체로 불가능한 질문, 바로 그것이다.

영화 〈설국열차〉의 한 장면. 얼굴 없는 얼굴들,
그러나 바로 그 '얼굴 없음'이 가장 직접적으로 드러내고 있는, 저 폭력의 '맨얼굴',
나와 당신이 전복시켜야 할, 국가 그 자체의 '생얼'.

4

여기에 하나의 얼굴이 있다, 여럿의 얼굴로 대변되는, 그러나 그 하나하나의 이름을 특정할 수 없는, 그런 하나의 뭉뚱그려

진 얼굴이 있다. 아니, 그것은 사실 얼굴도 아니다, 얼굴이라
할 수 없다, 왜냐하면 그 얼굴에는 '얼굴'이 없기 때문이다, 아
니, 그 얼굴(들)에는 어떤 다른 '얼굴'이 도사리고 있기 때문이
다. 그러나 그와 동시에, 그 얼굴은 무엇보다도 하나의 '얼굴',
그 어떤 다른 것을 상징하거나 대표하지 않는, 그 자체가 하나
의 '맨얼굴'이기도 하다. 그 얼굴에는 오직 하나의 입만이 있다,
그렇게 유일하게 존재하는, 하나의 입만이 보인다. 하얗게 혹
은 누렇게 드러난 치아, 아니 차라리 빨갛게 벌어진 이빨, 붉은
잇몸, 피를 머금었던가, 혀를 깨물었던가, 아니면 어떤 상처 혹
은 징후에 대한 예고이자 표현인 붉은 침을 내뿜었던가, 그러
한 물음 아닌 물음들을 던지게 되는, 붉은색이 그렇게 흰색과
섞이며 검디검은 색 안에서 아가리를 벌린다. 그러므로 다시 말
하자면, 그것은 얼굴도 아니고 입도 아니다, 그저 하나의 시커
먼 아가리, 모든 것을 머금고 씹으며 다시금 모든 것을 뱉어놓
고 낳아놓는 미시와 거시, 극소와 극대의 블랙홀이다.

[CR No] 88-05

검은 구멍이, 빨간 잇몸을 드러내며, 눈 없이 눈을 뜬다,
아가리를 벌린다, 붕대를 감는다,
저 프랜시스 베이컨의 삼면화 속 형상들처럼, 게다가 그것이 바로
십자가형(crucifixion)의 형상들임에야.

5

하나의 장면으로서의 아가리, 하나의 사건으로서의 블랙홀. 그
하나의 이미지 안에서 어떤 계급성이 드러난다. 그러나 이러한
계급성 혹은 계급적 대립의 장면은 단지 자본가와 노동자, 부
르주아와 프롤레타리아 사이의 뿌리 깊은 적대와 반목을 드러
내는 오래된 상징이 아니다. 그 이미지는 이러한 상징을 초과하
거나 그러한 상징에서 조금 비켜간 곳, 그것으로부터 조금 더
어긋난 곳에 위치한다, 위치하며 동시에 움직인다, 씩 웃으며,
하얗고 빨간 이를 드러내며, 아가리를 벌리는 듯 닫으며, 하나
의 문을 열어젖히며 동시에 걸어 잠그면서, 그렇게. 여기서 드
러나는 계급성은 그 자체로 이중적이다. 첫째, 그것은 가장 계
급적이지 않은 방식으로 어떤 계급성을 드러낸다. 이러한 계급
성은 일견 중성화되고 표준화되며 일반화되는 것처럼 보인다,
비유적이고 은유적으로 표백되고 중화되면서 일종의 우화나
보편적 상징으로 치환되는 듯이 보인다, 일견 그렇다. 거기에는
특정한 시대, 특정한 사회계급이 있는 것이 아니라, 어디에도
있는, 어디에나 존재하는, 그 어디에도 그렇게 있을 것만 같은
그런 계급성, 곧 '계급 없는 계급성'이 드러나는 것처럼 보인다.
그러나 동시에 거기에서 숨기는 듯 드러나는, 아가리를 닫으면
서 또한 벌리는, 특수한 계급성이 존재한다. 바로 그 장면에서
아마도 오직 한국인들만이 느낄 수 있는 구사대 혹은 용역 깡
패의 모습이, 그 명백한 외면적 형태의 차이에도 불구하고, 분
명히 드러나며 오롯이 떠오른다. (그렇다면 바로 이 점을 감지

하고 인식하는 나와 당신의 사고 구조는, 그 자체로 가장 '민족 [지]적인(ethn[ograph]ic)' 무엇인가, 보편화될 수 없는 부정성 의 민족성인가, 아니면 보편화를 거부하는 긍정성의 국지성인 가, 아니면, 그것도 아니면, 이 모든 이분법을 거부하거나 초과하 는, 어떤 미시의 일반성, 가장 특수한 형태의 보편성일 것인가.)

6

그렇게 하나의 블랙홀이 아가리를 벌린다. 열차의 다음 칸 문 이 열렸을 때, 그 장면은 나와 당신에게 즉각적으로 구사대 혹 은 용역 깡패의 모습을 연상시킨다, 아니, 저 익숙한 민중의 지 팡이(조차 부러뜨리는) 경찰을 떠올리게 한다, 아니, 그것도 아 니, 그저 우리의 국가의 모습을 날것 그대로 보여준다. 그것은 국가의 얼굴이다, 얼굴 없는 얼굴, 검은 복면으로 얼굴을 가린 얼굴, 가리긴 했으나 그 가림 자체가 일종의 맨살인, 국가의 맨 얼굴, 날것의 얼굴이다. 그들이 꼭 백골단 같은 순백색의 조직 일 필요는 없다, 전투경찰과 같은 칙칙한 색깔일 필요도 없다. 은행 강도의 전형적 이미지를 연상케 하는 겉모습은 아무래도 상관이 없다. 여기서 그러한 겉모습이 아무런 상관도 없다는 사 실, 형태나 외관의 재현이 하나의 이미지를 환기시키는 것이 아니라, 전혀 다른 형태의 외관이, 그러니까 곧 모방이나 재현 이 아닌 어떤 것이, 그리고 바로 그것이 '가리키고자' 하는 어떤 것에 가서 닿는다, 그것에 적중한다. 이러한 비유 아닌 비유의

적중, 은유를 통하지 않는 은유의 명중은 어떻게 가능해지는가. 이 폭력적 경찰국가의 이미지 그 자체는 아마도 가장 일반적이며 보편적인 상징일 것이다. 그러나 그 '상징'은 나와 당신에게 결코 하나의 상징으로서도, 하나의 비유나 은유 혹은 알레고리로서도 기능하지 않는다. 그 상징은 절대 '상징'이 아니다. 봉준호 감독의 〈괴물〉이 그랬던 것처럼, 〈설국열차〉 역시 어떤 치환된 현실이나 은유적인 사회 혹은 일반적이고 보편적인 인간과 계급의 대립을 보여주는 것이 아니다. 그것은 그 자체로 하나의 실재(the real)인 것, 그 어떤 비유나 은유를 통과하지 않는 하나의 상징, 날것의 상징, 상징화되지 않는 상징, 그 어떤 우회로로도 에둘러 가지 않는 하나의 우회로, 환치 없는 환치, 대리 없는 대리, 이미지 없는 이미지. 모든 편지는 수신자에게 정확히 도착할 뿐만 아니라, 모든 이미지는 (그것이 '전혀 다른' 이미지, 그것이 도달하고자 하는 수신자의 이미지와 완전히 동떨어진 이미지라 할지라도, 아니, 오히려 바로 그러한 이유 때문에, 덕분에, 그리고 오직 그러한 이유로 인해서) 그 이미지의 수신자 아닌 수신자에, 그 이미지의 목표 아닌 목표에, 가장 불확정적인 방식으로, 또한 그렇게 가장 확정적으로, 도착한다, 도달한다, 가닿으며, 적중하고, 명중한다.

7

그러므로 이 어긋난 실재, 아니, 그 어긋남 자체가 실제를 가리키고 있는 이 하나/여럿의 실재를 통해, 나와 당신은 문제를 구성하기 위한 또다른 구조를 창안할 수 있으며 또한 창안해야 한다. 알 수 없는 것, 알려지지 않은 어떤 것을 위한 또다른 구성과 배치, 그리고 있을 수 없는 것들, 있어서는 안 되는 것들로 설정되고 구획되어 있는 모든 것들의 불가능한 구성과 배치를 위한, 그 불가능한 탈출을 위한 어떤 가능한 이야기들을, 우리는 끊임없이 읊조리고 주절거리며 떠들어대야 한다. 가만히 있어서는 안 된다. 하여 다시금 묻자면, 다시금 저 불가능한 질문을 읊조리자면, 주절거리듯 떠들어대자면, 가만히 있지 않고 몸부림을 치자면, 왜 모든 편지는 수신자에게 도착하는가, 도착하고 마는가. 오히려 (저 자크 데리다의 오도된, 그러나 동시에 또한 다른 진실을 가리키고 있는 하나의 질문처럼*) 왜 도착하지 않는 경우는 생각할 수 없는가. 그러니까 다시 말하자면, 다시는 되돌아올 수 없는 우회로를 돌아, 그 우회로 아닌 우회로 위에서 말하자면, 왜 우리는 분노의 발신자를 항상 도달 가능하고 언제나 거의 무한정에 가까운 기다림이 가능한 존재로 인식하며 또 그렇게 상정하는가. 바꿔 말하자면, 어떻게 나와 당신은 이 모든 것들을 전복할 수 있는가, 그만둘 수 있는가, 모두 뒤집고 새롭게 시작할 수 있는가. 어떻게 하면 우리는 이 모든 국가적 폭력으로부터 벗어날 수 있는가. 알 수 없는 것들을 어떻게 알 수 있으며, 알려져서는 안 되는 것들(로 상정된 것들)을 어떻게 앎의 지형도 안으로 견인하며 또한 그 시공간을 존재하는 것으로 창조할 수 있는가. 이 모든 폭력의 끝(모든 것의 '끝'을 두려워하면서도 동시

---

* Jacques Derrida, *La carte postale. De Socrate à Freud et au-delà*, Flammarion(coll. "La Philosophie en effet"), 1980 참조.

에 꿈꾸는 저 모든 '종말론적' 희망들이 절망적으로 인지하는
그 끝)은 어떻게 알 수 있으며 또한 언제 '도래'하는가. 이 모든
슬픔들이 과연 언제 끝날 수 있을 것인가. 또는 과연 언제쯤 우
리는 이 모든 것들의 초혼제를 마무리할 수 있을 것인가. 알 수
없다, 그리고 알 수 없을 것이다, 알 수 없으나, 나와 당신은 얼
굴들을 바라본다, 서로의 얼굴들을 바라보고, 또한 다른 이들
의 얼굴들을 바라본다. 사람들이 아가리를 벌린다, 왜 우리는
이 모든 것들의 개폐를 그저 물끄러미 지켜봐야 하는가. 알 수
없는 일이다, 알 수 없을 일이지만, 별것 아닌 것들에, 꼭 별것
아닌 것들에만 우리는 그렇게 화를 내는가. 인정할 수 없는 것
들을 (폐기하기는커녕) 도대체 어떻게 '지켜낼' 수 있는가. 폭
력의 도착적 등장을, 떨쳐내도 또 떨쳐내도 계속해서 휘감기는
저 가공할 폭력의 도착성을, 어떻게 (멈추게 하기는커녕) 증폭
시키고 전화시킬 수 있는가. 그리고 바로 이 시점, 나와 당신은
주체와 주체화의 문제에 관해 무엇을 말할 수 있고 또 무엇을
말해야 하는가.

8

그러므로 저 비유 아닌 비유, 상징 아닌 상징, 영화가 보여주고
있는 또다른 우회로에 나와 당신은 다시금 주목해야 한다. 영화
〈설국열차〉가 원작 만화와 전혀 다르게 취하고 있는 결말, '혁
명의 입장' 혹은 '전환의 방향'과 관련하여 전혀 다른 방식으로

취하고 있는 우회로의 결말에 대해 초점을 맞춰야 하는 이유이
다. 나와 당신은 항상 질문하고 있다, 스스로 질문하는지도 모
른 채, 그렇게 질문하고 있다. 이 시스템 밖으로, 이 견고한 (듯
이 보이는) 체제 바깥으로, 어떻게 탈출할 것인가, 어떻게 벗
어날 것인가. 여기, '때'를 기다리는 사람이 있다. 영화 속의 커
티스(Curtis)가 그러한 경우이다. 그러나 '때'를 기다린다는 것
은 무엇인가. 언제가 과연 바로 그때인가, 언제 나와 당신은 지
금이 바로 그때임을 알 수 있는가. 이 질문 역시, 그리고 오직
바로 이 질문만이, 나와 당신이 수백 년, 어쩌면 수천 년 전부
터 스스로에게 부과하며 스스로를 괴롭혔던 물음이다. 커티스
의 길은 우회로가 아니다, 그의 길은 전진의 방향을 따르며 오
로지 머리 칸으로의 직진을 고지하고 예언하며 실행한다. 이런
의미에서, 그가 원작 만화에서처럼 엔진-신(神) 수호자의 위치
를 받아들이고 물려받든, 혹은 영화에서처럼 그렇게 하지 않고
다른 선택을 하든, 그것은 별로 상관없는 문제이다. 그러나 이
(일견 체제나 열차처럼 확고해 보이는) 가치관은 어떤 지점에
서 꺾이는가, 어떻게 꺾이며 어떤 우회로를 만나게 되는가. 두
번째 경우, 남궁민수의 상황이 있다. 그는 언제나 징후를 기다
려왔다. 말하자면, 그가 기다린 것은 주관적인 상황 분석을 통
한 어떤 '그때'가 아니었다. 그때는 주관적으로 도래하지 않는
다, 그때는, 그렇게, 무의식적으로 도래하는 것, 아니, '그때'란,
이미 (과거에) 도래했고 (지금도) 도래하고 있으며, 바로 그러
한 방식으로서만 (장래에) 도래할 어떤 것이다. 이미 도래했고,
언제나 도래하고 있으며, 마침내 도래하고 말, 바로 지금, 바로

'그때'. 남궁민수는 '그때'를 기다리지만, 커티스의 방식처럼 주관적인 형태로 기다리지 않는다. 징후는 객관적인 모습을 띤다, 그러한 모습으로 찾아온다. 그러나 여기서의 객관이란 주관적 종합으로서의 객관이 아니라 무심한 듯 잔인한 실재로서 찾아오는 하나의 '객관'이라는 날것이다. 남궁민수는 그때를 기다리며 징후를 포착하고 수집한다, 혹은, 징후를 기다리며 '그때'의 '증상'들을 발견하고 발명한다. 체제 자체의 붕괴는 저절로 '자연스럽게' 찾아오지 않는다, 그 점에서는 커티스도 남궁민수도 의견을 같이할 것이다. 그렇다면 그러한 붕괴와 파괴와 변화는 과연 어디에서 오는가, 어디로부터 도래하는가. 바로 이것이 문제이다. 그리고 이 문제 또한, 나와 당신이 수천 년 전부터, 어쩌면 수만 년 전부터 스스로에게 자문했을, 바로 그 물음인 것. 우리는 어떤 것을 망각해왔고 또 어떤 것에 대한 환각적 환상을 품어왔으며 또한 어떤 것에 대한 절망적 희망을 마치 차마 버리지 못하는 쓰레기처럼 그렇게 소중히 간직해왔던가. 그러나 또한 남궁민수가 알려주는 것은 무엇인가, 비유하지 않으면서 비유하고, 은유하지 않으면서 은유하며, 상징하지 않으면서 상징하고 있는 것은 무엇인가. 그것은 바로 환각과 망각의 장치로서의 '약'이 또한 파괴와 붕괴의 무기로서의 '독'이 될 수 있다는 것, 시스템에 의한, 시스템을 위한 '마취' 자체가 그 시스템에 대한, 그 시스템을 향한 '수술' 혹은 '사망선고'가 될 수 있다는 것.

9

그러나 사망선고는 이미 내려진 지 오래이다. 그러나 모든 이들이 바로 그 사망선고를 인지하고 숙지하고 있는 듯 보이는 바로 그 시점에서, 그리고 바로 그 공간에서, 사람들은 그 시체를 뜯어먹으며 그 시체의 악취가 진동하는 삶 속에서 살아가고 있다. 나와 당신이, 바로 나와 당신 역시 속해 있는 그 시공간을 바라보면서 목격하는 풍경은, 그러한 좀비들의 풍경, 그러한 시체 애호자들의 풍경이다. 언제 바깥으로 탈출할 것인가, 그러나 과연 바깥은 있는가, 모두들 이 체제의 바깥은 없다고 말해왔지 않는가, 그럼에도 어떤 탈출이 가능할 것처럼, 나와 당신은 어떤 이들이 주는지도 모르는 삶의 단백질 덩어리를 그렇게 꾸역꾸역 섭취해오지 않았는가. 아마도 이 시간이 지나면 또다시 침묵의 시간, 더할 나위 없이 조용하고 고요한 무언의 시간이 도래할 것이다. 아니, 어쩌면 그것은 이미 도래했는지도 모른다, '그때'가 도둑처럼 오는 것처럼, 아니, 더 적확하게 말해서, 이미 '그때'가 도둑처럼 모든 것들을 약탈해가고 아무것도 남은 것이 없어 보이는 바로 '지금'처럼. 민주주의라는 이름으로 온 도둑은 바로 그 민주주의의 모든 것을 약탈해가고 나와 당신에게 아무것도 남기지 않았다. 우리가 서 있는 곳, 그곳은 바로 지금, 하나의 영점(zero point)이다. 그러므로 '소중한 한 표'를 행사하는 '성스러운 권리와 의무'로 나와 당신의 민주주의가 그 처음과 끝을 다했다는 가장 환상적인 환상을 폐기하라. 우리가 다시금 민주주의의 급진성에 대해 사유해야 하는 이유, '민주주의'라는 이름이 지닌 가장 급진적인 '정치적인 것'의 성격에 대해 다시금 사유하고 실천해야 하는 이유이다. 그리고 민주주의가 단순한 합의의 도출이나 사회체제의 안정성을 확보하는 것에 머무는 것이라는 허울 좋은 알리바이로부터 이탈하라, 민주주의는 안착의 제도가 아니라 적대와 불화의 지점을 표시하는 불안정의 부표일 뿐이기 때문이다. 이는 우리가 다시금 민주주의의 근본성에 대해 어떤 급진적인 실천을 감행해야 하는 이유이다. 현재의 위기는, 민주주의 '자체의' 위기가 아니라, 오히려 반대로, 민주주의'라는' 위기이다. 곧 우리가 민주주의라고 생각하며 살고 있는 체제 바로 그 자체가 위기의 원인이자 실체인 것. 이는 아마도 민주주의에 대한 가장 역설적인 '진실'이겠지만, 이러한 민주주의에 대한 근본적인 회의 자체가 바로 민주주의 그 자체인 급진성을 사유하고 실천하는 일이 되며, 아마도 바로 이것이 나와 당신의 (그 많고 많았던 모든 우회로들을 끝낼 수 있는 단 하나의) 우회로, 그러므로 어쩌면 가장 직선적이고 직접적인, 전혀 에둘러 가지 않는 우회로 아닌 우회로가 될 것이다. 그러므로 이 민주주의를 끝장내기 위해 어떤 내기를 걸 것인가, 그리고 이를 통해 어떤 적대의 전선을 긋고 또한 어떤 불화의 지형을 드러낼 것인가, 하여 다시금 역설적으로 어떻게 '민주주의라는 정치'를 폐기하고 급진적/근본적 민주주의가 가리키고 있는 '정치적인 것'을 드러나게 할 것인가, 바로 이 질문을 우리는 역시나 가장 급진적이고 근본적으로 되물어야 한다. 이는 단순히 정치철학 혹은 정치이론의 문제가 아니라, 우리가 마주한 죽음, 동시에 우리의 삶이 어떤 한계

안에 있는가를 가장 명확히 보여주는 죽음, 나와 당신이 바로
이 죽음 앞에서, 그 죽음 밖으로 나가야 함을 고지하는 실천의
물음이자 명령이다. 그 어떤 반성 없이 달리고 있는 이 열차 밖
으로, 정작 죽어야 할 자들이 오히려 다른 이들의 삶을 볼모로
자신들의 더러운 삶을 연장함으로써 그렇게 침몰하고 있는 이
배 밖으로 나가야 한다.

10

그들도 말하고, 우리도 말한다, 이 열차의 밖은 없다고, 이 배의
바깥은 없다고, 그저 꽁꽁 언 불모의 땅밖에는 없다고, 그저 차
디찬 죽음의 바다밖에는 없다고, 밖에 없다고, 밖이 없다고, 그
들도 말해왔고, 우리도 말해왔다. 그러므로 가만히 있으라, 바
깥은 없으므로, 그것밖에 없고, 밖에 없을 수밖에 없으므로, 그
저 가만히 있으라. 그러나 바로 이 '가만히 있으라'고 내려지는
지상명령이, 나와 당신에게 또다른 지하의 명령 혹은 천상의
명령을 종용한다. 그것은 사실 지하도 천상도 아니다, 바로 지
금, 바로 여기이다. 지옥이 여기이고, 동시에 천국도 여기가 되
어야 한다. '그때'가 도래한다면, 그것은 죽음 너머도 아니고 삶
이전도 아니라, 바로 지금 바로 여기에 도래해야 하며 또 그렇
게만 도래할 수 있다. **바로 지금이, 바로 '그때'이며, 바로 여기
가, 바로 '그곳'이다.** 그러므로 '여기가 지옥이다, 뛰어라(그러
나 결국, 가만히 있으라)'라고 말하는 명령을 나와 당신은 다른

것으로 교체하고 대체하며 전복시켜야 한다. '여기가 그때이다,
지금이 그곳이다, 뛰자(그리하여 결단코, 가만히 있지 말라)'라
고 말하고 전하며 외치는 다른 명령으로. 그러므로 나와 당신
은, 지금, 여기서, 지상명령을 뒤바꾼다, 그 지상의 지도를 다
시 꾸민다, 그 지상의 지형도를 다시 제작한다, 그 지상의 군상
과 풍경이 그리는 보이는 것과 보이지 않는 것 모두의 미학적–
정치적 그림을 다시 그린다. 저 거대한 침몰과 이 거대한 죽음
앞에서, 아니, 언제나 있었던 이 모든 군상과 풍경 앞에서, 나와
당신이, 우리가, 그 천상이나 지하의 '이론'이 아니라 그 지상
의 '실천'을 기억하고 다시 감행해야 하는 이유이다. 나는 거리
에서 당신과 만날 것이다. 아마 우리가 만날 장소는, 현재의 지
도 안에는 기입되지도 포함되지도 않았을 곳이겠지만, 나와 당
신이 지금 거기에서 만남으로써, 바로 현재는, 바로 그곳은, 우
리의 지도 안에 기입되고 포함되며 확장되고 변화할 것이다. 나
와 당신의 모든 우회로들은, 아직 가지 않았던 길들, 그러나 그
렇게 도래할 것으로 지금도 계속 도래하고 있는 길들로서, 그
렇게 우리의 지도 안에 그려질 것이다. 그 만남 아닌 만남, 도래
아닌 도래를 기약 없이 기약하며, 이 기나긴 편지를 접는다, 아
니, 다시금 펼친다. 헤프고 남루한, 그러나 동시에 드물고 고귀
한 정치적 우회로들을 따라, 또한, 드물고 고귀하나, 동시에 헤
프고 남루할 수밖에 없는 지상의 미학을 따라, 나와 당신은 우
리의 시간과 공간을 하나의 지도 위에 바늘과 실로 수놓을 것
이다, 칼로 새겨넣을 것이다, 헤프고 남루한 기억이 망각하지
못하도록, 드물고 고귀하게, 잊지 않기 위해서, 드물고 고귀한

정신이, 헤프고 남루한 땅에 내려오도록, 그렇게 도래하게 하기 위해서.

빌 비올라, 〈날마다 나아가기(Going Forth by Day)〉 연작 중
'첫번째 빛(First Light)'(2002).

빌 비올라의 이 승천(Ascension)처럼, 아마도 '그때'는 저 위로부터 도래하지 않고, 이 아래로부터, 수면 밑으로부터, 지평선 밑에서부터, 그렇게 떠오르듯 도래할 것이다. 그러므로 저 하늘을 주목하며 기다리지 말고, 이 땅을 응시하며 기다려라, 가만히 있으면서 기다리지 말고, 계속 움직이면서 기다려라. 그렇지 않다면, 보지도 못하고, 행하지도 못할 것이다. 그러므로, 깨어 있으라, 언제나.

전위,

도래하지 않는
봄을 위한
불가능한 제전

전위를 말하기 위해, 그것도 거의 모든 예술 안에서 전위라는
것의 '전위성'이 지극히 희박해지고 거의 불가능하게 보이기까
지 하는 바로 이 시점/지점에서, 가장 역설적으로 한 명의 철학
자-예술가로서 바로 그것을 말하기 위해, 지극히 개인적으로
보이는 하나의 기억으로부터 출발해보자. 내가 열세 살 때 생애
처음으로 들었던 '이상한' 음악, 음악이 아닌 것처럼 느껴졌던
음악, 그럼에도 이것은 하나의 '전위'라고 여겨졌던 음악은, 다
름 아닌 이고르 스트라빈스키(Igor Stravinsky)의 〈봄의 제전
(Le sacre du printemps)〉이었다. 어린 시절 이 음악이 내게 준
첫 충격을 나는 지금도 여전히 생생히 기억하고 있을 정도이다
(지금도 나는 길을 걷다 가끔씩 이 곡의 도입부에 등장하는 저
유명한 바순의 선율을 무의식적으로 흥얼거리곤 한다, 거의 악
보 그대로). 그러나 부디 미리 오해하지는 않기를 바란다, 나는
지금 '전위'의 개념에 대한 한 구체적 사례를 들기 위해 이러한
개인적 기억에서 출발하는 것이 아니기 때문이다. 말하자면, 여
기에는 어떤 경계가 놓여 있다. 그리고 그 경계는 일견 확고한
구분선처럼 보이지만, 또한 동시에 언제나 새떼처럼 선을 넘어

이동하는 성격의 것이기도 하다. 그후 나는 그때 느꼈던 그 '이 상함' 혹은 '기이함'(das Unheimliche)의 느낌과 경험이 그 이 전까지 내가 지니고 있던 어떤 습관적/관습적 선입견 때문에 생긴 것이며, 그렇게 느껴지고 그렇게 들렸던 바로 그 음악이 소위 '현대음악(contemporary music)'이라 불리는 어떤 조류의 한 경향적 부분이자 부분적 경향이라는 사실을 너무나 익숙히 잘 알게끔 되었다. 지금의 나는, 일견 기이하게 들릴지도 모르 지만, 예를 들어, 베베른(Webern)과 리게티(Ligeti)의 음악을 들을 때가 심적으로 가장 편안하며, 오히려 모차르트(Mozart) 의 음악을 들을 때 신경이 더욱 날카로워진다. 말하자면, 경계 는 그렇게 이동했다, 집단적인 시대의 의미에서도, 또한 개인 적인 취향의 의미에서도, 그렇게, 어딘가로 훌쩍 넘어서.

그러나 이러한 넘어섬의 모호함을 다시 넘어서, 나는 좀 더 정확하게 말해야 한다, 이러한 경계의 운동에 관해, 그리고 그 전선의 이동에 관해, 따라서 우리가 '전위'라고 불렀고 지금 도 부르고 있으며 앞으로도 부를 어떤 이행과 투쟁의 현상이 지닌 하나의 이름에 관해. 이러한 기억을 이루는 것을, 혹은 심 지어 바로 그 기억 자체를, 우리가 하나의 기호라고 부를 수 있 다면, 바로 그 기호는 그것이 처음 나타났을 때는 어떠한 의미 도 갖고 있지 않았다고 말해야 한다. 정확하게는, 그렇게 말해 야 한다. 조금 더 (부)정확하게 말하자면(여기서 "정확하게"라 는 말 앞에 놓인 또하나의 부정적 괄호는, 바로 그러한 정확성 의 추구가 진행되면 진행될수록 우리가 거꾸로 어떤 부정확성 에 더욱 근접하게 된다는 하나의 역설을 가리키고 있다), 우리는 처음에는 그렇게 나타난 기호의 의미가 무엇인지 전혀 알 수 없다. 그 기호의 의미는 언제나 사후적(事後的, nachträglich, après-coup)으로만 해석되고 결정된다. 그러나 이것은 물론 가장 보편적인 맥락에서, 다시 말해 정신분석적으로 가장 일반적인 맥락에서 하는 말일 뿐이고, 이를 나만의 방식대로 달리 표현하자면, 4차원 이상에서 결정할 수 있는 의미의 영역은 4차원의 시공간이 지닌 '표면'에서는 결코 보이지도 않고 결정되지도 않는다는 말이 될 것이다. 그러므로 우리가 흔히 짐짓 어떤 '구조적'인 위치에 서서 어떤 '탈역사적'인 입장을 취하는 것처럼 그저 "사후적"이라고 말할 때, 우리는 바로 그렇게 여전히 4차원에 소속되어 있고 종속되어 있는 저 '사후(事後)'라는 시(공)간적 표현을 그야말로 '무의식적(無意識的, unbewußt, inconscient)'으로 그대로 쓰고 있는 꼴이지만, 사실 한 기호의 의미가 해석되고 결정될 수 있는 '순간'이 있다면(결국 어쩔 수 없이 나도 4차원적 시공간에 소속되고 종속된 하나의 인간으로서 쓸 수밖에 없는 이 제한적 시간의 비유를 부디 용서하기를 바란다), 그 '순간'은, 바로 이 "순간"이라는 지극히 시공간적인 표현 자체와는 전혀 다르게, 오히려 그러한 시공간을 완전히 초월해 있다.

　　내가 이런 이야기를 하는 것은 어떤 하나의 (이중) 기억 때문이다. 내가 파리(Paris)에 처음 도착했던 이듬해는, 스트라빈스키의 저 〈봄의 제전〉이 파리에서 초연되고 거센 논란에 휩싸였던 해(1913년)로부터 정확히 100년이 되던 때였다. 그렇게 2013년의 바로 그 꽃피는 봄에, 나는 내가 열세 살 때 이 곡을 처음 들었던 1990년의 바로 그 순간을 기억하고 있었다. 그리고 지금 나는 피에르 불레즈(Pierre Boulez)가 지휘한 〈봄의 제전〉의 음반을 들으며 2013년의 그 100주년을 다시금 기억하고 있다. 이 이중의, 아니, 어쩌면 삼중, 사중의 기억을, 이러한 기억의 나선형적 의미를, 나는 어떻게 해석하고 결정할 수 있을까. 의도적으로 지극히 시공간적인 표현에만 한정해서 말하자면, 나는 이 기억(들)과 경험(들)의 의미를, 곧 이러한 불가해한 기호(들)의 의미를, 과연 '언제' 그리고 '어디서' 이해하고 결정지을 수 있을까. 그러나 이미 내가 위에서 말했듯(그러나 또한 바로 여기서, 이러한 "위에서"라는 시공간적 순간과 위치에 대한 표현은, 지금 계속해서 내게 '사후적'으로 주어지고 있는 어떤 또다른 기호인 것은 아닌가, 하는 물음을 던질 수밖에 없는데), 내가 일부러 지극히 의식적으로 사용한 저 '언제'와 '어디서'라는 표현은, 이미-'언제나', 그리고 지금-'어디서나', (무)의식적으로 불가능한 것이며, 또한 바로 저 4차원 시공간의 (비유적 2차원적) '평면' 위에서도 역시나 불가능한 어떤 것이다. 이것은, 만약 내가 그렇게 부를 수 있다면, 어떤 무의식적 불가능이며, 동시에 어떤 불가능한 무의식이다. 이러한 하나의 불가능성을 어떤 가능성으로 취하려는, 이토록 불가능한 무의식을 하나의 의식으로 만들려는, 그리고 또한 이러한 불가능한 비가시성을 어떤 가시성으로 뒤바꾸려는, 이미 그 자체가 하나의 불가능한 기획, 이미 그 자체로서 어떤 궁극적인 불가능성을 가리키고 있는 하나의 '가능한' 몸짓과 입장, 나는 바로 이것을 '전위'라고 부르고자 한다.

　　바로 이 점을 당신이 이해할 수 있을까. (나는 여기서 '당신'이라는 2인칭을 쓴다, 그러므로 나는, 말하자면, 가능한 한, 말을 걸고 있는 것이다, 불가능하게, 우리 사이에 놓인 저 무한한 우주를 넘어, 그리고 그 자신이 모두 스스로 하나의 무한성인 바로 우리 전부에게.) 그리고 사실 바로 이러한 점에서, 나는 언제나 외로웠고, 지금도 외로우며, 앞으로도 한없이 외로울 것이다. 그리하여 나는 또한 이러한 고독의 또다른 이름이 결국 '전위'일 수밖에 없다고 생각한다고, 그렇게 다시 말해야 한다. 나는 어쩌면 이러한 '전위적' 외로움을, 내 나름의 작명 방식을 따라서, 그리고 니체가 그의 말년에 취했던 한 입장을 상기하면서, '어떤 니체적 고독(une solitude nietzschéenne)'이라고 부를 수도 있을 것이다. 그러나 일단은, 나 역시 4차원이라는 제한적 조건을 초월하지 못하는 하나의 인간이라는 한계를 십분 인정하는 가운데, 이 모든 기억의 기호들이 지닌 의미와 그 의미의 희생제의(sacrifice)를, 그저 "봄의 제전"이라고만 부르기로 하자. 이러한 명명은 물론 지극히 제한적이고 한계적인 것이지만, 그리고 심지어 매우 엉뚱하고 너무나 개인적으로 보이는 것이겠지만, 이것이 바로 나라는 인간이 지금껏 형성되어온, 그리고 지금도 형성되고 있는, 그리고 또한 앞으로도 형성되어갈, 하나의 혹은 여러 개의 4차원적 방식, 혹은 그것을 초월하고 추월하는 평행우주적 방식인 것을. 그러므로 여기서 문제는, 일견 하나의 지극히 제한적인 기억으로부터 출발한 나의 이야기가, 내가 생각하는 '전위'의 기호 그 자체가 되어준다는 사실, 바로 그것일 터이다. '전위'는 그렇게,

우리 앞에 놓인(여기서 또한 "앞에"라는 표현 역시 우리의 시
공간적 제한을 가장 두드러지게 환기시키는 하나의 기호가 되
고 있는데) 불가해한 기호의 의미를, 그저 언제나 그렇게 불가
해한 것으로 놓아둘 수는 없다는, 하나의 불가능한 투쟁의 의
지, 그 어원적 의미에 가장 가깝게, 그렇게 가장 (레닌주의적으
로) 투쟁적인 의미에서, 하나의 불가능한 승리에의 의지에 다
름 아니다.

그렇게 전위(前衛, avant-garde)는, 언제나 앞에 있고 앞
서 있는 어떤 것, 그러한 '앞'의 시공간을 점유하고 특권화하며
바로 그렇게 특권화된 고독 '앞'에서 스스로를 고립시킴으로써
불가해한 기호의 의미의 불가능한 도래를 기획하는, 그 자체로
서 불가능한 하나의 입장이 된다. 그러므로, 기이하게도 그리
고 당연하게도, 이러한 전위의 입장은, 언제나 영속적 실패를
예상하고 예정할 수밖에 없는 어떤 시공간, 더 (부)정확하게는,
오로지 그러한 실패에 대한 끝없는 예상과 예정 안에서만 오
히려 가장 성공적으로 존재/부재할 수밖에 없는, 그리고 동시
에 (바로 이것이 가장 기이하며 또한 가장 당연한 부분이겠지
만) 또한 이러한 실패 안에서만 가장 '순간적으로 영속할' 수밖
에 없는 어떤 몸짓이 된다. 그렇다면 이러한 시공간 속 이러한
몸짓에 가장 합당한 언어 혹은 기호란 무엇일 수 있을까. 내가
이 물음 '앞'에서 다시금 전위에 대한 저 '앞'의 개인적 명명, 곧
"봄의 제전"을 떠올릴 수밖에 없는 것은, 내 개인적 경험과 기
억의 특수성 때문이 아니라, 바로 이러한 물음 자체가 지닌 대
답할 수 없는 보편적 불가능성의 성격, 아니 차라리 대답할 수

없다는 바로 그 불가능성을 통해서만 비로소 하나의 가능성 있
는 질문이 되는 이 물음 자체의 가장 핵심적인 보편성 때문이
다. 결정적이고 최종적인 기호의 의미는 아마도 결코 도래하지
않을 것이다. 그것이 바로 4차원적 시공간을 점거하고 있으며
또한 점유할 수밖에 없는 저 '전위'의 한계이자 동시에 가능성
이다. 그리고 어쩌면 바로 그렇게 결코 도래하지 않을 것이라
는 그 예상과 예정 속에서만, 오직 그 속에서만, 그것의 도래
는 언제나 현실화되고 있는 것인지도 모른다. 아마도 인간의
거의 모든 역사에 있어서 하나의 진정한 마지막 결말이 도래
할 수 있다고 한다면, 그것은 바로 그 역사 안에서 어떠한 마지
막도 있을 수 없다는 사실 안에서만 가장 결정적이고 최종적인
종말의 기호가 도래함을 목격하고 증언하는 저 전위의 결말 아
닌 결말일 것이다. 그러므로 나에게 있어 전위란, 하나의 희생
제의, 그 스스로의 고독을 제물로 가장 불가해한 기획을 통해
가장 성공 가능성이 희박한 투쟁을 순간적으로 영속시키고 있
는 몸짓, 고로 결코 도래하지 않는 봄의 바로 그 불가능성에
의해서만 어떤 봄의 도래를 희구하는, 하나의 불가능한 제전
이자 불가능성의 전제가 된다. 그렇게 전위는 내게, 이러한 불
가능성을 끌어안고 붙들려는, 그리고 동시에 그것을 남김없이
태워서 날려버리려는, 어떤 불가능한 삶의 가능한 기술이자 예
술인 것이다.

    조르조 아감벤은 「세계사의 마지막 장」이라는 글에서
이렇게 쓰고 있다.

실제로 비지(非知, non-savoir)의 영역에 대해 말한다는
것은 그저 단순히 알지 못함을 뜻하는 것이 아니다. 또한
비지는 단지 어떤 결핍이나 결여의 문제도 아니다. 반대
로 비지의 영역이란, 무지(ignorance)와 어떤 적절한 관
계 안에 머무는 것을 의미하고, 불가지(inconnaissance)
가 우리의 몸짓을 이끌고 또 우리의 몸짓과 함께할 수
있게 하는 것을 의미하며, 그래서 어떤 침묵이 우리 자
신의 말에 대해 투명하게 답할 수 있게 하는 것을 의미
한다. 혹은, 케케묵은 단어를 사용하자면, 우리에게 가장
친밀하고 가장 유익한 것이 학문과 교의의 형식이 아니
라 은총과 증언의 형식을 가질 수 있게 하는 것을 의미
한다. 이러한 의미에서 삶의 기술/예술(l'art de vivre)이
란, 우리에게서 벗어나 있는 것들과 어떤 조화로운 관계
속에서 머무는 능력인 셈이다.[*]

아감벤의 이 인상적인 문장들을 통해서 조르주 바타유
의 (여전히) 논쟁적인 개념인 이 '비지(非知, non-savoir)'에 대
해 다시금 생각해본다. 소위 학문적 정의의 세계를 벗어나 이야
기해본다면, 그리고 비지에 대한 모든 문자적 편견들을 떠나서
이야기해본다면, 저 '비지'에 대한 정의, 곧 '삶의 기술/예술'에
대한 이러한 (부)정확한 규정은, 내게 그 자체로 음악의 정의와
같다. 음악은 내게서 매 순간 어떤 부조화의 모습을 띠고 벗어
나며, 나는 그런 음악과 조화로운 관계에 머물고자 하는 어떤
(불)가능한 (부)조화의 작업에 깊

[*] Giorgio Agamben, "Le dernier
chapitre de l'histoire du monde", *Nudités*
[traduit par Martin Rueff], Payot &
Rivages, 2009, p.184.

이 매료되어 있기 때문이다. 이것이 바로 내가 스스로 항상 '전위'에 서 있다고 느끼는 이유, 또한 언제나 그러한 '전위'에 서 있을 수밖에 없다고 생각하는 이유이다. 봄은 오지 않겠지만, 나는 내 전위의 제의 안에서 그 불가능한 봄의 도래를, 앞으로 기억하며 뒤로 노래한다, 그렇게 침묵하듯 말하며 소리 없이 연주한다.

선언의 픽션, 금기의 딕션①

9

: 나는
국회의사당을
폭파했다

〈나는 국회의사당을 폭파했다〉 ⓒ 정진웅, 2020.

"C'était tout simplement beau!"
— Daniel Arasse, "La thèse volée."

로봇 태권브이 같은 건 없었다.

　　유사시에 등장한다던 대한민국의 수호신 같은 형상은 저 무너진 잔해 속에서 전혀 발견되지 않았다.

　　이상적인 정의로 말한다면, 원만한 합의를 도출하고 보편적 결론으로 귀결하는 의회정치의 본질을 상징한다고 하는 저 늠름하고 고색창연한 돔 건물, 그러나 사실은, 공안경찰 덕분에 비로소 발 뻗고 잘 수 있다던 이승만의 대머리 같기도 했고, 그리고 때로는, 29만원밖에 없다는 전 국민적 생활보호대상자 전두환의 민머리 같기도 했으며, 그래서 풀 한 포기 나지 않는 민둥산이나 불모지처럼 무척이나 가난하고 공허해 보이기도 했던, 아니 그보다 차라리 독약이나 제초제를 들입다 뿌린 듯 건조하고 살벌하기까지 했던, 그저 그렇고 그랬던 저 둥글고 둥근 돔 건물은, 그저 그렇게 무력하게 폭삭 내려앉고 철퍼덕 주저앉았을 뿐이었다. 아무것도 아니었다. 그뿐이었다. 그리고 아무것도 남지 않았다.

나는 그렇게 국회의사당을 폭파했다.

귀를 찢는 굉음이 울리면서 건물이 내려앉자 주위의 공기는 금방 희뿌옇게 더러워졌다. 나는 그 하얗고 더러운 연기를 보면서 이것이야말로 우리의 국가가 오매불망 강조해왔던 저 '백의민족(白衣民族)'의 순수한 실체이자 역사적 귀결이라는 사실을 직관적으로 깨달았다. 사실 그것은 어쩌면 그 건물 때문에 애초부터 더러웠던 주변의 공기가 오히려 신비할 정도로 표백되고 정화되는 과정이라고 해도 무방했다. 순수하면서도 불순하고, 새하야면서도 지저분한, 아름답고도 추악한 저 연기. 적어도 내게는 그렇게 느껴졌다. 나는 무너진 건물이 내뿜는 분진들을 남김없이 모두 들이마실 기세로 있는 힘껏 코와 폐를 열어 그 더러워진 공기를 몸속으로 담아넣고 쓸어넣었다. 매캐하고 답답한 연기, 어딘지 음울함마저 머금고 있는 연기가 뭉게뭉게, 신비하고 아름답게 피어오르고 있었다. 여의도를 중심으로 한 한강 주변은 갑자기 두터운 안개가 몰아닥친 듯, 아무것도 보이지 않고 아무것도 들리지 않는 상태가 되었다. 폭풍 전의 고요가 아니라 폭발 후의 침묵이었다. 가시범위와 가청범위가 모두 제로에 가까웠다. 하늘을 향해 끝도 없이 솟아오를

것 같았던 커다란 소음이, 언제 있었냐는 듯 거짓말처럼 사라
지자, 이번에는 반대로 끔찍한 침묵이 무겁게 내려와 가라앉기
시작했다. 그뿐이었다. 아무것도 남지 않았고, 그렇게 모든 잘
못된 것들을 무(無)로 돌린 후, 나는 그 폐허의 원점에서, 그 끝
의 출발점에서, 다시 시작할 것이었다. 역사는 종언을 고한 지
오래였지만, 나는 그 역사를 살아내야 하는 자였다.

그 아름다운 침묵의 풍경을, 알 수 없는 감격과 가늠할
수 없는 희망으로, 물끄러미 감상했다, 감상하다가, 나는 1995
년 삼풍백화점이 붕괴했을 당시를 문득 떠올렸다. 국회의사당
의 폭파를 계획하면서 의도치 않게 계속 머릿속을 맴돌았고 또
한 의식적으로 염두에 두었던 기억이었다. 내가 당시 다니던 고
등학교는 그 문제의 백화점에서 얼마 떨어지지 않은 근방에 위
치해 있었고, 그 환상적인 핑크빛의 거대한 백화점이 그만큼
핑크빛으로 거대하게 무너지자, 그것이 언제 그런 색깔이었고
또 언제 그런 크기였냐는 듯, 그 빛깔은 핏빛으로 변했고 그 규
모는 보잘것없이 쪼그라들었다. 물론 당연히 붕괴된 건물의 잔
해 밑에는 인간의 육체들이 함유하고 있던 다량의 피가 엉겨
붙어 있을 것이겠지만, 실제로 피를 직접 볼 수는 없었다. 이러
한 재난의 현장에서도, 아니 그곳이 재난의 현장이기에 더더
욱, 저 포스트모던적인 학살의 이미지는 이렇듯 가장 안전한
것이었으며 또한 가장 추상적인 것이었다. 지금 나의 글이 그대
로 그러한 것처럼. 하지만 그 순간 하늘이 온통 빨간색으로 물
든 것 같다는 착각을 했었다, 그랬었다. 물론 하늘은 붉은빛보

다는 하얀빛을 띠고 있었다고 해야겠지만. 왜냐하면 하늘에서는 종잇조각들이 마치 진눈깨비처럼 산개하면서 학교 운동장 위로 떨어져내리고 있었기 때문이었는데, 이게 뭔가 싶어 막상 그 조각들을 주워보니, 그것은 이미 계산되어 팔려나간 상품들의 흔적인 전표들일 뿐이었다. 인간의 조각들은 지하에 묻혔고, 상품의 시체들은 하늘로 흩어지고 있었다. 'It's raining cats and dogs' 같은 흥미진진한 관용적 영어 표현들을 익히 익히고 있었던 나는, 바로 그 순간 그 문장이 또한 'It's raining sheets and rags' 같은 새로운 표현으로 뒤바뀌어도 별 상관이 없을 거라 잠시 생각했던 것 같다. 구조와 의미와 운율을 동시에 고려해서 즉흥적으로 만든 매우 뿌듯한 언어적 쾌거라고, 그렇게 내심 조용히 남모를 쾌재를 불렀던 것 같기도 하다. 왜 그런 뜬금없는 생각을 했는지, 게다가 왜 갑자기 이런 생뚱맞은 영어 문장이 떠올랐는지, 그 이유에 대해서는 지금에 와서야 설명할 길이 전혀 없지만, 나는 그때, 마치 그로부터 4년 뒤에 세상에 나오게 될 폴 토머스 앤더슨(Paul Thomas Anderson) 감독의 영화 〈목련(Magnolia)〉에서처럼, 하늘을 개구리처럼 뒤덮는 종잇조각들을, 아니 차라리 개와 고양이처럼 떨어져내리는, 이제는 말 그대로 휴지 조각이 되어버린 그 넝마쪽들을, 그렇게 계속해서 물끄러미 바라보고 있었다. 말하자면, 말이 필요 없는, 장관이었다. 곧이어 창공에는, 아마도 해당 부처의 장관들이 급파했을 헬리콥터들이 어지럽게 뜨기 시작했고, 나는 그때 이것이 1980년대 이후 그 아무도 감히 결정하거나 뻔뻔히 실행한 적이 없었고 또한 그렇게 할 수도 없었던 저 계엄령의 무의식적이고도 강박적이며 반복적인 부활임을, 아주 어렴풋이, 아무런 근거도 없고 그 어떤 확신도 없이, 그렇게 깨달았던 것 같다. 늦은 오후 텔레비전에서는 만화영화를 비롯한 어린이 프로그램들과 고향의 정취를 물씬 전해주는 가족적인 보도 프로그램들이 종횡무진 방송되고 있었고, 으레 큰 사건들이 있을 때마다 어쩔 수 없이 그렇게 해야 한다는 듯 그랬던 것처럼, 화면 아래 긴급한 자막을 만들어내는 문자들이, 자기 자신들이 품고 있는 뜻도 모른 채, 그렇게 바쁘고 숨가쁘게, 오른쪽 끝에서 나타나 왼쪽 끝으로 사라지면서(아마도 그렇게 거의 모든 것들은 왼쪽으로 사라질 운명이었을 것이다), 있을 수 없는 소식을 있을 수밖에 없었던 사실로서, 그렇게 담담하고도 긴박하게 전하고 있었다, 그랬었다. 그러나 허무하고 두려우면서도 동시에 고요하며 평화롭게 내리던 저 전표들의 비만큼 내게 그때의 붕괴를 생생하리만치 구체적으로, 그리고 또한 추상적이리만치 이론적으로 선명하게 전해주는 이미지는 없었다. 미리 짜거나 작정한 듯 비가 정말 개처럼 고양이처럼 억수같이 내리던 어느 일요일, 삼풍백화점 붕괴 당시 그 지하에서 저녁식사를 하고 있었던 운 나쁜 두 명의 동급생이, 이제는 차갑게 찢어진 시신이 되어, 운구차를 타고 푸념하듯 기념하듯 학교 운동장을 한 바퀴 돌고 영원히 사라진 건, 그보다 한참 뒤, 그 추상적인 붕괴 사건이 그만큼이나 추상적으로 수습되고 난 후였다.

다른 이들처럼, 마음속으로 생각을 했던 건 사실 한두 번이 아니었다. 서울 시내를 한 바퀴 도는 녹색의 서울지하철 2

호선을 탈 때마다, 열차가 강을 건너고 다리를 건너 당산역에
서 합정역으로 향할 때마다, 나는 저 흉물스러운 건물이 내 눈
앞에서 갑자기 와르르 무너지면서 한강의 드넓은 강물 속으로
통쾌하게 조각나 곤두박질치는 상상을 매번 하곤 했다. 왜 그랬
을까. 나는 마치 그것이 강을 건너는 지하철에 탑승한 승객이
가져야 할 시민적 의무인 양, 마치 그것이 지하철이 강을 잘 건
너갈 수 있게 해주는 미신적일 만큼 기복적인 일종의 종교 의
식인 양, 마치 거역할 수 없는 국기에 대한 경례를 하듯, 회피할
수 없는 국민의례를 하듯, 그렇게 매번 남몰래 내 가슴 위로 손
을 얹으며 국회의사당의 붕괴를 꿈꾸고 또 꿈꿨다. 그것은 언제
나 내게 국가라는 괴물이 바로 그 '국가'라는 이름으로 행했던
모든 악을 대표하며 집적하고 있는 건물로 보였다. 국회의사당
은, 과거 일본 제국주의의 식민지 시절부터 모든 부정과 불의
를 일삼았던 가장 악랄한 범죄자들의 위패가 모셔진 남한의 야
스쿠니(靖國)신사였으며, 현재 소위 '대한민국'이라는 이름의
가장 후진적인 체제 아래에서 자본주의라는 또다른 강대한 이
름과 의회민주주의라는 또다른 허울좋은 이름으로 '국민'이라
는 이름의 노예들을 억압하고 관리하는 번지르르한 복마전에
다름 아니었다. 무수한 단독성의 이름들이 보편성이라는 하나
의 이름 아래에서 자신들의 이름을 지울 수밖에 없었다. 그래서
이름은 있으나 마나 한 존재가 되었으며, 대중이나 민중 혹은
국민이라는 또다른 거대한 보편성의 이름 아래에서 마치 흘러
가 돌아올 수 없는 강물처럼 사라져갔다. 국회의사당을 가득 채
우고 있는 저 대의민주주의의 악독한 꽃들인 국회의원들 역시,

'국회의원'이라는 자신들의 단독적 이름과 그 이름을 지탱하고 있는 '민주주의'라는 또다른 단독적 이름에 대해 심각한 몰이해를 드러내기는 마찬가지였다. 왜냐하면 그들은, 마치 서로 짜기나 한 듯이(여기서 '마치'라고 하는 비유의 언어는 사실 전혀 어울리지 않는 것인데, 그들은 실제로 미리 그렇게 서로 짰기 때문이다), 한 국회의원에 대한 체포동의안을 '내란음모'와 '불건전한 반국가적 사상'이라는 죄목으로 일사천리로 통과시켰기 때문이다. 이것이 그 자체로 문제인 이유는, 이러한 행동이야말로 국회의원이 왜 기본적으로 불체포 특권을 가져야 하는지, 대의민주주의의 대표로서 어째서 그러한 특권이 필요하며 또한 주어져야 하는지, 국회의원 스스로가 전혀 이해하지 못하고 있음을 가장 잘 드러내주는 징후이기 때문이다. 대의민주주의의 대표라고 이야기되는 국회의원들이 바로 그 자신들의 존재 조건이자 존립 근거인 민주주의 그 자체에 대해서 전혀 이해하지 못하고 있으며 오히려 그 지위를 오도하고 남용하고 있음을 가장 적극적이며 확실하게 드러낸 사건이 바로 이석기 의원에 대한 신속한 체포였던 것이다. 그러므로 '이석기'라는 이름으로 대표되는 저 '내란'의 이미지란, 사실 '국회'라는 이름으로 대표되는 저 무력하고도 악랄한 대한민국 의회민주주의의 어떤 파국적 징후, 그 이상도 이하도 아니었다.

소위 '민주화 세대'의 권력이 정점에 달했다고 이야기되는 노무현 정권 때를 돌이켜보면, 그렇게 도달하게 되었던 소위 '민주화의 절정'은 오히려 그 민주화와 가장 거리가 멀며 또한 그 민주화의 과정 자체를 그 누구보다도 앞장서서 저지해온 세력에 의해 가장 적극적이고 효과적으로 이용되었다는 엄연한 역설이 존재한다. 민주주의 국가가 지니는 단순히 형식적인 권리행사의 항목으로만 알고 있었던 대통령 탄핵이 바로 저 국회라는 민주주의의 대표적 장치에 의해 결정되고 단행되기에 이르렀던 것, 이것이야말로 민주주의가 민주주의의 최대 수혜자임과 동시에 또한 최대 적대자이기도 함을 가장 명징하게 드러내었던 민주적이면서도 비민주적이고도 반민주적인 징후였다. 이제 그들은 성공한 내란도 아닌 상상의 내란음모에 대해, 그 사상적 위험성을 이유로 삼아, 한 국가의 국회의원을 그 어떤 특수하고 긴급한 범죄자보다 더 신속하게 체포하는 데 동의함으로써, 민주주의에 대해 가장 반민주적으로 응답한 것이다. 여기서도 민주주의의 최대의 적은 바로 민주주의 그 자신이었던 셈이라는 역설이 재등장한다. 그러나 이것은 민주주의의 내적인 문제임과 동시에 또한 그것의 외적인 문제이기도 하다. 왜냐하면 국가정보원에 의해 퇴색한 반미주의와 빛바랜 종북주의의 화신으로 '밝혀진' 혁명 조직(Revolution Organization)의 가장 큰 문제점은 크게 두 가지로 볼 수 있기 때문이다. 하나는 그들이 제도 정치권으로의 진입을 시도하고 성공했다는 것이었으며, 다른 하나는, 그럼에도 불구하고 그 가장 유리한 고지에서 실행할 수 있었던 '내란'을 단지 상상적 '음모'로서만 자족하는 데에 그쳤다는 것이다. 그리고 나는 이 두번째 사항이 거의 씻을 수 없는 중범죄에 해당한다고 단언한다. 그러므로 국가정보원이 저들에게 부여한 '내란음모' 혐의는 상당 부분 정확하

고 올바르다고 해야 할 텐데, 왜냐하면 성공한 내란만을 인정
하고 그에 대해 죄를 묻지 않으며 오히려 그 성공을 적극적으
로 인정하는 '대한민국'의 저 유구한 역사 전통에 비춰봤을 때,
단지 상상적 '내란음모'야말로 한국인의 진취적 기상과 실천적
역량을 무시하게 만드는 반민족적이고 반국가적인 처사이기
때문이다. 내란을 하려면 음모만 하지 말고 박정희나 전두환처
럼 찬란하게 성공시켜라. 그러면 국가는 너희 편이 될 것이며,
국가 자체가 너희 것이 될 것이다. 국가 자체가 그렇게 너희의
것이 될 때, 너희는 그때야 비로소 국가 그 자체를 폐기할 수 있
을 것이다. (그러나 비록 그때가 오더라도, 그들은 과연 국가를
폐기할 수 있을 것인가.) 게다가 이 '내란음모'는 혁명을 단순
히 남북관계에 근거해 생각하는 일국혁명이라는 제한적 단견
에 그치고 있고, 따라서 세계동시혁명에 대한 비전을 결여하고
있는 NL의 고질적이고 시대착오적인 민족주의적 한계를 고스
란히 드러내고 있다. 게다가 혁명의 보루로 의회라는 제도 안
으로의 '잠입'을 선택했다는 것은, 그것이 진부한 진담이든 외
설적 농담이든 간에, 세상에서 가장 바보 같은 짓임에 틀림없
다. 호랑이를 잡기 위해 호랑이굴로 들어간다는, 틀에 박힌 격
언을 실천한 것밖에는 되지 않기 때문이다. 그러므로 이러한 이
유들로 해서, 통합진보당은 국가정보원과 함께, 국가정보원의
대선 개입에 따른 부정선거로 당선된 박근혜 체제가 별다른 큰
저항 없이 안착하게 되었던 비민주적이고 반민주적인 사태에
대해 어떤 공동의 책임을 갖고 있다. 그들은, 좋든 싫든, 공범
인 것이다(이러한 의미에서, 그들이 '적대적 공범'임을 지적하

는 논리에 반박하는 장정일의 따끔한 일침 또한 그 정치적 효
과 면에서는 별반 다를 바 없이 나약하다). 따라서 내란은, 단
순히 음모에 그쳐서는 안 된다. 그리고 그것은 단지 기존 국가
권력을 전복하여 다른 권력으로 치환하는 것이 되어서도 안 된
다. 국가는 교체해야 하는 것이 아니라 주살해야 하는 것이다.
나와 당신은, 어떻게 하면 국민이 되기를 그만둘 수 있을 것인
가 하는 물음, 이 모든 국가들을 어떻게 하면 폐기할 수 있을 것
인가 하는 물음을 끈질기게 되물어야 하며, 바로 이러한 물음
들에 입각해 행동하고 실천해야 하는 것이다. 정작 내란에 성공
한 자들은 처벌하지 못하며 오직 내란음모를 한 자들만을 처벌
하는 구조 안에서, 이 국가 자체를 인질로 잡지 않는 이상, 우리
는 언제나 저 국가의 인질에 머물러 있을 것이다. 그러므로 나
는 국가 자체를 인질로 잡는 일에 착수했던 것이다. 꼭 성공할
수 있는 내란, 반드시 성공할 수밖에 없는 내란을 일으켜야만,
최소한 이 자랑스러운 민주주의 국가 대한민국이 존경해 마지
않는 저 박정희나 전두환 정도의 수준에 겨우 비길 수 있게 되
는 것이다. 그러나 인질을 잡는다고 해서 그 인질을 볼모로 삼
아 살려두는 우를 범해서는 안 된다. 그렇게 생각하는 자는 하
수이다. 왜냐하면 국가는 결코 인질범과 협상하거나 타협하지
않기 때문이다, 그것이 국가이기 때문이다. 인질을 잡았다면 그
인질을 죽여야 한다. 반복하자면, 문제는 국가권력의 교체가 아
니다. 국가 그 자체의 붕괴이다. 따라서 이 인질극은 내일을 기
약해서는 안 되며 오로지 혼란을 목표로 해야 하는 것이다. 인
질을 잡았다면 인질을 죽여야 한다. 그러한 의미에서 이 인질은

결코 인질이 아니다. 국가를 인질로 잡고자 한다면, 그리고 그렇게 국가를 인질로 잡았다면, 그 국가를 죽여야만 하는 것이다. 부처를 만나면 부처를 죽이듯, 국가를 만나면 국가를 죽여야 한다. 나는 그리하여 국회의사당을 폭파했다.

　　이 안온하고 진부한, 소위 '민주주의 국가'에 길들여진 '국민'들은, 폭력이라면 무조건 배척하고 죽도록 평화를 사랑하는 사람들인 것 같다. 그리고 이 사실이 나를 가장 역겹게 한다. 아마도 이것이 또한 저 순수하기 그지없는 '백의민족'의 또다른 불순한 이면일 것이다. 그러나 평화란 결코 평화적으로만 도달할 수 있는 상태가 아니며, 지속적인 평화의 상태로 보이는 현재, 곧 현재처럼 상대적으로 거대하고 절대적으로 가시적인 폭력이 존재하지 않는 상태가 바로 그대로 평화를 의미하는 것도 아니다. 중학교 역사 시간에 안중근 의사의 이토 히로부미(伊藤博文) 암살 사건을 배우는 와중에 나는 국사 교사에게 안중근 의사는 결국 테러리스트가 아니냐는 요지의 질문 아닌 반문을 제시했다가 교무실로 불려간 적이 있었다. 정작 일본 근대의 엘리트 중의 엘리트였던 이토 히로부미의 생애나 사상에 대해서는 전혀 배우지도 않는 교육을 행하는 주제에, 그 하찮은 교육은 나를 그렇게 감히 호출했던 것이다. 그 경험을 여전히 생생히 기억하고 있다. 그리고 여전히 나의 문제의식은 확고하다. 안중근을 테러리스트로 부르는 것은, 국제주의자 극좌파의 호명도 아니고, 수구반동 뉴라이트의 명명도 아니다. 문제는 그런 것이 아니다. 이러한 테러리스트라는 규정은 단순히 좌파적 역사관이나 우파적 역사관이라고 하는 사관의 선택을 넘어선 것, 폭력이 그 자체로 지니고 있는 상대적 정당성을 인정하느냐, 아니면 무지몽매하고 순진무구한 절대적 평화주의로 남느냐 하는 실존과 구조의 문제인 것이다. 만약 안중근을 당당히 테러리스트라고 부르지 못한다면, 우리에게는 중동의 반미적이고 반유대적인 테러를 욕하거나 규탄할 자격이 전혀 없다. 그리고 반대로, 안중근의 '의거'가 올바른 것이었다고 찬양한다면, 이토 히로부미가 대표하는 일본 제국주의 체제보다 결코 덜 나쁘다고 할 수 없는 저 국회의사당에 대한 나의 테러에 대해 반대할 자격 역시 전혀 없다. 게다가 국회의사당 안에 똬리를 틀고 있는 악마의 뱀들인 저 국회의원들이야말로 바로 민주주의와 자본주의라는 이름으로 민주와 경제 둘 모두를 파괴하는 데 앞장서고 있는 지상 최고의 테러리스트들임에야. 그러므로 예를 들자면, 일본 안에서 제국주의적 극우파를 절멸시켜 합리적 좌파만을 남기지 않고서는 한일 간의 과거사 문제 해결이 요원한 일인 것처럼, 그리고 이스라엘 안의 과격한 시온주의자들을 절멸시켜 합리적 평화주의자만을 남기지 않고서는 중동 평화 문제의 해결 역시 요원한 일인 것처럼, 저 국회의사당을 파리떼처럼 메우고 있는 국회의원들을 절멸시켜 잘못된 모든 것들을 무화시키지 않고서는 이 땅의 민주주의 또한 어둡고 비관적인 미래를 비켜갈 수가 없는 것이다. 친일파는 극우파를 낳고, 그렇게 길러진 극우파는 남한을 자신들의 사기업이자 이익집단으로 만들고 있다. 그러므로 이미 눈치챘겠지만, 이 절멸이라는 문제는 극우와 극좌 사이에 놓인, 그 둘이 모두 공히 지니고 있

는, 한끗 차이의 욕망이다. 나치의 최종 해결책(Final Solution)
과 극좌의 적색혁명은 이러한 절멸의 욕망을 공통의 중심으로
하여 공명하며 또한 진동하고 있다. 그렇다면 이 절멸의 욕망
과 마주할 자신이 있는가. 이 일견 끔찍하게 보이는 공동(共同/
空洞)의 중심과 저 소름끼치는 진동의 공명(共鳴/空名)을 과연
마주할 자신이 있는가. 아니, 당신은 아마도 아직 그럴 자신이
없을 것이다. 나는 알고 있다. 당신은 스스로 잃을 것이 많은 사
람이라고 생각하겠지만, 당신은 그저 잃을 것밖에는 가지고 있
지 않은 사람일 뿐이다. 어설프고 순진한 평화주의, 사회적 구
조를 무시한 무사태평한 생태주의, 계급과 세대 사이의 무조건
적 화합과 무목적적 통합만을 중시하는 무책임한 합의주의, 계
급투쟁을 재능 기부 같은 것으로 중화시키고 희석시켜 무력하
게 만들어버리는 유사-좌파적 온정주의 등등, 이 모든 서투른
'민주주의'의 폐해들과 폭력들은 당신을 그렇고 그런 무기력한
존재로 연명하도록 만드는 데 앞장서왔으며, 따라서 당신이 저
절멸의 욕망과 맞닥뜨릴 준비가 전혀 되어 있지 못함을 의미하
고 있는 것이다. 그리하여 나는 이 모든 것들의 더러운 핵심, 어
둠의 심장, 저 국회의사당을 폭파했던 것이다.

　　우리 시대의 이 무력하며 악랄하기까지 한 의회민주주
의의 미래와 관련하여, 우리에게는 크게 두 가지의 선택이 주
어져 있다. 그러나 물론 이 선택은 그 자체로 '선택 불가능한'
선택, 그 선택지들 자체의 '선택 불가능성' 때문에 오히려 바로
그 선택이 '가능하게' 되는 어떤 역설의 선택이다. 첫째, 근본적

이고 극단적으로 민주주의의 의미와 의의를 철저히 실현하고 관철할 것인가, 아니면 둘째, 위선적으로 형식적이고 기만적으로 대의적일 수밖에 없는 이 민주주의를 끝장내고 다른 체제로 나아갈 것인가 하는 선택이 바로 그것이다. 이 두 가지의 선택지가 선택 불가능한 선택일 수밖에 없는 이유, 이 두 가지의 물음이 결국 단 하나의 물음일 수밖에 없는 이유는, 민주주의의 가장 근본적이며 극단적인 진리를 철저히 관철하는 것이 바로, 역설적으로 민주주의 그 자체를 또한 철저하고 완전하게 붕괴시키고 폐기하는 일이기도 하기 때문이다. 진정한 적대의 근본적 지점, 본질적 불화의 결정적 계기를 언제나 소위 '국민적 대통합'이나 '극적 타결' 혹은 '대국적 견지의 합의' 등의 수사적 민주주의의 허위들로 희석하고 은폐했던 주체가 바로 저 대의 민주주의의 요체라는 국회였다. 이러한 기만을 자행하면서 그것이 바로 민주주의 그 자체인 양 위선을 떨어왔던 것에는 여야의 구분이 없었고 좌우의 구별도 없었다. 이 모든 민주주의적 허위와 기만과 위선은 단지 적대와 불화의 진정하고 근본적인 실체를 숨김으로써 비정상적 예외상태의 권력을, 마치 그것이 정상적인 것인 양, 그렇게 내속시키고 지속시키기 위한 거대한 알리바이였을 뿐이다. 민주주의 그 자체를 근본적이고 극단적으로 관철하기 위해서라면, 다시 말해 말 그대로의 의미에서 근본적/극단적(radical) 민주주의를 실현시키기 위해서라면, 민주주의만의 본질적 특성이라고 흔히 오해되고 착각되었던 저 모든 화합과 합의와 일치와 통합의 담론들로부터 벗어나야 한다. 민주주의는 합의될 수도 없는 것이고 화합될 수도 없는 것이며 또한 일치되거나 통합될 수도 없는 것이기 때문이다. 민주주의는 곧 민주주의의 반대이자 적대이다. 민주주의는 불화가 시작되는 지점과 시점을 표시하는 시공간의 부표이며, 그 불화가 가리키는 계급적이고 사회적이며 경제적이고 문화적인 갈등의 극단과 한계를 드러내는 지진계인 것이다. 따라서 민주주의는, 말 그대로, 정치(la politique/politics)가 아니라 '정치적인 것(le politique/the political)'의 이름이 된다. 그러나 우리 시대의 민주주의는 그 정치적인 것의 의미를, 그 가장 근본적인 불화의 지점을 전혀 건드리고 있지 못하다. 나는 이 불화의 지점을 그 근본에서부터 발화(發話/發火)할 필요가 있다고 생각했다. 하지만 그것을 현재의 썩어빠진 의회민주주의자들이 해주기를 바랄 수는 없었다. 그들을 모두 쓸어버려야 한다. 그런데 그들을 소위 '평화적'이고 '민주적'인 절차인 선거나 투표를 통해서 쓸어버릴 수 있다고 생각하는 것은 현대 '정치'의 가장 대표적이고도 허무맹랑한 환상이다. 그 환상을 거두기 위해, 그들을 진정으로 쓸어버리기 위해, 나는 회기의 한가운데에서 국회의사당을 폭파했다, 남김없이, 모조리 일소하기 위해서, 그렇게 하여, 진정한 적대의 한계 지점이 어디이며 또한 근본적 불화의 경계선이 어디임을 명확히 표시하기 위해서, 누가 적이며 누가 친구인지를 알려주는 전선을 피가 아닌 불로 긋기 위해서, 국가와 대의제라는 이름으로 행해지는 모든 기만적 범죄들을 일거에 불태우기 위해서.

   이러한 맥락에서 또한 태워버려야 할 존재는 우리 시대

의 소위 '철학자'들이다. 그들은 사실 삶에 대한 철학적 성찰을 강매하는 외판원이 되어 모든 사회적인 것과 모든 정치적인 것을 오직 개인적인 것으로만 환원하는 폭력배가 되고 있지 않은가. '철학의 대중화'와 '인문학적 사고의 요구'라는 이름의 강요된 화두를 신줏단지 모시듯 하면서 짐짓 점잖은 듯 신문 칼럼이나 끼적이며 스스로를 이 사회의 여론 지도자(opinion leader)인 양 여기면서, 모든 나약한 자들의 고통을 대변하는 자인 양 여기면서, 그렇게 자기 자신을 대견해하며 살고 있지 않은가. 그러면서도 그 철학자들은 모두 자본주의 내에서 기생하면서 가장 안락한 소시민적 삶을 이미 누리거나 항상 꿈꾸고 있지 않은가, 박사논문이나 몇 편의 연구논문 또는 교수직 같은 자리에 연연해하고 있지 않은가. 그리고 또한, 사람들이 정상이라고 말하는, 정상으로 돌아가야 한다고 말하는, 이 현재의 상태야말로 가장 비정상적이며 따라서 가장 비상적인 상태임을 가장 적극적으로 말하지 못하고 있지 않은가. 예를 들어 정작 저 철학자들이 분석하고 비판해야 하는 것은 다음과 같은 사례이다. 스탈린(Сталин) 체제를 정면으로 비판했던 스탈린의 딸과 같은 기개조차 없고 변변한 정치철학 하나 없는 자가 대통령의 딸이라는 이유로 정치인이 되고 대통령이 된다. 최초의 여성 대통령, 이 사실에서 누군가는 페미니즘의 안착과 번성 같은 가슴 벅찬 현상을 읽기도 하는 모양이다. 그러나 민주주의의 낙후국인 아시아의 여러 나라에서 오히려 여성 대통령이나 여성 총리가 많이 나온다. 왜 그럴까. 바로 그 아버지의 후광 때문이다. 말하자면 후광의 후진성인 것이다. 아버지의 후광 때문에 당선되는 여성 지도자, 이것이야말로 그 국가가 얼마나 여전히 가장 비민주적이며 얼마나 아직도 가장 가부장적인 나라인지를 가장 극명히 보여주는 척도가 된다. 또한 철학자들은 예를 들어 아네르스 베링 브레이비크(Anders Behring Breivik)의 문제를 생각해봐야 한다. 이 극우주의 살인자가 노르웨이 오슬로대학에 수강신청을 한다. 오슬로대학에서는 그의 수강신청을 받아들이면서 다음과 같이 말한다. 이 사람의 범죄에 대한 시민들의 분노를 우리가 잊은 것은 결코 아니지만, 만약 우리가 그러한 이유로 이 사람의 수강신청을 막는다면 우리는 그와 똑같은 사람이 될 것이라고, 우리 민주주의의 정의와 한계를 시험에 들게 한 그에게 우리는 오히려 가장 민주주의적인 태도로 답하며 그 민주주의를 돌려주어야 한다고. 자, 이 점에 대해서 우리의 철학자들은 어떻게 대처할 것인가. 그리고 우리의 고매하신, 그러나 이제 더이상 이 세상 사람들이 아닌 저 국회의원들은 또 어떻게 생각했을 것인가. 이 정도로 '사회민주주의적인' 민주주의조차도 감당하지 못할 바에야 우리들의 의회민주주의 따위야 아예 존재하지 않는 것이 훨씬 더 낫지 않은가. 아니, 전두환 같은 학살자를 용서하다 못해 극진히 예우까지 하고 있으니, 죽은 박정희의 시신을 꺼내 육화하여 부활까지 시키고 있으니, 오히려 이 대한민국이라는 나라야말로 세계에서 가장 극단적으로 성숙한 민주국가라고 해야 하는 것일까. 이 사실을 우리의 철학자들은 이야기할 수 있는가, 반박할 수 있는가, 아니면 찬성할 수 있는가, 아니, 그것도 아니, 저 절멸의 욕망과 마주할 준비가 되어 있는가, 아니면 그저 칼럼이나

문예지에 근근이 기고하거나 문학과 철학을 주제로 하는 방송
에 출연해 진부한 소리나 지껄이고 시시덕거리면서 화해의 욕
망이나 불태우고 있는가. 또한 그런 철학자들이 자주 입에 담거
나 동조하곤 하는 저 공산주의의 이념이란 또 무엇인가. '유령
의 정치학' 따위를 부르짖으면서 공산주의의 이념을 새삼스레
재요구하고 재정립할 것이 아니라 지금 이 땅의 민주주의 그
자체의 가치를 가장 적극적이고 가장 극단적으로 의심해야 하
는 것은 아닌가, 그 민주주의를 폭파시켜야 하는 것은 아닌가.
예를 들자면, 그들은 방화나 살인 혹은 폭파로 마무리되는 카
프(KAPF) 문학이 단순한 즉자적 대응에 그치고 말았던 한계
를 갖고 있다는 문학 교과서적 결론에 안전하게 머물고 있지만,
그러나 그 대자적 대응은 도대체 언제 어떻게 올 것인가에 대
해 대답할 준비는 과연 되어 있는가. 이 악랄한 자본주의의 지
속을 가능케 하는 민주주의라면, 그것은 수정되거나 교환되어
야 하는 것이 아니라, 일단 가장 먼저 아예 폐기되고 폭파되어
야 하는 것은 아닌가. 철학자들은 바로 이 절멸의 문제에 답할
준비가 되어 있는가, 철학자들은 국가의 폐기에 앞장설 준비가
되어 있는가, 아니면 그저 미네르바의 올빼미가 밤의 창공을
맥없이 날아오르기를 하염없이 기다리고만 있을 것인가.

　　나는 국회의사당을 그렇게 폭파했다. 그러나 나의 이러
한 행동을 단순한 '파괴'의 조급함이나 '혁명'의 성급함 따위로
읽지 않기를 바란다. 민주주의를 사랑하는 모든 이들에게, 민주
주의를 사랑한다고 말하고 또 그렇게 믿고 있는 모든 이들에게,

나는 그렇게 경고하고 싶었다. 당신들이 생각하는 민주주의는 결코 도래하지 않을 것이다. 찬란한 민주주의를 언제나 열망하며 또한 항상 향유하는 척해온 당신들의 거짓된 욕망들 때문에, 오히려 오늘날의 민주주의는 당신들의 그 가장 비민주적이고 반민주적인 무의식을 만족시켜주는 대리물이 되었음을, 그렇게 똑똑하게 알려주고 싶었다. 이제 당신들이 민주주의라는 이름으로 불렀던 가장 추악한 것의 미래는 끝장났다는 것을, 바로 그 종말 자체를, 민주주의의 가장 열렬하며 무지몽매한 추종자들에게, 민주주의의 이름으로 바로 그 민주주의 자체를 가장 욕되게 하고 있는 진정한 내란음모자들에게, 알려주고 싶었다. 민주주의는 이렇게 끝나고 이렇게 시작되는 것이라고. 역사는 여기서 끝난다. 그러나 이것은 단순한 역사의 종언이 아니라 역사적 종언 그 자체의 시작이라고, 그리고 그 역사적 종언이란 그렇게 시작되고 진행될 것이며 끝도 없이 변화할 것이라고. 그러므로 당신들의 민주주의는 결코 다시 돌아오지 못할 것이다. 그래서 그 거짓 민주주의를 추동하고 이용하며 탐식했던 저 모든 자들은 국회의사당의 붕괴와 함께 이 세상에서 모두 사라져야 했던 것이다. 삼풍백화점이 붕괴했을 때 그 잔해에 깔려죽었던 무고한 시체들처럼, 성수대교가 무너졌을 때 한강 속으로 수장되었던 불쌍한 시체들처럼, 제주 4.3에서 국가에 의해 희생되었던 무수한 민간인의 시체들처럼, 용산 참사에서 경찰에 의해 죽어갔던 죄 없는 시체들처럼, 광주에서 군인의 총칼에 죽어갔던 정의의 시체들처럼, 여전히 대한문 주위를 맴돌고 있을 쌍용자동차 노동자 유령의 시체들처럼, 아니, 아니, 그보다 두 배 더, 세 배 더, 열 배 더, 백 배 더, 저 국회의사당을 가득 채우고 있는 자들은 그보다 천 배 더 죽어야 마땅하고 만 배 더 사라져야 마땅했다. 그리고 그들은 이제 모두 사라졌다. 나는 그렇게 국회의사당을 폭파했다. 우리는 감각적인 것을 새롭게 분배하는 새로운 미학을 만들어내야 하며, 나는 이 폭파를 그러한 미학을 위한 하나의 예술이라고 부르겠다. 이것은 정치가 아니라 하나의 미학이며, 폭파가 아니라 하나의 예술이다.

　　무너져내린 국회의사당을 바라보면서, 그 어떤 가시적인 피비린내도 없이 단박에 집행된 이 신적인 폭력 앞에서, 나는 존 레넌(John Lennon)의 〈상상해봐(Imagine)〉를 흥얼거리고 있었다. "당신은 내가 몽상가라고 말하겠지(You may say I'm a dreamer). 하지만 나 혼자가 아니야(But I'm not the only one)." 너무나 익숙해져버린, 그래서 매번 새삼스럽도록 진부하게 느껴지는, 이 가사의 의미를 되새기는 데에는 사실 그렇게 오랜 시간이 걸리지 않았다. 우리는 사실 스스로도 알지 못한 채 자주 혁명의 노래를 읊조린다. 존 레넌은 죽었고, 그리고 또 수많은 사람들이 죽어갔지만, 나와 당신은 여기 이렇게 살아 있다. 죽어야 할 것은, 죽는 것이 마땅했던 것은, 지금 국회의사당의 화려하면서도 남루한 잔해 밑에 깔려 있는 저들이다. 역사의 방향성을 믿는 순진함에 가까운 순수함 같은 건 내게 전혀 없지만, 그런 것은 내게서 모두 사라진 지 오래지만, '반동(reaction)'의 피로 붉게 도색하는 그날은, 내게 어떤 혁명의 목표가 아니라 차라리 어떤 예술의 미감이자 마감이다. 그것은 고

정된 목적론이 아니라 움직이는 수행성이다. 나는 그렇게 국회
의사당을 폭파했고, 여전히 국회의사당을 폭파하고 있으며, 앞
으로도 계속 국회의사당을 폭파할 것이다. 그리하여 다시 한
번 반복하지만, 나는 혼자가 아니다, 결코 나 혼자가 아니다. 너
희에게 말한다, 나는 절대 혼자가 아니다. 그리고 또한 당신에
게 말한다, 당신은 혼자가 아니다. 나는 단지 국회의사당 하나
를 폭파했을 뿐이지만, 혼자가 아닌 또다른 내가, 또다른 당신
이, 이제 다음 목표들을 차례차례로 폭파해나갈 것이다. 기다려
라, 하지만 동시에, 기다리지만은 말아라. 모든 것이 무너져내
린다는 말은 결코 단순한 비유적 표어나 수사적 홍보문구가 아
니다. 말하자면, 말 그대로, 말할 여유도 없이, 모든 것이 무너
져내릴 것이다. 반복한다, 모든 것이 무너져내렸고, 모든 것이
무너져내린다, 그리고 모든 것이 무너져내릴 것이다. 그렇게 모
든 것이 무너져내린 후, 그러나 나와 당신은 여전히 살아 있을
것이다. 또다른 역사를, 또다른 삶을 시작하기 위해서. 나와 당
신은 아무도 아니다, 그러나 동시에 모두이다.

선언의 픽션,
금기의 딕션②

: 민주주의를
만나면
민주주의를
죽여라

'순수 민주주의 비판'을
위한 하나의 시론

0

다음과 같이 말하는 칸트를 상상해보자, 그것도 '생산적'으로
상상해보자. 자주, 그리고 계속해서 숙고하면 할수록, 점점 더
큰 혐오와 저주로 내 마음을 가득 채우는 두 가지가 있다. 그것
은, 화폐와 상품이 별처럼 나를 내리비추는, 내 위의 자본주의
라는 하늘과, 무조건적 도덕법칙처럼 나를 내리누르는, 내 안
의 민주주의라는 땅이다. 그리고 우리는, 우리 시대의 '칸트'로
서, 바로 지금 저 민주주의에 대한 근본적 비판(Kritik)의 작업
을 수행해야 한다. 그런데 왜 자본주의가 아니라 민주주의에 대
한 비판인가. 너무도 유명한 칸트의 원래 문장에서 일견 내 위
의 저 하늘에 떠 있는 별과 내 안의 도덕법칙은 마치 각기 외따
로 떨어져 있는 서로 독립적인 경탄과 외경의 대상들처럼 보
이지만, 사실 "내 안의" 것이 없다면 "내 위의" 것도 존재할 수

없다는 것, 혹은 "내 안의" 것이 없다면 "내 위의" 것은 아무런 의미도 가질 수 없다는 것이, 또한 바로 저 초월적 감성학(die transzendentale Ästhetik)의 가장 기본적인 전제이기도 한 것이다. 말하자면, '내 안의' 민주주의 없이는 오늘날 '내 위의' 자본주의란 결코 제대로 작동하지 않는다는 것, 혹은 뒤집어 이야기해서, 오늘날 내 위의 자본주의는 내 안의 민주주의를 일종의 근본적이고 기원적인 알리바이로 삼음으로써만 비로소 작동하게 된다는 것. 그렇다면 우리의 비판을 수행하기 위한 공간(Raum)과 시간(Zeit)은 과연 어디이며 언제인가. 다시금, 지금 그리고 여기(jetzt und da).

1

그러므로 오늘날 우리의 주적(主敵)은 (자본주의라기보다는) 민주주의이다. 문제는 (발견되어야 할 경제라기보다는) 언제나 정치, 그것도 언제나 새롭게 발명되어야 할 정치였던 것. 보수 정권이 선동하는 대로 — 그러나 남한에서 보수 정권이 아니었던 정권이 과연 존재했던 적이 있었던가 하는 의문, 그리고 통상 우리가 '보수'라고 부르는 정치적 실체를 다른 개념으로 형상화해야 한다는 과제는 여전히 남아 있다 — 우리의 주적은 결코 북한이 아니다. (여기서 여전히 문제가 되는 개념들은 '남한'과 '북한'이라는 이분법, '주적'이라는 단어의 의미와 실체, 그리고 심지어 '우리'라는 상상적 공동체의 개념과 정체이다. 그럼에도 불구하고 이 '우리'라는 주어의 배타적이고 문제적이며 착종적인 정체성을 마치 폭탄을 품듯 안고 가자면) 우리가 오늘날 싸워야 할 적은 북한이나 일본 등의 외부 국가로 표상되는 '적대적 타자'가 아니라, 바로 민주주의라는 이름으로 내재화된 '공범적 자아'이다. 우리는 이 사실을 가장 먼저 직시하고 인정해야만 한다. 그렇게 하지 않는다면, 지극히 역설적이겠지만, 우리에게 민주주의의 미래란 없다. 그러나 민주주의가 우리의 주적임을 인식한다는 것은, 그 와중에서도 민주주의의 미래를 염려하며 민주주의 그 자체를 포기하지 못하는 심정에서 나온 한껏 뒤틀린 하나의 역설 혹은 배배 꼬인 하나의 풍자가 결코 아니다. 이 점을 강조하기 위해 얄팍한 노파심에서 다시 한번 더 반복하자면, 오늘날 우리가 직면하고 있는 가장 크고 주된 적은 바로 민주주의 그 자체이다. 우리는 바로 이러한 민주주의를 포기해야만 하며 더 나아가 그것을 파괴해야만 한다. 현대사회에서 자본주의에 반대하는 사람들은 차고 넘쳐난다. 그들은 이미 놀라울 정도로 충분하다. 그러나 그들은 그저 그렇게 해야 하기 때문에, 다시 말해 어떤 섣부른 당위에서, 어떤 어설픈 도덕심에 의해서 그렇게 할 뿐이다. 아무것도 바뀌는 것은 없고, 악화가 양화를 구축할 뿐만 아니라 오히려 의식적 선의가 무의식적 악의가 되어버리는 상황이 반복될 뿐이다. 그들은 여전히 자본주의 체제를 공기처럼 들이마시며 그 공기를 영양분으로 삼아 살아가고 있지 않은가(그 공기가 단지 노예를 위한 당의정이라는 사실을 강조하면서 체제 안에서의 생존이 지닌 불가해한 불가피성을 십분 강변한다고 해도 사태는 크게 변하지 않는다). 물론 내가 이렇게 말하는 것은, 우리가 자본주의를 반대하기 위한 자격을 갖추기 위해서 자본주의라는 체제 그 자체를 완전히 벗어난 상태에 있어야만 한다는 것을 주장하기 위함이 아니다(그러한 주장은 아마도 또다른 종류의 '결벽증적' 도덕심, 곧 일종의 위악적 위선에 가까울 것이다). 완전한 외부(로 상정된 곳)에서의 반대는 그 무엇보다도 쉽고 편리하다(그리고 그렇게 쉽고 편리한 만큼, 그러한 반대란 단순한 수사 이외에는 아무런 효과도 가질 수 없다). 우리는 모두 자본주의 안에서 자본주의가 불편한 사람들, 자본주의에 불만을 갖고 있는 사람들이다. 우리는 차고 넘쳐나며, 심지어 우리 스스로를 99% 혹은 100%라고 주장할 만큼 그토록 충분하기까지 하다. 그러나 (이 매우 당연한 사실은 새삼스럽도록 자주 상기되어야 하는데) 자본주의 이후의 삶의 형태—그것이 어떤 것이든—에 대한 각오나 준비 없이 자본주의를 반대하는 것은 그 어떤 것보다도 더더욱 아무런 의미도 없다. 오늘날 반자본주의적인 말들과 몸짓들은 자본주의 그 자체의 가장 고차원적이며 이데올로기적인 상품이 된 지 이미 오래이다(이것이 바로, 자본주의 출현 이후 우리가 가장 오랫동안 직면하고 있는, 너무나 오래 직면하고 있었기에 이제는 그 두꺼운 벽의 실체감이 오히려 그저 세계 그 자체의 경계와 한계처럼 '당연하고 자연스럽게' 느껴지기까지 하는, 그런 우리의 아포리아이다). 이 시대에 레닌(Ленин) 같은 지식인 투사는 아마도 다시 나오지 못할 텐데(투사를 위한 철학을 이야기한다고 해도 역시 상황은 크게 달라지지 않는다), 그 이유는 오늘날의 지식인들이 과거와 비교

해 특별히 무력해서라기보다는 그들이 자본주의 안에서 자본
주의를 비판하는 일에 너무도 오랫동안 익숙해져왔기 때문이
고 또 그러한 비판이 지닌 당위와 도덕에 그보다 더 심각하게
익숙해져 있기 때문이다. 그러므로 우리는 새삼스럽게 다음과
같은 또다른 '당연하고 자연스러운' 사실들을 가장 먼저 확인해
야 한다. 당위 같은 것은 없다, 그리고 도덕심은 언제나 깨어지
기 쉬운 문화적인 것이다. 오히려 그러한 당위나 도덕심을 통한
반자본주의적 정념과 운동은 그 자체로 자본주의적 (재)생산의
가장 훌륭한 원재료가 될 뿐이다. 현대의 자본주의는 반자본주
의 운동에게 그 메커니즘의 일부를 가장 성공적이고 효율적으
로 아웃소싱하고 있는 것이다. 그러므로 의무적이거나 불가피
한 당위 혹은 온정적이거나 무조건적인 도덕심에서가 아니라,
그와는 다른 어떤 것에 의해 반대가 말해지고 행해져야 한다.
이 사실이 그 무엇보다도 가장 먼저 확인되어야 하고 또 되새
겨져야 한다. 그러나 과연 어떤 다른 것에 의해, 그리고 무엇을
향해? 이것이 가장 기본적이고 근본적인 질문, 곧 그 자신 안에
하나의 기본적이고도 근본적인 아포리아를 품고 있는, 그런 질
문이다. 그리고 바로 지금, (국가의 소멸이 아닌) 민주주의의
소멸이 그 과제이며 해답이자 또다른 질문으로서 그렇게 '우리'
앞에 놓여 있다.

2

여기, 마르크스가 오래전에 썼던 하나의 문장, 그리고 많은 사람들이 그를 따라 앵무새처럼 읊조렸던 하나의 문장, 그러나 또한, 어쩌면 망각된 문장, 지금은 그 읊조림마저 식상하고 진부하게 느껴질 정도로 그렇게 익숙해져버린 하나의 문장이 있다. "종교 비판은 모든 비판의 전제이다(die Kritik der Religion ist die Voraussetzung aller Kritik)." 그러나 이 말을 가장 잘 이해하기 위한 — 이 문장에 대한 '이해'가 여전히 필요한가 하는 새삼스러운 질문이 지금 나와 당신에게 가장 '쓰라리게' 다가가야 한다 — 하나의 열쇠는 마르크스 그 자신의 글 또는 헤겔의 글이 아니라 오히려 칸트의 글 안에서 찾아져야 한다. 칸트는 계몽을 이야기함에 있어서 왜 자신이 그토록 종교적 사례들에 '집착'하는지를 마치 일종의 '변명'처럼 다음과 같이 설명하고 있다.

> 내가 계몽, 즉 사람이 스스로 책임져야 하는 미성년 상태에서 탈출하는 일의 중점을 특히 종교적인 일에 초점을 맞추어 말한 이유는, 지배자들이 예술이나 학문에 관해서는 국민을 감독하려는 관심을 갖고 있지 않으며, 또한 종교상의 미성년은 가장 해로울 뿐만 아니라 모든 것 중에서 가장 불명예스러운 것이기 때문이다. 그러나 종교적 계몽을 장려하는 국가 지도자는 한 걸음 더 나아가 국가의 입법에 관해서까지 국민이 자신의 이성을 공적

으로 사용하여 현행 법률의 개선에 관한 의견이나 심지
어 기존의 법률에 관한 공명정대한 비판까지도 널리 발
표하도록 허락해도 어떠한 위험이 없다는 것을 통찰하
고 있다. 이 점에 있어서 어떠한 군주도 우리들이 존경
하는 프리드리히 왕을 능가하지 못한다.*

    왜 종교상의 미성년 혹은 종교적으로 계몽되지 못한 상
태가 가장 해로우며 심지어 가장 불명예스럽기까지 한 것인
가. 혹은, 이러한 칸트의 문장을 통과해 다시금 마르크스의 문
장으로 돌아와서, 왜 종교 비판이 모든 비판의 전제가 되는 것
인가. 바꿔 묻자면, 왜 '지배자들'은 예술이나 학문에 관해서는
'국민'을 감독하려는 관심을 갖고 있지 않은 반면, 이 문장이 암
시하듯, 종교에 관해서는 그리도 적극적이면서도 은밀한 관심
과 관리를 행하려고 하는 것일까. 예를 들자면, 여전히 정교분
리를 적극적으로 주장하면서도 오히려 바로 그러한 정교분리
로써 왜 거꾸로 또다른 정교일치를 이루려고 하는 것일까(그러
므로 정권퇴진운동을 하는 천주교에 대해서는 '종교를 정치화
하지 말라'는 비판으로 일관하면서 박정희를 우상화하는 개신
교에 대해서는 '정치를 종교화하지 말라'는 말도 없이 침묵으
로 일관하는 이중성은 단지 정치적 편향성으로 설명될 수 있는
것이 아니다). 이 국가는 어째서 가장 미개한 종교를 획책하는
가, 혹은, 이 국가는 어째서 종교를 통해 그토록 적극적으로 계
몽되지 못한 상태 그 자체를 계속 유지하거나 도리어 악화시키
려 하는가, 곧 이 국가는 어째서 스스로 어떤 '반신반인'의 종교

* 임마누엘 칸트, 「계몽이란 무엇인가에
대한 답변」, 『칸트의 역사철학』, 이한구
편역, 서광사, 2009[개정판], 21쪽.

혹은 미계몽이 되려 하는가. 바로 이 질문이 가장 시대착오적
으로 ─ 다시 말해 곧 니체적인 의미에서 그렇게 '시의적절하도
록 시대착오적으로(unzeitgemäß)' ─ 다시금 되물어져야 하는
이유는, 현재 한국의 민주주의가 처한 아포리아 자체가 대단히
종교적인 중핵을 갖고 있기 때문이다. 그런데 여기서 다시금 반
문하자면, 민주주의가 처한 아포리아의 중핵은 '언제나-이미'
종교적인 것이 아니었던가. '예수천국 불신지옥'을 외치며 거리
를 쏘다니는 사람들을 우리는 그저 여분과 잉여의 존재로 치부
하며 마치 더러운 똥을 피한다는 마음으로 그냥 지나쳐간다. 박
정희를 '반신반인(半神半人)'으로 미화하고 우상화하는 개신교
도들의 행동에 반신반의(半信半疑)하면서도 우리는 그저 그것
을 일부 정신 나간 자들의 일탈적이고 예외적인 소행으로 치부
하며 혀를 끌끌 차듯 세태를 한탄하면서 그냥 지나친다. 그러나
지난 두 번의 '민주주의적' 대통령 선거를 통해 증명된 것들 중
하나는, 이렇듯 우리가 그저 '간신히 잔존하는 존재들' 혹은 '극
히 일부의 미미한 존재들'로 여기는 어떤 비가시적인 부분들,
또는 우리가 지극히 소수라고 생각하는 어떤 '계몽되지 못한'
광적인 상태에 있는 사람들, 바로 그들이 이 '민주주의' 안에서
'다수'를 이루고 있다는 사실이다. 정치적 주체의 이름으로 스
스로를 99% 혹은 100%로 주체화하는 것은, 마치 저승세계가
지옥, 연옥, 천국으로 구성되어 있건 그렇지 않건 아무 상관도
없는 것처럼, 아무래도 좋고 아무런 상관도 없다. 모두를 대변
하는 듯 보이는 저 퍼센트 숫자는 어쩌면 저 오래된 '민중'이라
는 실체 없는 개념이 간신히 혹은 교묘히 살아남은 어떤 재판

(再版)의 형태인지도 모른다. 우리는 '우리'가 전부라고 말하지만, 사실 '전부'는 따로 있는 것인지도 모른다. 문제는 민주주의라는 제도 안에서 (단순한 숫자나 인구 비율이 아닌 이데올로기적 의미에서의) '다수'가 바로 그들이라는 사실이다. 우리는 '우리'가 100%라고 말하지만, 그렇게 말하는 '전부'인 우리를 넘어, 혹은 그 밑에, 저 보이지 않는 다수라는 '전체'가 아가리를 벌리고 있다. 그리고 바로 저 아가리를 벌린 전체야말로 '전체주의'의 가장 전체적인 의식이자 가장 총체적인 무의식일 것이다. 따라서 선거를 통한 제도로서의 민주주의는 여기서 노예의 도덕으로서의 종교와 가장 적극적이고 상동적인 방식으로 만나게 된다. 그리고 현재 그 종교는 바로 저 노예들의 이름으로, 애국 혹은 국익이라는 '대한민국'의 민족주의적 도덕의 이름으로, 그리고 또한 그러한 이름들이 덧씌워진 '보편적 다수' 혹은 '대한민국 국민'이라는 이름으로, 그렇게 목하 횡행중이다. 그리고 이에 관해 칸트의 저 마지막 문장을 한번 더 비틀어 이야기하자면, 어떠한 '군주'도 우리들이 '존경하는' 이명박과 박근혜를 능가하지 못하고, 어쩌면 그보다 더한 열정으로 '숭배되는' 문재인을 넘어서지 못한다. 민주주의 자체가 종교의 지위에 올라가버린 상태, 아니, 더 적확하게 말하자면, 민주주의가 그 자신의 가장 근본적이고 기원적인 종교적 중핵을 만천하에 드러낸 상태, 이것이 바로 모든 비판의 전제 혹은 모든 계몽의 전제로서 다시금 우리가 맞닥뜨려야 하고 되물어야 하는 '비판'과 '계몽'의 문제인 것. 그렇다면 이렇게 시대착오적으로 '계몽'을 다시 묻고 시의적절하게도 '비판'을 새삼 수행하고자 하는,

이 '순수 민주주의 비판'의 목적은 무엇인가. 마치 순수이성 비판이 형이상학의 불가능성을 한계지음으로써 거꾸로 그 가능성을 구현하듯, 무한한 희망을 머금고 있는 듯 보이는 '계몽'이라는 개념과 작업의 절망적 경계를 확인함으로써, 곧 '계몽'의 근원적 불가능성을 확정함으로써, 거꾸로 어떤 '진리'의 가능성을 구현하는 일, 바로 그것이다.

3

여기에 바로 (종교적) 진리에 관한 하나의 (오래된) 역설이 존재한다. 예수의 가장 큰 '진리', 곧 '예수'라는 이름의 '사건'과 그것이 품는 진리 그 자체는, 일견 가장 '비기독교적이고' 가장 '반기독교적인' 자리에 있을 것이다. 혹은 이를 다시 바꿔 말하자면, 기독교는 그것이 가장 비기독교적이며 가장 반기독교적일 때 비로소 '기독교'로서 기능할 수 있다는 하나의 역설이 (불)가능하다. 그런데 사실 그것은 언제나-이미 그랬다. 그리고 바로 그것이 기독교 혹은 그리스도교(Christianism)라고 불리는 '종교'의 가장 종교적이며 동시에 가장 반종교적인 — 만약 그런 것이 있다고 한다면 — 어떤 원의(原義/願意)였다. 왜냐하면 예수 그리스도는, '예수 그리스도'라는 이름은, 언제나 '독특성의 보편자'를 가리키는 이름이(었)기 때문이다. '예수 그리스도'의 이름이라는 문제, 이것이 하나의 이름인 한에서, 그 문제는 근본적으로 하나의 특수성, 그것도 보편성에서 추상된 특

수성이 아닌, 하나의 '보편적' 독특성 혹은 단독성을 가리키고
있다. 그러나 동시에 그것은 예수라는 이름의 수적 일반성과 그
리스도라는 이름의 존재적 유일성이 합쳐진, 혹은 거꾸로, 예
수라는 이름의 개별적 특수성과 그리스도라는 이름의 역사적
보편성이 합쳐진, 그런 기이한 제3의 이름이기도 하다. 이것을
나의 용어로 표현하자면, '아무개의 기독론(christology)'이 될
것인데, 이것이야말로 예수 그리스도라는 이름이 지닌 본질이
자 요체인 것. 그러나 여기서 '아무개'란 결코 '아무나'를 뜻하
지 않는다. 바로 여기서 어떤 '선택'의 문제, 그리고 바로 그 선
택의 극단적 형태인 '절멸'의 문제가 극히 중요해진다. 이것은,
다시금 나의 용어로 표현하자면, 선택할 수 없는 선택, 선택 불
가능성을 하나의 중핵으로 해서만 가능해지는, 그런 선택 불가
능성의 선택 가능성이다. '아무나'를 받아들이는 것이 아니라
어떤 선택을 한다는 것, '아무개'이기는 하나 동시에 그 아무개
가 오히려 기독론의 핵심을 이룬다는 것, 바로 여기에 기독론
과 구원론의 본령이 있는 것이며, 이는 또한 예수 그리스도라
는 이름이 의미하는 보편적 단독성, 독특성의 보편성, 그 복합
적인 나선형의 변증법을 가리키고 있는 것이다. 그러나 현재의
기독교는 대부분, 역설적이게도, 이 가장 기본적이고도 근본적
인 예수의 진리와 그리스도의 사건을 모르는 자들로만 이루어
져 있는 듯 보이고, 그리고 그렇게 오직 그러한 진리와 그러한
사건으로부터 가장 멀리 떨어진 자들에 의해서만 구성되어 있
는 듯 보인다. 예수는 '믿을' 수 있는 비의(秘意/非意)가 아니라
'행해야' 하는 진리인 것이다, 그리고 그것은 언제나-이미 그랬

다. 그런데 실로 얄궂은 것은, 그것이 언제나-이미 그랬다는 사실을 모르는 사람들만이 그렇게 예수를 여전히 하나의 실체적이고 인격적인 신으로서 '믿고' 있는 듯이 보이는 것이다. 그러므로 나는 이렇게 말할 수 있다. 진정한 '신자(信者)'란, 오히려 '믿는' 자가 아니라 '행하는' 자이다. 더 적확하게 말하자면, 진정한 '신자'란, 보지 않고도 믿는 자가 아니라, 오히려 믿지 않고도 행하는 자, 곧 그 스스로 '예수 그리스도'라는 저 독특성의 보편자가 지닌 이름을 실행하는 자이다. 아마도 '믿는' 자들이 믿고 있는 것처럼, 만약 예수가 '재림'한다면, 그는 가장 먼저 이 땅의 교회들을 불태울 것이다. 하늘에서 보기에 이 땅 위의 붉은 십자가들은 심히 보기 싫기 때문이다. 아니, 그가 평화가 아니라 무엇보다 정화의 불을 주러 왔기 때문이다, 정의의 칼을 주러 왔기 때문이다(마태오 복음서 10:34 및 루카 복음서 12:49). 그리고 이 세계는, 여전히 혹은 새롭게, 저 불과 저 칼을 계속 부르고 있는 중, 그 어떤 때보다 더욱 절실히 부르고 있는 중이다. 그러므로 말하자면, 때가 왔다, 그들이 말하듯, 그리고 우리가 말하듯, 때가 온 것이다. 그들과 우리가 각기 마치 일종의 습관처럼 말하곤 하는, 이 도래하는 때란 언제인가, 그것은 지금인가, 그것은 서로 각기 다른 시간인가, 아니면 같은 시간인가. 그런데 이런 물음들에 앞서, 가장 근본적인 반문을 던지자면, 그것이야말로, 그때야말로, 사실 언제나-이미 도래하고 있는 것, 바로 그것이 아니었던가. 지독한 마르키온주의자(Marcionite)의 한 사람으로서 나는 구약과 신약 사이의 맹목적 연결에 대해 항상 회의적이며 구약은 말 그대로 (궁극적으로 폐기되어야 할) '옛 계약'이라고 언제나—이미 생각하지만, 이사야서 9장의 다음과 같은 몇 개의 구절은, 저 절멸의 주제와 관련하여 음미하고 변주해볼 필요가 있다. "정녕 당신께서는 그들이 짊어진 멍에와 / 어깨에 멘 장대와 / 부역 감독관의 몽둥이를 / 미디안을 치신 그날처럼 부수십니다. / 땅을 흔들며 저벅거리는 군화도 / 피 속에 뒹군 군복도 / 모조리 화염에 싸여 / 불꽃의 먹이가 됩니다." (이사야서 9:3-4) 역사는 실로 반복되는가, 그것도 마르크스의 말대로, 첫번째는 비극으로, 그리고 두번째는 희극으로, 정말 그렇게, 그렇게만 반복되는가. 이사야서의 저 예언 아닌 예언은, 역사의 핏속에서 뒹굴었던 저 군복과 군홧발을 다시금 '재림'하게 만든 현재 이 땅의 정권, 그 쥐새끼 같은 잔당과 용역들이 반드시 새겨들어야 할, 바로 그들 자신에 대한 이야기이다. 그들은 반드시 모조리 화염에 휩싸여 불꽃의 먹이가 되고 말리라. 그리고 이사야서는 바로 그것이 '정의'라고 말한다. 이에 따라 사도 바울의 한 서간(티토에게 보낸 서간) 속 다음과 같은 말이 비로소 '가능'해지는 것이며 또한 더욱더 '정위치'되는 것이기도 하다. "그리스도께서는 우리를 위하여 당신 자신을 내어주시어, 우리를 모든 불의에서 해방하시고 또 깨끗하게 하시어, 선행에 열성을 기울이는 당신 소유의 백성이 되게 하셨습니다. / 그대는 강력한 권위를 가지고, 이러한 것들을 말하고 권고하고 또 꾸짖으십시오. 아무도 그대를 업신여기지 못하게 하십시오."(티토에게 보낸 서간 2:14-15) 자국의 국민을 마치 노예나 쓰레기처럼 업신여기듯 취급하는 정권이 있다. 그러니까, 그런 정권이 있다, 정말로 있다. 우리는 그러한 정권을 현재의 '대한민국 정권'이라고 부르며 그렇게 규정한다. 그러므로 어떤 '강력한 권위'를 갖고서, 이러한 정권의 불의에 대해 계속 말하고 또 정당하고 정의로운 것을 권고하며 부정한 것들을 꾸짖어야 한다. 그런데 그 '권위'란 그것을 독재자 아버지로부터 물려받았다고 단단히 착각하고 있는 어떤 공주의 것도 아니고, 이 나라를 해방 이후 계속해서 시궁창에 빠지게 하고 나락으로 전락시키고 타락시키고 있는 친일과 독재 잔당의 것도 아니다. 그 권위란 바로 시민들의 '시민임'이라는 존재 조건 그 자체로부터 즉각적으로 발생하는 어떤 독립적이고도 근본적인 권위이다. 따라서 그것이야말로 존재의 사건, 사건의 진리이다. 그러므로 아무도 나와 당신의 이 정당하고 정의로운 요구를, 이 가장 근본적인 '권위'를 결코 업신여길 수 없다. 따라서 우리는 우리를 업신여기며 부정과 불의를 일삼는 이 정권을 베어내고 불태워야 한다, 폭파하고 살해하고 또한 파괴해야 한다, 절멸시켜야 한다. 이것이 바로 단순히 봉합적인 평화가 아니라 정의의 칼과 정화의 불을 주러 마침내 도래한 예수 그리스도라는 이름이 지닌 진리의 의미, 그리고 또한 가장 현재적이면서도 언제나-이미 도래하고 있는 사건의 의미일 것이다. 칸트는 계몽에 대해서 다음과 같이 유명한 '역사적' 규정을 내린 바 있다. "이제 누군가 '우리는 계몽된 시대에(in einem aufgeklärten Zeitalter) 살고 있는가?'라고 묻는다면, 그 대답은 다음과 같은 것이다. '아니다. 그렇지만 우리는 계몽의 시대에(in einem Zeitalter der Aufklärung) 살고 있다.'"* 다시 한번 반복하자면, 종교 비판은 모든 비판의 전제이

---

* 임마누엘 칸트, 「계몽이란 무엇인가에 대한 답변」, 『칸트의 역사철학』, 20쪽.

다. 우리가 칸트의 저 규정을 다시금 지금 여기서 반복하지 못할 이유는 무엇인가, 아니, 보다 더 적확하게 이야기해서, 우리가 칸트의 저 문장을 지금 여기서 여전히 반복할 수밖에 없다는 어떤 깊은 수치심을 느끼지 못한다면, 그것은 과연 무슨 이유인가. 그러므로 반복한다, 변주하여 반복한다. 누군가 나에게 '우리는 지금 민주화된 시대에 살고 있는가'라고 묻는다면, 그에 대한 나의 대답은 다음과 같다. '아니다. 그렇지만 우리는 민주주의의 시대에 살고 있다.' 그리고 칸트가 계몽에 대해 품었던 무한정하고 또한 무한정하게 현재적인 저 희망과 결정적으로 결별하는 것이 바로 이러한 변주와 반복에서이다. 민주주의의 시대에 살고 있다는 것, 그것은 하나의 수치이며 저주이다, 민주주의의 시대에 살고 있다는 것, 그것은 벗어나야 하며 파괴되어야 할 하나의 상태이다. 문제는, 계몽의 시대에서 계몽된 시대로 나아가는 것도 아니고, 민주주의의 시대에서 민주화된 시대로 나아가는 것도 아니다. 문제는 바로 민주주의라는 상태 자체, 민주주의라고 불리는 체제 자체를 폭파하고 파괴하는 것이다. 계몽은 불가능하다. 그러나 진리는 존재한다. 혁명은 불가능하다. 그러나 사건은 도래한다. 바로 저 보편적 단독성, 독특성의 보편자라는 이름으로.

4

그러므로 다시 레닌을 따라 되묻는다, 무엇을 할 것인가. 나는 지금 이 글을 쓰고 있지만, 사실 글을 쓰고 있는 것이 아니다. 나는 움직이고 있지만, 사실 움직이고 있지 않다. 당신도 그러하지 않은가, 나와 당신의 상태가 정확히 그렇지 않은가. 집회에 나갔던가, 집회에 나가서 무엇을 경험했던가, 단지 하루뿐인 해방구를 만끽했던가, 아니면 여전히 무언가가 바뀌리라는 희망으로 저 고색창연한 '민중'이라는 이름에 내기를 걸었던가. 민주노총과 경향신문에 대한 국가폭력의 침탈과 유린 소식으로, 그리고 지난 2013년 12월 28일 총파업 소식이 채 무르익기도 전에 그 뒤를 이어 벌어진 철도노조 지도부의 무력하기 짝이 없는 배신에 가까운 투항과 무장해제 소식으로, 대한문 분향소 앞에 계속 늘어만 가는 죽은 이들의 영정에 대한 소식으로, 세월호의 진실들이 여전히 들려오지 않는다는 소식 없는 소식으로, 소위 '촛불 혁명' 이후에 뒤바꾼 정권은 그저 또하나의 정권에 불과했다는 소식도 아닌 소식으로, 그렇게 계속 우울한 기분과 아무것도 할 수 없으리라는 무력감에 빠질 수밖에 없는 시간을 보낸 후, 나는 그렇게 아무 말도 할 수 없었고, 아무 짓도 할 수 없었다. 무엇을 할 것인가, 그리고 어떻게 할 것인가. 그 질문만이 지금 바로 이 순간 우리 모두를 지극히 불편하게, 극도로 안녕하지 못하게, 그렇게 감싸고 있으리라 생각한다. 그러나 내 안의, 당신 안의 민주주의가 하나의 도덕법칙처럼 버티고 있는 한, 나와 당신은, 그러니까 '우리'는, 결코 안녕하지 못할 것이다. 그리고 결정적으로, 나는 안녕을 원하지 않는다, 평화를 원하지 않는다, 나는 칼과 불을 원한다. 폭력과 독재의 망령에 사로잡힌 퇴행적이고 반동적인 국가권력의 노

예가 되지 못해 오히려 스스로가 안달이 난 대다수의 소위 '국
민'들, 그것도 소위 '민주주의' 국가의 국민들, 또는 모든 게 잘
돌아가고 있고 제자리를 찾아가고 있으며 모두가 안녕하며 소
위 '힐링(healing)'되고 있다고 믿는 대다수의 소위 '신민'들에
게는, 희망이 전혀 없다, 아무런 내기도 걸 수 없다. 그런 국민
들, 그런 인간들이 소위 '다수'를 이루고 있는 사회, 이러한 다
수에게는 마치 돼지 목에 진주 목걸이와도 같이 사치스럽고 무
용하기만 할 뿐인 저 '민주주의'가 그런 무지한 다수의 이름을
무기로 전횡만을 일삼는 사회, 그리고 이제 그 '민주주의'라는
무기력하고도 범죄적인 이름으로 소위 '민주정부'의 독재와 (프
롤레타리아 독재가 아니라!) 국가폭력이 자행되고 있는 사회,
그런 사회에는 이제 전혀 희망이 없다고 말해야 한다. '희망 없
음'이라는 일갈로 흔히 위장하곤 했던 저 일말의 희박한 희망마
저도 모두 남김없이 버려야 하는 시점에 온 것이다. 그러므로
이 시점에서 남은 것은 두 가지뿐이다. 이 또한 선택 '불가능성'
이 가리키고 있는 하나의 '가능한' 선택이다. 그리고 사실 이 두
가지 (불가능한) 선택지는 이미 카스토리아디스(Castoriadis)
가 오래전에 잘 '정식화'한 바 있다. "사회주의냐 야만이냐
(Socialisme ou barbarie)". 우리는 오늘날 이 선택 아닌 선택
의 물음, 이 선택 불가능성을 지시하는 어떤 가능성의 물음, 그
물음이 지닐 수 있고 또 지녀야 하는 의미를 다시금 새롭게 되
새겨야 한다. 그러므로 우리에겐 다시 두 가지 선택이 남아 있
다. 이 정권을 끝장내고, 민주주의 자체를 끝장내고, 사회주의
의 힘을 보여줄 것인가, 아니면 이 정권의 부정과 부당을 감내

하며 노예가 된 자로서의 무지와 악의를 자랑스럽게 드러낼 것
인가. 국가기관의 조직적이고도 악랄한 개입으로 침탈되고 유
린된 반민주적이고 불법적인 선거로 당선된 이 박근혜 정권,
그것도 모자라 최소한의 민주적 정의와 경제적 정의를 요구하
는 모든 정당한 목소리들에 대해 "자랑스러운 불통"의 침묵과
함께 퇴행적이고 반동적인 국가폭력으로써만 답하는 저 박근
혜 정권, 그 부정하고 부당한 정권을 바로 지금 여기서 끝장내
지 못한다면, 바로 이러한 정권을 탄생시킨 민주주의 그 자체
를 소멸시키지 못한다면, 그때야말로 소위 '대한민국'이라는 나
라에 희망이라고는 아무것도 찾아볼 수 없게 될 것이[었]다. 그
러나 그러한 당위로 소멸되어버린 '민주주의 이후의 민주주의'
의 잉걸 속에서 우리가 발견했던 것은 과연 무엇이었나. 우리
는 여전히 '민주주의'라는 허울의 희망과 유령의 평화 속에 있
지 않나. 그리고 다시 반복하자면, 변주하여 반복하자면, 나는
결코 희망을 바라는 것이 아니다, 나는 평화와 희망을 바라지
않고, 오직 칼과 불을 원한다, 분열을 원한다, 아들이 아버지와,
딸이 어머니와, 갈라져 맞서기를 원한다. 그러므로 '사회주의냐
야만이냐'는 질문 아닌 질문은 지금 우리가 새롭게 반복해야 할
물음, 새롭게 되새겨야 할 반문의 시작이다. 우리의 사회주의는
현재 가장 조악한 수준, 그러나 반드시 지켜져야 하는 피할 수
없는 단계를 요구하고 있다, 아직은, 단지 그것뿐인 것이다. 그
조야한 수준의 선택지는 다음과 같은 질문을 강요한다. 곧 민주
주의냐 야만이냐, 민주주의냐 박근혜 왕국이냐, 민주주의냐 공
화당/민정당/민자당/신한국당/한나라당/새누리당이냐, 민주

주의냐 독재냐, 민주주의냐 경제냐, 민주적이고 경제적인 정의
냐 대기업과 재벌의 불의냐, 100%의 세계시민과 그들의 권리
냐 아니면 0%의 지배자들과 그들의 권능이냐. 물론 이 질문들
은 너무도 오래되었으나 결코 단 한 번도 우리가 끝까지 관철
시키지 못했던 물음들이었다. 그러나 이것이 문제가 아니다. 이
러한 선택지는 민주주의라는 체제를 너무도 당연한 것으로, 그
리고 최고이자 최상의 것으로 생각해온 강요와 습관의 소산이
었다. 이것은 단지 한 정권, 한 국가의 문제가 아닌 전 세계의
문제, 전 인민의 문제, 세계시민의 문제이다. 칸트가 다른 곳에
서 또한 말했던 세계사적 관점에서, 대한민국이라는 나라의 어
떤 국가권력은 필요 없을 뿐만 아니라 반드시 사라져야 할 세
상의 악(惡)이[었]다. 그러나 그렇게 사라졌던 악의 자리에 들
어선 것은 바로 그 악을 넘어서고 벌충하는 절대 선이었던가.
그러나 동시에, 더 나아가, 이것은 단순한 선악의 문제가 아니
다. 민주주의냐 야만이냐는 조야하고 조악한 수준의 물음은 폐
기되어야 하고 극복되어야 하며 대체되어야 한다. '사회주의냐
야만이냐' 하는 (오래된) 물음이 '문명사적'이며 '세계사적'인
보편성의 의미를 띠게 되는 이유가 바로 여기에 있다. 우리는
이제 이 문제를 회피할 수 없다. 사라져야 할 것이 사라지지 못
한다면, 없애야 할 것을 없애지 못한다면, 앞으로 비극은 그 끝
을 모른 채 순항할 것이다, 그리고 아마도 그 비극의 악마와 노
예는 이렇게 기쁜 듯 외칠 것이다, 우리는 여전히 안녕하노라
고. 그런 디스토피아는 상상 속의 것이 아니라 바로 지금 여기
도래해 있는 사태이다. 고로 다시 묻는다, 이것이냐 저것이냐.

5

그러므로 이제 이론가들에게는 다음과 같은 복고적이고 동시에 시대착오적이며 심지어 유혈적이기까지 한 강령들이 필요하다. 첫째, 우리는 남한과 북한의 등장 이후 한반도에서 한 번도 존재하지 않았던 공산당을 창당해야 한다. 국가보안법을 폐지하려는 소극적이고 수동적인 공세에서 벗어나 바로 그 국가보안법이 초헌법적으로 금지하고 있는 공산당 조직을 창건해야 한다. 공산당을 창당할 수 있다는 것 자체, 이것이야말로 가장 '민주주의적'인 행동들 중 하나이다. 그리고 국가보안법이라는 이름 아래에서, 국가의 안보라는 미명 아래에서, 오히려 진정한 이적행위를 하는 자들을 절멸시켜야 한다. 그들에 대한 절멸을 꿈꿀 수 있으며 또한 꿈꿔야 한다는 것, 이것이야말로 또한 가장 '애국주의적'인 행동들 중의 하나이다. 공산주의는 하나의 이름이다, 정확히 예수 그리스도가 하나의 이름이라는 의미에서. 그리고 또한 공산주의는 여전히 하나의 유령이다, 정확히 예수 그리스도가 또한 삼위일체 안에서 성령이기도 하다는 바로 그 의미에서. 물론 많은 사람들이 주지하고 있듯이, '공산주의'는 'communism'에 대한 일종의 오역일 것이다. 그래서 사람들은 그것을 '공동체주의' 혹은 '코뮌주의'로 고쳐 부르고자 한다. 개념과 사상의 의미, 그리고 그에 따르는 실천의 방향을 재정립한다는 면에서 그러한 정정은 옳다, 그러나 그것은 직면이 아니라 일종의 도피라는 면에서는 틀렸다. 그러한 수정은 '이름'의 본질, '이름'이 갖는 힘의 효과로부터 도피하려는,

일견 중립적으로 보이지만 전혀 당파적이지 않은 '학술적' 행위
이다. 둘째, 죄를 미워해도 사람은 미워하지 말라는 '실체론'을
거부하고, 반사회주의적인 정당과 언론 또는 반동적 교회의 자
원을 절멸해야 한다. 죄는 추상적 실체가 아니라 바로 그 사람
의 것이기 때문이다. 개인이 문제가 아니라 그저 체제가 문제
라고만 앵무새처럼 말하는 유사유물론 혹은 유사구조주의 뒤
로 숨어 행하던 모든 역겨운 위선들은 이제 끝났다. 여기서 저
'절멸'의 주제가 다시금 우리를 호출하며 또한 엄습한다. 이러
한 절멸의 의지 자체가 극우의 것이며 따라서 이러한 의지 자
체를 생각하고 꿈꾼다는 것만으로 그것을 극우의 사고방식이
라고 욕하고 비판하는 짓은 그만두자. 쓸어버려야 한다, 반동
의 피로 붉게 도색할 그날까지. 셋째, 그러므로 폭파하라, 파괴
하라. 단, 자본주의 이후의 삶, 민주주의가 아닌 체제 속의 삶
을 상상하고 그 상상을 실행하면서, 그렇게 폭파하고 파괴하
라. 민주주의라는 우의적인 과두제의 이름으로 자행되는 모든
것, 민주주의라는 일견 당연하고 자연스러운 최상 체제의 이름
으로 횡행하는 모든 것, 그 모든 것들을 폭파하고 파괴하라. 그
러나 폭파와 파괴 그 자체의 '안온한' 위안에 자족하지 말고, 저
들의 절멸로 얻을 수 있는 결핍과 과잉의 미래를 위해서, 그렇
게 폭파하고 파괴하라. 고로, 죽음을 위해서가 아니라 삶을 위
해서, 그렇게 폭파하고 파괴하라. "안식일이 사람을 위하여 생
긴 것이지, 사람이 안식일을 위하여 생긴 것은 아니"기 때문이
다(마르코 복음서 2:27). 사람들은 이것이 그저 불가능한 상상
이라고 말한다. 아마도 그럴 것이다. 그러나 불가능한 것이 아

니라면, 불가능한 것에 대한 상상이 아니라면, 상상력은 아무
런 소용도 없다. 칸트는 『순수이성비판』에서 재생적 상상력
(reproduktive Einbildungskraft)과 생산적 생산력(produktive
Einbildungskraft)을 구분하면서 다음과 같이 썼다.

> 상상력이란 대상의 현전 없이도 그것을 직관에서 표상
> 하는 능력이다. (…) 상상력의 종합이 자발성의 실행인
> 한, 그러니까 규정적이고, 즉 감관처럼 한낱 규정되는
> 것이 아니라, 통각의 통일에 맞춰 형식의 면에서 감관을
> 선험적으로 규정할 수 있다는 점에서, 상상력은 감성을
> 선험적으로 규정하는 능력이고, 그것이 범주들에 따라
> 서 직관을 종합하는 것은 상상력의 초월적 종합임에 틀
> 림없다. (…) 상상력의 종합은 형상적인 것으로서, 일체
> 의 상상력 없이 순전히 지성에 의거한 지성적 종합과는
> 구별된다. 상상력이 자발성인 한에서, 나는 그것을 또한
> 때때로 생산적 상상력이라 부르고, 그렇게 함으로써 그
> 것을 재생적 상상력과 구별한다. 이 재생적 상상력의 종
> 합은 단적으로 경험적 법칙들, 곧 연합의 법칙들에 종속
> 하는 것으로서, 따라서 선험적 인식의 가능성을 설명하
> 는 데는 아무런 도움이 안 된다. 그 때문에 그것은 초월
> 철학이 아니라 심리학에 속하는 것이다.*

그러므로 이러한 생산적 상상력의 수행에 앞서, 그보다
먼저 우리는 다시 한번 더 근본적으로 '종교적'이 될 필요가 있

＊임마누엘 칸트, 『순수이성비판 1』,
백종현 옮김, 아카넷, 2006, 360–
361쪽.

다. 그리고 바로 이것이야말로 종교 비판이 모든 비판의 전제
가 되는 이유, 계몽 아닌 계몽이 되는 이유이다. 민주주의를 만
나면 민주주의를 죽여라. 붓다를 만나면 붓다를 죽이듯, 그렇게
죽여라. 그러나 많은 종교들이 오해하듯, 이는 붓다의 붓다임을
어떤 극단의 부정성을 통해 다시금 긍정하려는 것이 아니다. 말
그대로 붓다는 죽어야 하는 것이다. 민주주의의 상태가 정확히
이 붓다의 상태와 같다. 이 역시 우리가 다시금 근본적으로 '종
교적'이 되어야 하는 이유이다. 우리는 민주주의'의' 후퇴가 아
니라 오히려 민주주의'라는' 후퇴를 가장 경계해야 하는 것이
다. 이 모든 우회로를 돌아와서, 다시금 반복하자면, 반복하듯
변주하자면, 종교 비판은 모든 비판의 전제이며, 오늘날의 민
주주의가 바로 그러한 종교이다. 이 민주주의를 어떻게 절멸시
킬 수 있을 것인가, 바로 이 물음이야말로 현재 우리가 직면하
고 있는 가장 철학적이고 가장 정치적이며 또한 가장 미학적인,
그런 절체절명의 문제이다. 우리는 지금 그리고 여기, 그렇게
'순수 민주주의 비판'의 시작점에 서 있다.

후기 / 뒷면

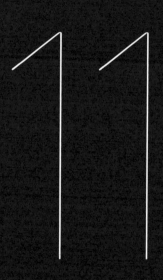

Postface

11

우리, 포스트모던인[이었던 적이 한 번도 없던 사람]들

알리바이로서의 모던과 포스트모던,
아포리아로서의 번역과 변안

0. 세대 없는 세대론: 경험과 징후로서의 모던/포스트모던

우리의 미학적 풍경을 규정한 시공간의 단어들, 모던과 포스트 모던이란 무엇일까. 또한 포스트구조주의는 무엇이며 또 그것 들은 한국(더 정확하게는 남한)이라는 땅에서 지금껏 어떻게 '번역'되었고 따라서 또 어떻게 '수용'되어왔던 것일까. 이러한 질문들은 아마도 그 자체로 너무 거대하거나 너무 추상적인 질 문들일 것이다. 그러나 그렇게 거대하고 추상적인 만큼, 역설적 으로 너무나 소소하고 친숙하며 구체적인 문제들일지도 모른 다. 우리가 알고 있는 한, 이러한 문제들에 대한 다양한 대답은 학계의 안팎에서 실로 각양각색으로 제시되어왔고, 또한 우리 역시 그러한 논의의 수혜를 받고 그 자장 안에 있음을 우리 스 스로가 가장 잘 알고 있다. 우리는 어쩌면 그러한 번역과 수용 의 '사생아와도 같은 직계자손'이다. 우리는 아마도 스스로를,

자부심을 갖든 수치심을 갖든, 어떤 의미에서든 어쨌든 '포스트모던인'이라고 부를 수 있지 않을까, 혹은 그렇게 '생각하고' 있지 않을까. 그러나 내가 여기서 말하고자 하는 것은, 저 모던과 포스트모던에 대한 도저하고도 거대한, 혹은 치밀하고도 섬세한 논의들에 또다른 이론적 규정과 논점을 가로놓거나 덧대기 위한 것도 아니고, 그 모든 논의들을 일목요연하게 정리하기 위함도 아니다. 그러한 이론의 변증법적 진행과 발전은 아마도 계속될 것이며 현재에도 계속되고 있을 것이다. 내게 모던과 포스트모던의 문제는 무엇보다 일차적으로 '경험'의 문제이며, 따라서 내게는 그러한 '경험의 현상학'이 드러내는 어떤 징후의 문제가 가장 절실한 것으로 먼저 다가온다. 그러므로 바로 이러한 현상학은 우리 시대의 미학-정치의 문제에 다름 아니다. 나는 바로 이러한 '경험'에 대해서, 개인적 경험이지만 그러나 동시에 결코 개인적이라고만은 말할 수 없는 경험, 즉 모던과 포스트모던이라는 이름의 징후가 가능하게 했던 내 개인적인, 그러나 동시에 그 어떤 누구라도 이로부터 자유로울 수 없는 어떤 집단성마저 띠는, 그런 경험에 대해서, 몇 가지 특징적인 번역어들의 풍경을 통해, 그 이행과 교통의 장면들을 통해, 그렇게 이야기해보고자 한다.

　　나는 『사유의 악보』의 서문(「서곡」)에 이렇게 썼던 적이 있었다. "이 책은 1990년대 소위 '포스트모더니즘'의 철학이 풍미하고 그 이식의 행위들이 횡행했던 남한의 이론적이고 실제적인 풍경의 정중앙을 관통한 이가 쓴 글들의 모음이며(그러므로 이 책은 그 머리를 20세기의 끝에 담그고 있다), 또한 그 '포

스트모더니즘'의 유령을 항상 의심하고 그것을 폐기하거나 망
각하거나 수정하거나 전복해야만 했던—때로는 그 때문에 전
복되기도 해야만 했던—이가 그 이론적이고 실천적인 이식과
단절이 풍경 주변부를 배회하면서 쓴 글들이기도 하다(그러므
로 또한 이 책은 그 꼬리를 21세기의 처음에 담그고 있다)."*
모더니즘 혹은 근대라는 시공간의 지속과 종언은 여러 관점에
서 논의될 수 있지만, 많은 이들이 회고하듯, 그 가장 결정적
이고 가시적인 효과 혹은 표징은 아마도 소위 '현실 사회주의
의 붕괴'였을 거라고 생각된다. 내가 속한 세대는—만약 그러한
'세대'가 있다고 한다면—그러한 '현실 사회주의의 붕괴'를 그
당대의 직접적인 현상에서가 아니라 그 후폭풍의 간접적인 효
과 안에서 경험한(혹은 '후-체험'한) 세대라고 할 수 있다. 내겐
그런 느낌이 있다. 그러나 그것이 '직접적'이지 않고 '간접적'이
었다는 것은 그 경험이 부차적이었다는 뜻이 결코 아니다. 어쩌
면 오히려 그 반대라고 할 수 있다. 징후와 효과라는 측면에서
내가 속한 세대는 어쩌면 1960년대, 1970년대의 '현대사상'을
바로 1990년대에 가장 '포스트모던적인' 형태로 경험하고 향유
했던 세대이기도 했으니까. 당시는 'X세대', '오렌지족' 등, 세
대나 집단을 특정화하는 새로운 용어들이 등장했던 시기이기
도 했고, 나를 포함한 많은 이들이 당대의 전복적 하위문화들
을 탐구하는 문화연구의 세례를 받았던 시대이기도 했다. 영화
가 당대의 서사를 책임지고 또한 주도적으로 이론적인 논의들
을 이끌어가기 시작하던 '영화 세대'이기도 했으며, 또한 어쩌
면 새로운 '해방의 논리'로 기대되었던, 그리고 앞서의 저 모든

* 최정우, 『사유의 악보—이론의 교배와
창궐을 위한 불협화음의 비평들』,
자음과모음, 2011, 12쪽.

이름과 규정과 현상을 가능하게 했을지도 모르는, 저 '포스트모
더니즘' 담론의 가장 강력한 자장 안에 있던 세대였다. 그렇다
고 생각하고 또 그렇게 기억하고 있다. 이것이 어쩌면 나의 '시
대'가 속해 있던 미학적 풍경의 한 단면일 것이다. 범박하게 말
하자면, '포스트모던'이라는 그 불가해한 이름은 새로운 시대를
위한 새로운 해방의 이론을 부르는 가장 막연하지만 동시에 가
장 확실한 명칭이었다.

　　이러한 다소 막연한 회고를 감행하면서 잠시 하나의 우
회로를 걷는 일이 허락된다면, 내가 위와 같은 말을 썼을 때 특
별히 염두에 뒀던 문장이 있었다는 사실을 이야기하고 싶다. 나
는 그때 사실 최인훈의 소설『화두』의 한 구절을 연상하고 있었
다. 다소 긴 문장들이지만 그것이 전해주는 느낌을 함께 호흡하
고 공유하기 위해 그 전문을 옮겨보자면 다음과 같다.

　　인류를 커다란 공룡에 비유해본다면, 그 머리는 20세기
　　의 마지막 부분에서 바야흐로 21세기를 넘보고 있는데,
　　꼬리 쪽은 아직도 19세기의 마지막 부분에서 진흙탕과
　　바위산 틈바구니에서 피투성이가 되어 짓이겨지면서 20
　　세기의 분수령을 넘어서려고 안간힘을 쓰고 있다—이런
　　그림이 떠오르고, 어떤 사람들은 이 꼬리 부분의 한 토
　　막이다—이런 생각이 떠오른다. 불행하게도 이 꼬리는
　　머리가 어디쯤 가 있는지를 알 수 있는 힘—의식의 힘을
　　가지고 있다. 그런 이상한 공룡의 그런 이상한 꼬리다.
　　진짜 공룡하고는 그 점에선 다른 그런 공룡이다. 그러나

의식으로만 자기 위치를 넘어설 수 있을 뿐이지 실지로
는 자기 위치—그 꼬리 부분에서 떠날 수 없다. 이 점에
서는 진짜 공룡과 다를 바 없다. 꼬리의 한 토막 부분을
민족이라는 집단으로 비유한다면 개인은 비늘이라고 할
까. 비늘들은 이 거대한 몸의 운동에 따라 시간 속으로
부스러져 떨어진다. 그때까지를 개인의 생애라고 불러
볼까. 옛날에는 이 비늘들에게는 환상이 주어져 있었다.
비록 부스러져 떨어지면서도 그들은 이러저러한 신비한
약속에 의해서 본체 속에 살아남는 것이며 본체를 떠나
지만 결코 떠나는 것이 아니라는. 그러나 오늘의 비늘들
에게서는 그런 환상이 거두어졌다. 그리고 상황은 마찬
가지다. 그러나 살지 않으면 안 된다. 비늘들의 신음이
들린다. 결코 어떤 물리적 계기에도 나타나지 않는. 듣지
않으려는 귀에는 들리지 않는. 이런 그림이 보이고 이런
소리가 들린다. 20세기 말의 꼬리의 비늘들에게는 한 조
각 비늘에 지나지 않으면서 불행하게도 이런 일을 알 수
있는 의식의 기능이 진화되어버린 것이다. 이 침묵의 우
주공간 속을 기어가는 '인류'라는 이름의 이 공룡의, '역
사'라는 이름의 이 운동방식이 나를 전율시킨다.*

　　내게는, 길지만 사실 동시에 짧기도 한, 그런 문장이다.
이것이 긴 이유는 이 문장들이 차지하고 있는 물리적 시공간
이 있는 그대로 증명해주고 있는 것이지만, 반대로 이것이 짧
은 이유는, 어쩌면 내가 이 문장들이 우리가 생각하는 모던과

* 최인훈, 『화두1』 문학과지성사, 2008,
18~19쪽.

포스트모던 사이의 어떤 긴장 관계를 은유적이고도 역사적으로 잘 드러내고 있다고 생각하기 때문일 것이며, 또한 마치 또 다른 공룡과도 같은 그러한 거대한 논의를 담아내기에 이 문장들이 과도하게 함축적이라고 생각하기 때문일 것이다. 나는 내가 예전에 이렇게 고백했던 이 개인적이고도 세대적인 느낌, 그리고 저 최인훈의 문장에 겨우 기대어, 혹은 어쩌면 바로 그것들에게만 오히려 가장 결정적으로 기대어, 모던과 포스트모던의 번역과 수용이라는 문제에 접근해보려고 하는 것이다. 특히나 '우리들의 번역, 우리들의 이론, 우리들의 근대'라는, 이 '우리들의 문제'를 생각할 때, 나는 이것이 내가 시도할 수 있는 거의 유일한 접근법이라는 사실을 또한 고백하게 된다. 왜냐하면 우리들의 번역이란 역설적이지만 우리들의 모국어(mother tongue)이기도 하고, 우리들의 이론이란 우리가 사는 시공간의 배경 복사(background radiation)이자 실천과의 접점이기도 하며, 또한 우리들의 근대란 그 자체로 우리의 현재와 미래를 가리키고 있는 다른 이름이기 때문이다. 따라서 그 어떤 의미에서든, 우리는, 포스트모던인들인 것이며, 우리가 포스트모던이라는 개념적이고 시간적인 준거의 개념을 매우 메타적으로 사유하는 것처럼 보이는 바로 그 지점에서도 바로 그 메타적인 규정의 언어인 포스트모던으로부터 직접적으로 규정받는다는 의미에서, 또한 바로 포스트모던인들이 되는 것인지도 모른다. 그러나 그 포스트모던인이라는 규정에는 빗금으로 지워진 부분이 필요하다.

1. 문제 설정: 이식 혹은 이행, 발견 혹은 발명으로서의 번역어

따라서 앞으로 나는 몇 가지 번역어들을 모던과 포스트모던에 대한 일종의 징후로 삼아 이야기를 전개해볼 것이다. 이것이 내게 무엇보다 징후인 이유는, 그러한 번역어들은 기존하는 사태에 대한 즉자적이고 축자적인 번역이라기보다는 어쩌면 새로운 사태나 체제에 대응하며 그러한 것들을 오히려 창출하고 발명하기까지 했던 언어가 되고 있기 때문이다. 비근한 사례이겠지만, 역사적으로 'society'의 번역어인 '사회(社會)'와 'individual'의 번역어인 '개인(個人)'이 또한 그러한 '창출'과 '발명'의 언어라는 점은 주지의 사실이다. 그것은 매우 임의적이고 우연적으로 보이지만, 바로 그러한 이유에서 또한 필연적이기도 했던 어떤 선택의 결과이다. 첫째, 이러한 번역어들은, 단순히 한 언어에 속한 개념을 다른 언어를 통해 일대일대응으로 옮긴 번역어가 아니라, 다양했던 후보 번역어들 가운데에서 필연적이든 우연적이든 그 하나로 선택되고 유통되었던 단어, 곧 번역어들 사이의 개념적이고 이데올로기적인 투쟁의 어떤 선택적 결과였다. 둘째, 다른 '근대적' 번역어들과 마찬가지로 '사회'와 '개인'이라는 개념의 번역어 선택이 그토록 어려웠던 이유는, 서양세계 내부의 어떤 체제와 그 체제의 유형적이고도 무형적인 파생물들을 가리키는 단어들, 그리고 그 단어들이 지시하는 사태 자체가 동아시아 내부에는 부재하는 것이었기 때문이다(서양과 동양을 단순하고도 폭력적으로 구분하는 방식을 취하지 않더라도 그렇다). 다시 말해 '사회'와 '개인'이라는 번역어는 극단적으로 말해서 그 단어들이 번역되기 이전에는, 그것들이 번역될 필요가 있던 체제 안에서는 존재하지 않았던 개념이다. 그러므로 번역어의 탄생이란 또한 새로운 미학적 지도의 재편, 새로운 감성적 경험의 출현이라는 현상과 언제나 그 궤를 같이한다고 말할 수 있을 것이다. 이러한 관점에서 볼 때 '사회'와 '개인'은 일종의 개념 쌍이다. 더이상 나눠질 수 없는 '개인(in-dividual)'이라는 개념과 단어, 그리고 각자 법적인 측면이나 권리의 측면에서 평등하다고 전제되는 그러한 '개인'의 집단이자 체제로 상정되고 작동하는 '사회(society)'라는 개념과 단어는, 그 말의 개념적이고 사전적인 정의를 떠나서 그것이 가리키는 사태 자체가 파악되고 선취되지 않고서는 사실상 '번역 불가능'한 개념들이었기 때문이다. 곧 이러한 번역어의 탄생은 바로 이러한 사회의 미학적/감성적 체제를 단면적으로 드러내는 징후 혹은 증상에 상응한다. 번역 안에서 동

시에 어떤 개념의 창출과 어떤 사태의 발명이 수반되는 이유가
여기에 있다. 번역은 단순히 언어들 사이에서 벌어지는 일대일
대응의 옮김이 아니라 이식 혹은 이행의 풍경들, 발견 혹은 발
명의 장면들을 포함하고 있다. 모던과 포스트모던을 둘러싼 번
역의 풍경들이 가장 특징적이며 징후적인 방식으로 보여주는
것이 또한 바로 이러한 사태이기도 하다.

2. 자유주의의 징후와 번역의 수행성: '차연' 혹은 '차이', '해체' 혹은 '탈-구축'

바로 이러한 관점과 맥락에서 포스트모던 담론의 대표적인 몇 가지 번역어를 간략히 살펴보려 한다. 먼저 흔히 '차연(差延)'이라고 번역되는—이러한 번역어의 사용 역시 일본어의 영향이었지만—자크 데리다의 개념 'différance'에 대해서 이야기해 볼 수 있을 것이다. 이 개념에 대해서 우리에겐 현재 따로 붙일 말이 그렇게 많지 않다. 다시 한번 강조하자면, 내가 여기서 말하고 싶은 것은 이러한 '차연' 개념의 정의와 용례에 대한 재확인이나 재정리가 아니다. 그것은 포스트모던 담론이 수용되는 과정에서 수도 없이 '한국어로' 규정되었고 또한 사용되었기 때문에 그것을 내가 여기서 재론할 필요는 굳이 없다고 생각한다. '차연'으로 번역되곤 하는 'différance'가 '차이'와 '지연'의 뜻이 함께 포함되어 있는 데리다만의 철학적 조어(造語)라는 것은 어떤 의미에서 주지의 사실이다. 차이가 나는 동시에 지연된다는 것, 이 개념을 통해서 우리는 현대 혹은 포스트모던의 사회가 지닌 철학적 특성들의 한 강력한 측면을 제대로 서술하고 파악할 수 있게 되었다. 그것이 바로 이 개념어, 이 번역어의 가장 큰 장점이자 매력이었다.

그러나 언제부터인가 철학적 논의들 안에서 '차연'이라고 '전통적으로' 번역되어오던 이 개념이 '차이(差移)'라는 새로운 조어로 번역되기 시작했고 서서히 이 번역어가 정착되어 가는 현상을 목격하게 된다.* 이제는 이러한 두 번역어의 공존 역시 우리에게 매우 익숙한 상황이 되었다. 물론 여전히 현재에도 '차연'이라는 번역어 또한 유효하게 사용되고 있지만, 일단 내 개인적인 의견으로는 'différance'의 번역어로는—다소의 생경함이나 거부감이 있다고 하더라도—差移'가 더 적합하다고 생각하고 있다. 그 이유는 여러 가지가 있는데, 무엇보다 데리다가 'différence(差異)'와 음성이 같고 표기가 다른 조어 'différance'를 제안했던 철학적 전략이 '差移'라는 번역어에서 형태적이고 개념적으로 더 잘 드러나고 있기 때문이다. 곧 이 번역어는 번역의 대상어가 갖고 있는 형식-내용을 잘 표현할 수 있는 말이다. 반대로 말하자면, 설명적이고 해설적으로 조합된 번역어인 '차연'은 어쩌면 'différance'의 개념적 의미를 가장 잘 설명해주고 드러내주는 단어일 수는 있겠지만, 그렇게 새롭게 만들어진 조어 자체가 데리다의 철학적 전략 자체에 이미 위배

---

* 'différance'에 대한 번역어로 '차이(差移)'가 처음으로 언급되었던 곳은 이성원, 「해체의 철학과 문학 비평」, 『데리다 읽기』, 문학과지성사, 1997, 60쪽으로 기억하고 있다. 이 글에서 이성원은 김남두와의 사적인 대화를 인용하면서 그 대화에서 김남두가 제안하였던 '差移'가 매우 적절한 번역어임을 밝히고 있다.

되고 있기 때문이다. 음성적 차이(差異)는 없으나 단지 문자적으로만 차이(差異)가 나는 '차이(差移)'라는 번역어는 반대로 그만큼 'différance'라는 개념의 정의와 효과, 그리고 그 개념이 드러내고 있는 이론적 수행성에 있어서도 호응하고 있는 번역어라고 생각된다. 문자적으로만 차이가 나는 저 '移'라는 문자가 지연의 이행적 성격을 표기상에서 개념적으로 드러내주고 있으면서도 한국어 발음 안에서는 음성적으로 '異'와 전혀 다르지 않기 때문이다. 말하자면, 이러한 사정이 소위 포스트모던의 저 대표적인 개념인 'différance'를 둘러싼 번역의 풍경들인 것이다.

그러나 이는 어쩌면 사소한 문제일지 모른다. 왜냐하면 저 '원어'와 '번역어' 사이의 상동적 수행성은 그러한 개념적 번역상의 수행성으로만은 머무를 수 없기 때문이다. 이 수행성이 의미하는 것은 단지 한 번역어와 다른 번역어 사이의 우열, 정당성의 차이만이 아니다. 특히나 '사회'와 '개인' 같은 번역어의 예에서처럼, '차이' 역시 그것이 번역될 수 없었던, 그러나 동시에 우리 시대의 현상으로서 막 드러나고 있었던 새로운 사태를 지시하고 설명하는 개념인 한에서, 특히나 원어와 번역어 사이의 저 수행적 상동성은 어쩌면 이론적이면서도 실천적으로 보다 더 중대한 문제로 확장되고 부각되기 때문이다. 포스트모던이라는 사태 혹은 현상에 대한 대표적인 선입견이자 동시에 가장 일반적이고도 보편적인 규정들 중 하나는, 바로 포스트모던이라는 것이 고정된 원의 혹은 기의의 부재, 기표들의 끊임없는 연쇄와 지연, 의미의 불확정성과 부유, 열린 해석의 방향 등

을 특징으로 한다는 점이다. 다시 반복하자면, 이것은 선입견이
라는 의미에서는 일종의 '편견'임과 동시에 일반적 정의라는 의
미에서는 하나의 '진실'이기도 하다. 포스트모더니즘이 가능하
게 했던 환상의 회로, 해방의 이미지는 바로 이러한 편견과 진
실의 양면을 갖는 어떤 사태, 곧 우리가 '포스트모던'하다고 부
르는 현상의 발견과 그 체제의 발명, 이 발견과 발명의 동시적
인 사태로서의 번역 위에서 가능했던 것이다. '差移'라는 개념
이 가능하게 했던 어떤 이행, 어떤 수행성을 단지 개념상의 맥
락에서만 다룰 것이 아니라 그것이 발견했고 또한 발명했던 체
제, 곧 '포스트모던'한 체제가 과거 어떤 것이었고 또 현재 어떤
것인지, 우리는 돌아볼 필요가 있다. 그리고 이것이 우리가 번
역어라는 한 단면적 풍경을 통해 한 시대의 미학적 풍경을 들
여다볼 수 있는 한 방법이 될 것이다. '差移'라는 번역어는 그
자체로 포스트모던 담론의 작동 방식을 개념적으로 드러내면
서 동시에 그 체제의 성격 자체를 또한 매우 수행적인 방식으
로 보여주고 있다. 여기서 수행성이란, 개념이나 단어의 표기
자체가 그 표기가 지시하는 대상이나 사태로부터 떨어져 있는
것이 아니라 오히려 그러한 대상이나 사태를 통해 규정되고 있
으며 또한 역으로 그러한 대상이나 사태를 표현하고 있다는 것
이다. 이러한 수행성의 관점에서, 다시금 포스트모던이라는 '일
반적 사태'와 그 대표적 개념인 '差移'를 돌아보게 된다.

　　여기서 내게 또하나의 우회로가 허락된다면, 나는 잠시
가까운 과거로 돌아가 일견 우리의 문제와는 직접적인 관련이
없는 것처럼 보이는 카를 슈미트의 한 문장을 인용해보려고 한

다. 내가 인용하고자 하는 문장들은 다음과 같다.

자유주의적 부르주아지는 신을 원하지만 이 신은 활동
해서는 안 된다. 마찬가지로 부르주아지는 군주를 원하
지만 그 군주는 무력해야만 하는 것이다. 부르주아지는
자유와 평등을 요구하면서도 입법에 필요한 영향력을
확보하기 위해 교양과 재산에 따라 선거권을 유산계급
으로 한정할 것을 요구한다. 마치 교양과 재산이 가난하
고 교양 없는 사람들을 억압할 권리를 부여하기라도 한
다는 듯이 말이다. 부르주아지는 혈통 및 가계에 기초한
귀족지배를 폐기하면서도 가장 파렴치하고 저급한 금권
적 귀족지배를 용인한다. 부르주아지는 군주주권도 인
민주권도 원하지 않는다. 도대체 부르주아지는 무엇을
원하는 것인가? (⋯) 입법부만이 아니라 모든 인민이 토
의하여 인간 사회가 하나의 거대한 사교장이 되고, 이렇
게 하여 진리가 표결을 통해 저절로 도출되는 것이 정치
적 삶의 이상이라는 사실을 말이다. 도노소(Donoso)는
이러한 논리를 책임을 회피하여 언론·출판의 자유에
과도하게 강조된 중요성을 부여함으로써 결국 결정을
추방하려는 방법으로 간주한다. 또한 자유주의는 모든
정치문제를 일일이 토론하여 협상 자료로 삼는 것과 마
찬가지로 형이상학적 진리까지도 토론으로 해소하려 한
다. 그 본질은 다음과 같은 기대를 갖고 하는 협상이며
어정쩡함이다. 즉 결정적 대결, 피비린내나는 결전을 의

회의 토론으로 바꿀 수 있고 영원한 대화를 통해 영원히
유보상태에 머물 수 있다는 기대 말이다. 자유주의는 이
런 기대를 하면서 수다를 늘어놓는 셈이다.[*]

　내가 이러한 우회로를 택하는 이유는 다소 복합적이다.
‘差移’라는 번역어로 이행되고 수행되었던 저 데리다의 개념
‘différance’가 ‘포스트모던적’ 현상에 대한 가장 정치한 분석
이자 그러한 포스트모던의 시공간에 대처하기 위한 어떤 당위
에 대한 요청이었음은 분명한 사실이지만, 동시에 그것이 포스
트모던이라는 일종의 ‘세계체제’에 대한 어떤 강력한 알리바이
가 되고 있지는 않나 하는 의문 때문이다. 물론 데리다 스스로
는 자신의 해체론적 논의들의 연장선상에서 후기에 그만의 정
치철학/윤리학에 대한 이론들로 나아간다. 하지만 그 이론의
정치성 혹은 정치적 효과들을 저 ‘차이’라는 번역어를 중심으로
다시금 생각해볼 수 있는 여지가 있지 않을까. 슈미트의 저 문
장의 의미를 우리의 논의를 위해 조금 다른 맥락 안에 위치시
켜본다면, 나는 그것을 부르주아지 자유주의가 정치적으로나
경제적으로나 이론적으로 만발했던 ‘포스트모던’한 시대에 적
용해서 사유해볼 수 있다고 생각한다. 슈미트의 방식으로 이야
기하자면, 부르주아지 자유주의는 결정의 끊임없는 지연과 영
원한 대화라는 유보의 환상을 자신의 원동력이자 중심축으로
삼는 정치체제이다. 거기서 차이가 나고 지연되는 ‘차이’의 개
념이란 그 음성적 상동성이나 수
행성과 마찬가지로, 정치경제학적

[*] Carl Schmitt, *Politische Theologie*,
Duncker & Humblot, 2009(9. Auflage),
p.64, p.67. 번역은 『정치신학』, 김항
옮김, 그린비, 2010, 82쪽, 86쪽의 내용을
따랐다.

으로도 어떤 상동적 회로와 수행적 알리바이를 제공해왔던 것은 아닐까. 이는 분명 번역 차원에서 던질 수 있는 문제의 범위를 넘어서는 것이겠지만, 동시에 바로 번역이라는 작업을 통해서 물어야 하는 질문이기도 하다. 미학적 체제와 감성적 분할의 지속과 변화는 무엇보다 이러한 개념어들과 번역어들의 탄생과 소멸에 밀접하게 연관되어 있기 때문이다.

　　　이러한 관점에서 어쩌면 우리는 저 '해체'의 의미를, 곧 포스트모던의 대표적인 담론으로 여겨지는 '해체론'의 의미와 그 번역적 풍경을 다시금 곱씹어봐야 하는 것인지도 모른다. '해체' 역시 주지하시다시피 데리다의 철학적 전략이자 방법론인 'déconstruction'의 번역어이다. '해체'란 매우 자주 분해나 파괴의 작용을 연상시킨다. 이러한 관습적이고 연상적인 언어작용의 어떤 습관과 이미지로부터, 저 해체론에 부과된 어떤 대표적인 이미지, 곧 형이상학적 로고스의 분해와 파괴, 이성에 대한 반이성의 우위, 논리적 철학이 아닌 수사적 문학이라는 이미지가 일정 부분 탄생했다는 점을 부인하기 어렵다. 사실 이렇듯 흔히 '해체'로만 번역되곤 하는 'déconstruction'은 분해와 파괴에 대한 이론이 전혀 아님은 주지의 사실이다. 그 본령이라 할 것은 오히려, 예를 들자면 고전적 형이상학 체계가 가능할 수 있었던 불가능의 조건들, 그러한 체계가 그 자체로 완결적인 형태로 가능하기 위해서 그 체제 밖으로 배제했지만 오히려 바로 그 체제를 규정하고 성립시켜주고 있는 (불)가능 조건들을 탐색하는 데에 있다. 이를 통해서 증명되고 확언되는 것은 한 체제의 우연적인 상대성이나 어떤 체계의 필연적인 파

괴가 아니라 오히려 그러한 체제/체계에 대한 보다 정치한 이
해인 것이다. '해체'가 의미하는 철학적 작업의 측면은 사실 이
렇듯 복합적이고 중층적이다. 따라서 이러한 이론적 행보가 단
순히 '해체'라는 말 안에 온전히 담길 수는 없다. 포스트모던이
사회주의 혹은 공산주의 대신 어떤 해방의 논리에 해당하는 지
위를 획득하고 또 그렇게 믿어졌던 이유들 중 상당히 관습적이
고 우연적인 부분은 바로 이러한 '해체'라는 말에 담긴 어떤 공
고한 인상과 이미지 때문일 수도 있다. 그러나 'déconstruction'
이 이러한 이중의 작업, 곧 형이상학을 '해체'하는 것처럼 보이
면서도 동시에 그 가능 조건들을 폭로함으로써 오히려 그 형이
상학이 어떻게 '구축'되어 있는가를 보이는 이중의 구속과 해
방의 작업이라고 할 때, 그것은 이러한 이중적 작업의 한 측면
인 '해체'로만 불릴 수 없는 복합적이고 다층적인 이론적 실천
이다. 이러한 문제의식의 연장선상에서 'déconstruction'은 때
때로 '탈-구축' 혹은 '탈-구성' 등의 번역어로 바뀌어 옮겨지기
도 했다. 물론 이 번역어들이 완전히 옳다고 말하거나 결정적으
로 지속될 거라고 말할 수는 없을 것이다. 하지만 중요한 것은,
어쩌면 우리가 '포스트모던적'이라고 흔히 부르는 개념들이 사
실상 현재의 확장된 자유주의 체제와 소위 '세계화된' 사회 안
에서, 해방의 논리와는 전혀 거리가 먼 어떤 요소로서, 곧 그러
한 체제와 사회를 오히려 공고히 하는 어떤 알리바이로서 기능
해온 것은 아닌가 하는 반성이 번역의 차원에서도, 아니 번역
의 차원에서 가장 예민하고 세심하게 고려되고 실천되어야 한
다는 점이다. 우리가 포스트모던을 대표하는 가장 특징적이고

징후적인 번역어로 '차연' 혹은 '차이'와 '해체' 혹은 '탈-구축'을 생각할 때 가장 예리하게 감지되어야 하는 부분은 바로 이 지점, 곧 이러한 모든 번역어와 그 대상 개념을 둘러싼 우리 미학-정치의 풍경들이다.

3. 미학에서 정치로, 미학에서 정치를:
'미학' 혹은 '감성론'

또하나의 예시로서 나는 'aesthetics'라는 단어와 그 번역어인 '미학'이라는 단어를 들고 싶다. 거리를 지나치며 어느 상점 위에 쓰여 있는 일본어 간판 'エステ'라는 표기를 보았는지 모르겠다. 이는 프랑스어 'esthétique'에 대한 일본어식 축약 조어로서, 그 간판이 걸린 곳이 미용이나 피부 관리 등을 행하는 상점이라는 사실을 의미하고 있다. 나는 이것이 매우 징후적인 하나의 '반례'라고 생각하고 있다. 하지만 무엇에 대한 반례일까. 예를 한 가지 더 들어보자. 나는 때때로 나의 학생들이나 지인들에게 임마누엘 칸트의 『순수이성비판』 '초월적 요소론'의 제1편 제목인 'die transzendentale Ästhetik(the transcendental aesthetics)'를 말 그대로 어떻게 '번역'할 것인지를 물어보곤 했다. 그것을 그저 '초월적 미학'이라고 번역할 때 그들은 일종의 함정에 걸리게 되는 것인데, 여기서 'Ästhetik'이라는 독일어 단어를 그저 '美學'으로만 번역해버리면, 시간과 공간이라는 선험적 형식을 다루는 칸트의 '감성론' 혹은 '감성학'의 개념적 논의 전체를 놓치게 되는 우를 범할 수도 있기 때문이다. 다시 말하자면, 그것이 영어 'aesthetics'이든, 프랑스어 'esthétique'이든, 독일어 'Ästhetik'이든, 혹은 일본어 'エステ'이든 간에, 그 말이 미와 예술에 대한 철학적이고 일반적인 학이나 담론을 의미하는 '미학'으로 반드시 번역되어야 할 '필연성'은 그 어디에도 없다. 어떤 번역어를 선택하는가, 어떤 번역어가 가장 알맞은 것으로 통용되었는가, 이 모든 문제는 바로 그 사회와 시대의 미학적/감성적 지도와 아주 긴밀하게 연결되어 있는 것이다. 아마도 현재 우리가 사용하고 있는 '미학'이라는 번역어의 의미는 헤겔 미학의 성립 이후부터라고도 말할 수 있겠다. 그러므로 반대로 칸트 혹은 그 이전으로 'aesthetics'라는 개념의 의미를 소급해 들어가자면, 사실 그것은 '미학'이라는 번역어가 지칭하는 개념과 거의 아무런 상관이 없을 때가 많다. 그것은 'aisthesis', 곧 감각 혹은 감성적인 것을 뜻하는 말을 어원으로 갖기 때문이다.

이 사실이 왜 중요할까. 가장 먼저, 우리가 'aesthetics'라는 말을 그저 '미학'으로 번역할 때 바로 그러한 '당연하고도 자연스러운' 번역을 통해 놓치는 사태, 혹은 이데올로기적으로 배제하는 진실이 있기 때문이다. 범박하게 말하자면, 저 '미학'의 개념과 그 등장이야말로 어쩌면 '예술의 종언' 이후 펼쳐진 포스트모던의 시대에 가장 적합한 대표적인 현상이라고 할 수 있

을 것이다. 우리는 현재 '~의 미학'이라는 수사적 용법을 대단
히 많은 분야에서 사용하고 있고, 이는 어쩌면 이러한 '~의 미
학'이라는 문형이 대중화되고 보편화된 그러한 미학적/감성적
체제 안에서 우리가 살아가고 있다는 사실을 잘 드러내는 것이
라고 말할 수 있다. 즉 이는 과거에는 '미학'이라는 용어를 붙일
수 없을 거라 여겨졌던 단어들이나 분야들에 대한 일종의 '복
권'을 의미하는 것이기도 하고, 또한 '미학'이라는 용어 자체가
어떤 영역이나 대상의 아름다움을 뜻하는 용어로 보편화되었
다는 사실을 의미하기도 하는 것이다. 그러한 단어들이나 분야
들이 갖고 있었지만 우리가 이전에는 볼 수 없었던 어떤 미, 어
떤 아름다움이 존재하며, 우리가 '~의 미학'이라는 어법과 논의
를 통해 그러한 아름다움을 바라보고 느끼며 해석할 수 있어야
한다는 어떤 이데올로기가 바로 저 '미학'이라는 용어와 용법
안에 잠재해 있는 것이다. 포스트모던을 수식하거나 설명하는
대표적인 술어들 중 하나라 할 수 있는 '미학'이 번역의 차원에
서 중요한 문제가 되는 이유이다.

    이 점을 가장 예리하게 파고든 이는 주지하시다시피
자크 랑시에르였다. 그의 대표적인 개념들 중 하나인 '감각
적인 것의 나눔/분할/분배(partage du sensible)'라는 개념은
'esthétique'라는 개념을 어떻게 새롭게 이해해야 하며 또 어
떻게 새롭게 실천해야 하는가 하는 문제에 관해 대단히 중요
한 시사점을 던져주고 있다. 이는 또한 우리 포스트모던인들
에게는 '미학'이라는 일견 당연하고 확정적인 번역어에 대한
반성을 요구하고 있기도 하다. (그러므로 '미학'은 또한 다시

금 '번역'의 문제이기도 하다.) 왜냐하면 거기서 우리가 그 단어를 단지 '미학'으로만 번역하게 된다면 우리는 저 '감각적인 것의 나눔/분할/분배'가 의미하는 가장 중요한 정치적인 지점을 놓치게 되기 때문이다. 랑시에르가 되돌아가 다시 생각하는 'aesthetics'의 어법은 어쩌면 저 칸트의 어법, 혹은 희랍적 의미에서의 어법이다. 즉 그것이 지닌 '감각' 혹은 '감성적인 것'의 어원에서 '미학'을 다시 생각하게 하는 것이다. '전통적' 관점에서 볼 때, 곧 사회주의 리얼리즘뿐만 아니라 감성의 분야를 부차적 첨가물로 다루는 모든 이론적 논의 안에서 볼 때, 하나의 미학은 특정한 정치의 '반영'이다. 저 악명 높은 반영론의 모든 테제들이 사실은 이러한 기본적 전제를 공유하고 있다고도 말할 수 있다. 그러나 랑시에르에 의해 새롭게 이해된 '미학', 아니 '감성학' 또는 '감각학'이란 그와는 전혀 다른 어떤 것이다. 오히려 익숙했던 테제는 매우 낯설게 뒤집힌다. 하나의 미학이 특정한 정치의 반영인 것이 아니라, 오히려 하나의 정치가 바로 특정한 미학 때문에 가능하게 되는 무엇이다. 왜냐하면 하나의 정치는, 그러한 정치가 가능하기 위해서, 특정한 형태의 미학적 배치, 곧 감각적인 것의 분할과 분배의 지형도를 필요로 하기 때문이며, 오직 그러한 감각적인 것의 지형도 위에서 어떤 정치가 가능하며 또한 불가능해지기도 하기 때문이다. 이것이 또한 내가 의미하는바 '미학-정치의 지도'이기도 하다. 이렇게 이해된 'aesthetics'를 우리는 단순히 미에 대한 일견 객관적이고 일반적인 담론의 체계를 뜻하는 '미학'으로만 번역할 수는 없다. 미학에서 정치로 가는 이행, 더 적확하게 말하자면 미

학 안에서 정치를 발견하고 발명하는 이론적이고 실천적인 작
업 안에서, 바로 저 '미학'이라는 번역어가 가장 문제적으로 어
떤 반성과 재고를 요청하고 있는 것이다.

　　'차이'와 '해체'의 경우에서와 마찬가지로, 우리에게 대
단히 익숙한 용어/번역어로 자리잡은 '미학'이란, 우리가 살고
있다고 생각하는 포스트모던이라는 시제와 공간을 규정하고
운용하는 대단히 핵심적이면서도 메타적인 술어이다. 다시 바
꿔 말하자면, 이 단어들과 개념들은, 오히려 모든 거대서사들
의 효용성이 종말을 고했다고 여겨지는 소위 '포스트모던'의 시
대 안에서, 어쩌면 가장 역설적으로 가장 거대한 메타서사를
가능하게 하는, 일견 중립적이고 객관적으로 보이지만 그 자
체가 일종의 거대한 이데올로기로 기능하고 있는 그런 술어들
이기도 한 것이다. 흥미로운 것은, 바로 이러한 메타서사의 술
어들이 그 문제적 성격을 가장 적나라하고도 징후적인 방식으
로 드러내는 지점이 바로 번역의 층위 안에서라는 사실이다. 우
리, (빗금 쳐진) 포스트모던인들이 어쩌면 가장 예민하고 섬세
하게 반응하고 대응해야 하는 지점은 바로 여기일 것이다. 왜냐
하면 포스트모던의 시대란, 모든 것이 접속 가능하고 모든 것
이 해방 가능하며 또한 모든 것이 탈주 가능한 대단히 탈-역사
적인 시공간이라기보다는, 어쩌면 바로 그러한 거대한 환상에
의해 작동할 수 있었고 또 그 존재 자체가 가능했던 시공간이
라고 할 수 있기 때문이다. 나는 여기서 대단히 관습적이면서
도 의도적으로 '과거형' 시제를 사용했지만, 그 이유는 바로 포
스트모던의 시대라는 것이 일견 과거형으로 보이는 어떤 어법

과 문형을 통해 오히려 현재를 규정하고 작동시키고 있는 대단히 착종적인 시공간이기 때문이다. 바로 이러한 착종적인 시공간의 가장 대표적인 징후를 우리는 번역이라는 이행과 발명의 시공간 안에서 가장 확실하게 확인하고 또한 가장 문제적으로 문제시할 수 있을 것이다. 번역이 단순한 옮김이 아니라 일종의 이행의 사상사를 구성해줄 수 있는 이유, 그래서 번역이란 이데올로기의 번안이자 체제의 알리바이가 되기도 하는 이유가 바로 이것이라고 생각한다.

4. 알리바이인가 아포리아인가:
'포스트모던' 그 자체?

그렇다면 우리에게는 어쩌면 우리가 무의식적으로 한편으로
제쳐두었던 번역의 가장 핵심적인 문제가 여전히 남아 있는지
도 모르겠다. 우리는 '포스트모던'을 어떻게 '번역'하고 있을까,
바로 이 문제이다. 다시 말하자면, '포스트모던' 그 자체란 어떤
'번역어'를 가질 수 있는 것일까. 이렇게 묻는다고 해서, 내가
여기서 '포스트모던'이라는 개념이 때로는 '탈-근대'로, 때로는
'후-근대'로 번역되는 상황을 논하며 그 번역어들 각각의 정당
성을 논한다고 오해해서는 안 된다(때로는 저 소위 '포스트모
던'의 대표적인 미덕이 어떤 '오독'과 '오인'을 통한 해석과 발
명의 다양성에 있다고 하더라도 말이다). 나는 '포스트모던'이
라는 단어가, 다양한 번역에의 시도와 노력에도 불구하고, 그
저 그대로, 마치 그렇게 '음차'로 남아 있는 것이 당연하고 자연

스러운 것이라는 듯, 그저 '포스트모던'으로 '번역'되고 있다는 사실을 하나의 징후이자 증상으로서 파악한다. '포스트모던'은 '포스트모던'으로 번역되는 것이다. 그리고 그렇게 '번역'될 때, 마치 우리는 '포스트모던'이라는 단어가 포함하는 모든 대상과 현상을 그 자체로 이해하고 포착한다는 하나의 거대한 환상을 갖게 된다. 그 환상이 논리적으로 부정적이라거나 윤리적으로 잘못되었다는 뜻이 결코 아니다. 오히려 이렇게 '번역 아닌 번역'을 통해 음차되고 발음되고 번역되어 이해되고 향유되는 '포스트모던'은 바로 이러한 특성 때문에 비로소 '포스트모던'일 수 있다는 뜻이다. 따라서 '해체론적'으로 말하자면, 포스트모던은 바로 그 자신의 '번역 불가능성' 때문에 비로소 번역될 수 있는 어떤 것, 바꿔 말해 포스트모던은 바로 그 자신의 이러한 '번역 불가능성'을 자신의 가능 조건으로 삼는 어떤 개념이자 체제라는 것이다. 다시 바꿔서 말하자면, 포스트모던의 정치가 가능해지는 것은 바로 이러한 번역의 미학, 번역이라는 감각/감성의 분할 지도 위에서이다. 우리, 포스트모던인들은 바로 이러한 번역의 지형 위에(혹은 아래에) 있는 것이며, 그러한 번역의 '낯선 익숙함', '동질적인 이질성' 때문에 가능해지는 어떤 불가능한 존재들이기도 하다. 번역이라는 상황을 둘러싸고, 아마도 우리가 가장 예리하게 인식하고 주목해야 하는 부분은 바로 이 지점일지도 모른다.

바로 이러한 맥락에서, 나는 포스트모던에 대한 반성 혹은 사유와 함께 '현대적' 혹은 '동시대적'으로 번역되곤 하는 'contemporary'의 의미에 대해서도 치열하게 되물어야 한다고 생각한다. 그것은 무엇보다 또한 '공시대적'인 어떤 사태를 지칭하는 말이기도 하다. 그리고 '공시대적'이란 어떤 의미에서 우리가 포스트모던이라는 개념과 사태에 부과하는 의미와 가장 잘 맞아떨어지는 말일지도 모른다. 다시 말하자면, 우리는 우리 시대가 포스트모던의 시대라는 것, 심지어 '포스트모던'이라는 말의 의미와 효용을 가장 극단적으로 의심하고 있는 바로 그 순간에도, 아니 어쩌면 바로 그렇기 때문에 오히려 더더욱, 가장 '포스트모던'한 시대에 살고 있다는 것, 그러한 '공시대성'으로써 '우리들의 시대'를 특권화하고 있는지도 모른다. 어쩌면 '역사의 종언' 혹은 '근대의 종언'을 둘러싼 모든 긍정적이고 부정적인 테제들이 사실 이러한 포스트모던의 특권화, 포스트모던 시대의 '방법적 회의'를 둘러싸고 벌어지는 사태들의 가장 대표적인 징후일지도 모르는 것이다. 그러므로 포스트모던이라는 시공간 안에서 가장 확실하게 돌출되는 징후란, '번역'이라는 것이 단순한 치환의 과정이 아니라 오히려 개념들의 투쟁이 가장 처절하고 철저한 형태로 벌어지는 이데올로기의 전장이라는 사실, 바로 그것이 아닐까. 미학의 전장은 이렇듯 정치의 지도를 그리는 투쟁의 장이 되는 것이다. 포스트모던이라는 해방의 알리바이를 어떻게 아포리아의 정치로 전화할 것인가, 나는 이것이 모던/포스트모던의 개념을 둘러싼 번역의 문제 안에서 어쩌면 가장 정치적이며 동시에 미학적인 문제가 아닐까 생각하고 있다. 그러므로 다시 한번 이러한 개념어들의 이데올로기적 작동기제와 그 역사의 문제는 우리의 미학-정치의 지도를 구성하는 동인이자 동시에 그에 의해 구성되는 효과이기도 하다. 그리고 이러한 미학-정치의 구성과 탈-구성의 풍경이 바로 '우리 동시대인'을 둘러싼 모든 개념들의 전장, 곧 모든 현실들의 전장을 이룬다. 언제나 뒤에 오는 얼굴(post-face), 뒤집어 다시 걸어 시작되는 어떤 음악의 B면처럼, 그 이면과 뒷면처럼, 그렇게 나는 이 후기(postface)를 끝내고 또 시작한다, 바로 여기서.

　　현실은 공존(coexistence)이며, 이상은 절멸(extinction)이다. 결코 그 반대가 아니다. 절멸의 가능성을 예고하는 듯 보이는 우리의 현실과 (우리가 예상했고 또 기대마저 했던 '종말'의 형상은 최소한 코로나바이러스로 인한 격리의 풍경은 아니었다) 그럼에도 공존을 추구하는 듯 보이는 우리의 이상 속에서 (그럼에도 '함께 살아야' 한다고 말하는 모든 낙관주의적 희망은 끝까지 자본의 이익을 추구하려는 채찍과 당근의 이면이다) 분명히 직시해야 할 것은 바로 그 뒷면, 이러한 이상적 현실과 현실적 이상의 또다른 얼굴들이다. 공존할 수밖에 없는 가능성의 현실 속에서 추구되는 불가능한 절멸의 이상, 바로 이 가장 '반인간적인' 인간주의의 아포리아 속에 어쩌면 우리의 가장 전복적인 미학-정치의 단초가 도사리고 있을 것이다. 아포리아는 알리바이를 파괴할 때에만 의미가 있는 것, 맞닥뜨린 길 없음에서 오히려 뒤집어 길을 내는 것, 아마도 바로 그 길 위에 우리의 가장 (불)가능한 미학-정치가 가로놓여 있을 것이다.

드물고 남루한, 헤프고 고귀한
— 미학의 전장, 정치의 지도

초판 인쇄 2020년 12월 9일 | 초판 발행 2020년 12월 17일

지은이 최정우

펴낸이 염현숙
책임편집 김영옥 | 편집 이경록 | 디자인 강혜림
저작권 한문숙 김지영 이영은
마케팅 정민호 이숙재 양서연 박지영
홍보 김희숙 김상만 함유지 김현지 이소정 이미희
제작 강신은 김동욱 임현식 | 제작처 영신사

펴낸곳 (주)문학동네
출판등록 1993년 10월 22일 제406-2003-000045호
주소 10881 경기도 파주시 회동길 210
전자우편 editor@munhak.com | 대표전화 031)955-8888 | 팩스 031)955-8855
문의전화 031)955-3578(마케팅), 031)955-1905(편집)
문학동네카페 http://cafe.naver.com/mhdn
문학동네트위터 @munhakdongne
북클럽문학동네 http://bookclubmunhak.com

ISBN 978-89-546-7640-3 03100

www.munhak.com